岗位会计一点通

税务会计一点通

深入浅出　一点就通

汪华亮◎编著

中国宇航出版社
·北京·

图书在版编目(CIP)数据

税务会计一点通 / 汪华亮编著. -- 北京: 中国宇航出版社, 2013.6

(岗位会计一点通系列)
ISBN 978-7-5159-0431-3

Ⅰ. ①税… Ⅱ. ①汪… Ⅲ. ①税务会计-基本知识 Ⅳ. ①F810.42

中国版本图书馆CIP数据核字(2013)第114419号

策划编辑 董 琳　　封面设计 上品设计
责任编辑 阎 列 陈晓敏　　责任校对 许 磊

出版发行 中国宇航出版社

社 址 北京市阜成路8号　　邮 编 100830
(010) 68768548
网 址 www.caphbook.com
经 销 新华书店
发行部 (010) 68371900　　(010) 88530478 (传真)
(010) 68768541　　(010) 68767294 (传真)
零售店 读者服务部　　北京宇航文苑
(010) 68371105　　(010) 62529336
承 印 三河市君旺印装厂
版 次 2013年6月第1版　　2013年6月第1次印刷
规 格 787×960　　开 本 1/16
印 张 21.5　　字 数 341千字
书 号 ISBN 978-7-5159-0431-3
定 价 39.80元

前言 Preface

税务会计是进行税务筹划、税金核算和纳税申报的一种会计系统。通常，人们认为税务会计是财务会计和管理会计的自然延伸，这种自然延伸的先决条件是税收法规的日益复杂化。但是在我国，由于各种原因，致使多数企业中的税务会计并未真正从财务会计和管理会计中延伸出来成为一个相对独立的会计系统。税务会计的目标是向税务会计信息使用者提供有助于税务决策的会计信息，保证纳税人依法纳税，使纳税人的经营行为既符合国家税法，又能够最大限度地减轻税收负担。

税务会计的工作内容主要包括经营收入的确认、成本费用的计算、经营成果的确定、税额的计算、税款的解缴、罚金的缴纳和税收的减免等业务的会计处理。其基本职能是对纳税人应纳税款的形成、申报、缴纳进行反映和监督。因此，不论是对会计从业人员，还是对税务工作者来说，税务会计课程的学习都是非常重要的。本书对税务会计中大部分的知识点进行了阐述，并结合图表和案例，使读者能够简单快速地理解税务会计的精髓所在，更好地处理工作、学习中的专业难题。

本书根据相关税收法律法规规定、《中华人民共和国会计法》、《企业会计准则》及其他相关法律法规的规定编著而成，力图使读者能够全面认识和掌握税务会计的各要点及各大不同税种的会计处理方法。从结构上而言，本书章节层次分明，要点划分合理，重点知识突出，共分为八章：第一章为总论部分，阐述了税务会计的概念及相关任务方法等；二至七章对增值税、消费税、营业税、企业所得税、个人所得税、土地增值税这六大税种的税务会计处理方法和重点进行介绍，采用大量的例子，使读者能较快地理解要点、掌握重点；第八章为其他税会计，包括城市维护建设税、印花税、耕地占用税、城镇土地使用税、房产税、车船税、契税和车辆购置税的会计处理介绍。

通过本书的学习，我们不仅可以了解税务会计的基本理论，还有助于认识到学习税务会计的重要性。同时，通过税务会计与财务会计的比较，使广大读者进一步熟悉税务会计的特点，为以后的学习奠定坚实的基础。

对于本书的编写，由于时间紧迫，水平有限，书中难免存在一些不足之处，希望大家批评指正。我的联系电话是13681387472，邮件suoxh@126.com。欢迎大家联系提问，我们一定竭诚为您解答。

最后，对一贯支持我们的广大读者朋友和对本书的出版作出努力的朋友一并表示感谢。

作　者

2013年5月

目录 Contents

第一章　总　论

第一节　税务与会计

一、税收与税收会计、税务会计

税收是一个分配范畴，也是一个历史范畴。它与国家一样，是社会发展到一定阶段的产物。税收是随着国家的产生而产生的，是国家财政收入的支柱。

税收会计是税务机关核算和监督税款征收和解缴的会计，因此，亦称征解会计。而税务会计则是负有纳税义务的单位或个人进行税务筹划、税金核算和纳税申报的一种会计系统。两者之间既有联系，又有区别。从发展的历史来看，税收会计的产生要早于税务会计，但税收会计比税务会计的业务处理相对简单。

税收与税收会计、税务会计的发展历程如图1－1所示。

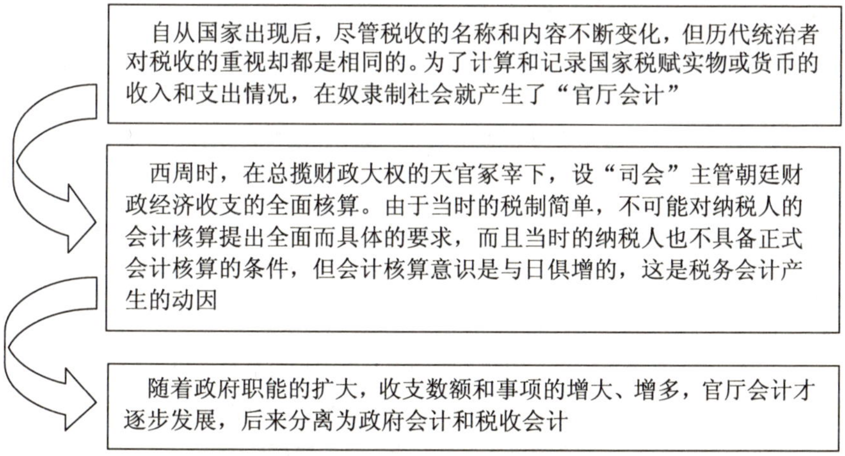

图1－1　税收与税收会计、税务会计的发展历程

二、税收与企业会计

这里要探讨的是国家税收与企业会计的关系，从历史发展来看，大致经历了四个阶段。

（一）各自为政，时有冲突

从历史上看，政府征税就是为了满足财政支出的需要，尤其是所得税、关税等大税种，更是与战争、与国家主权息息相关。政府收税，政府有税收会计进行记录和反映；政府财政支出，有政府会计进行记录和反映。但在一个相当长的历史时期，国家税法的制定、修订，是没有考虑或很少考虑纳税人在会计上是如何计算、反映的。这就使税法的执行缺乏可靠的基础。随着税收的不断法制化、企业会计的不断规范化和会计市场化，一方面国家要征税，另一方面企业会计要为纳税人计税并缴税，注册会计师受托进行审计。由于各自的角度不同、利益不同，难免会发生某些冲突。

（二）合二为一，也非无缺

税收对企业会计的影响是多方面的、显而易见的、持续至今的。税收因素是促进企业会计的重心由计算资产盘存转向计算收入的主要动力。对税法的承认是保证选择出来的会计方法被广泛采用的一种手段。毫无疑问，税收有助于提高和改善企业会计实务的连贯性和科学性。主要表现在三个方面，如图 1－2 所示。

- 税收对企业会计的影响
  - 收益实现原则：根据测算应税所得额的具体处理方法和法庭的判决，人们萌发了收益实现必须发生在收益获得之前的思想
  - 存货估计：税法规定在编制财务报表时可采用后进先出法计算税款。这种方法为实现会计目的而广泛使用
  - 加速折旧法：因加速折旧而形成的税收节余，成为产业资金的主要来源，并为发展中的企业创立了几乎完全是资助性的政府无息贷款。会计理论据此修改了原有的有形折旧概念

图 1－2　税收对企业会计的影响

(三)适当分离，各司其职

税收与企业会计两者密切联系，但由于各自的目标、对象等差异，最终停止了两者相互仿效的初级做法，朝着完善自身的学科方向发展。两者最主要的差别见表1－1。

表1－1 税收与企业会计的差别

内容	税收	企业会计
目标	税法依据公平税负、方便征管的要求，根据国家需要确立纳税所得的范畴，对可供选择的会计方法有所约束和控制，超过规定扣减的成本、费用应依法纳税	企业会计是按照会计原则和资产所有者的要求，反映某一时期的利润总额
计量所得的标准	税收制度计算应税收益是要确定纳税人立即支付现金的能力、管理上的方便性以及征收当期税款的必要性	企业会计上的持续经营假设与税法上的规定是相互矛盾的
内涵的概念	税法中包括了修正一般收益概念的社会福利、公共政策和权益条款。税务管理必须公正地对待不同支付能力的人。税法还应制定实施细则，以便征管人员正确执行	会计准则是国家以法规形式制定的，用来规范企业生产经营活动的全过程，进行核算和反映会计管理活动的依据
计量的依据	税收依据各种现行的税法计算应纳税所得额，最终表现为符合税法的纳税申报表	企业会计准则是以会计准则来计算所得，根据会计准则的要求，客观公允地反映企业的财务成果，最终表现为利润表上的税前利润

(四)税务会计理论与实务持续发展，不断完善

随着各国税法税制的不断完善和健全、税收国际协调的加强，国际会计准则、各国会计准则、会计法规制度的颁布、修订、执行、完善，财务会计与税务会计均呈偏离扩大之势。财务会计已经有了一套较为成熟的理论结构框架(或称概念结构)，税务会计也应建立并且也已初步建立起一套理论结构体系，以规范税务会计实务。美国、英国、澳大利亚、新西兰等国家已经相

继建立了比较完善的税务会计体系。只要税法与会计准则、会计制度对会计事项的要求有差异，税务会计就有其独立的必要性。但各国法律、法规、会计准则、会计制度的历史背景不同，也会形成不同的税务会计模式。

三、税务会计独立成学科是发展社会主义市场经济的需要

在税务会计的产生和发展过程中，所得税的出现和不断健全对其影响最大，因为所得税的计算依据涉及企业的投资、筹资，以及企业的供应、生产、销售或商品流转的全过程。特别是比较科学合理的增值税的产生和不断完善，对税务会计的发展起了重要的促进作用，因为它对企业会计提出了更高的要求，迫使企业在会计凭证、会计账簿的设置和记载上，分别反映收入的形成、物化劳动转移的价值以及转移价值中所包括的已纳税金，这样才能正确核算增值额，从而正确计算企业应纳的增值税。为了适应纳税人的需要，或者说，纳税人为了适应纳税的需要，税务会计显得越来越重要。

(一)财务会计与税务会计合一的历史作用

财务会计与税务会计合一的会计制度管理模式适应了我国经济管理的需要，发挥了重要的历史作用，如图 1－3 所示。

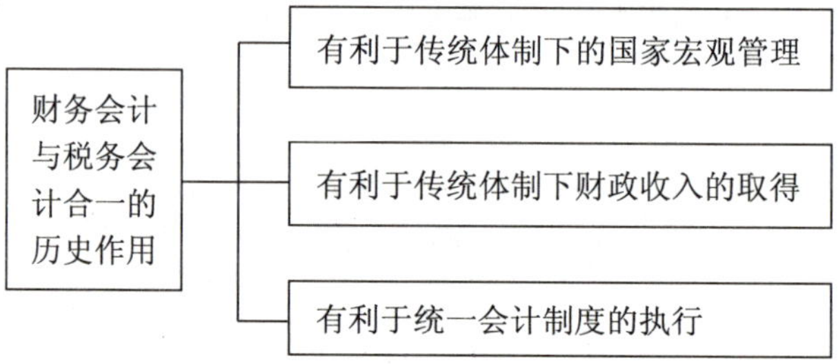

图 1－3　财务会计与税务会计合一的历史作用

(二)财务会计和税务会计合一不能适应我国经济体制改革的需要

在我国经济体制发生深刻变革的今天，过去那种税利不分、财务会计与税务会计不分的局限性越来越大，其主要表现如图 1－4 所示。

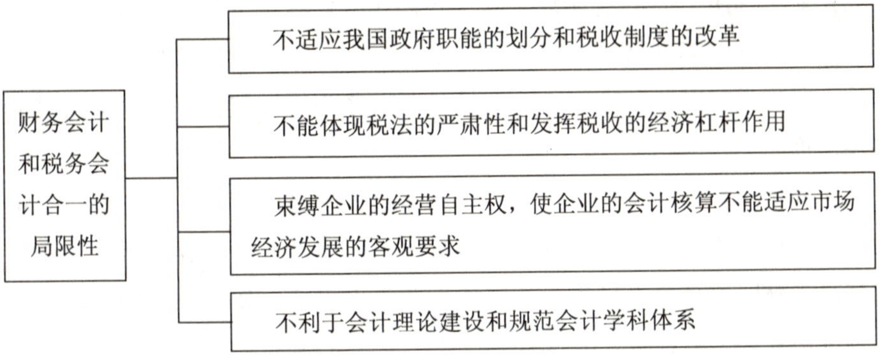

图1-4 财务会计和税务会计合一的局限性

财务会计与税务会计分立的必然性如图1-5所示。

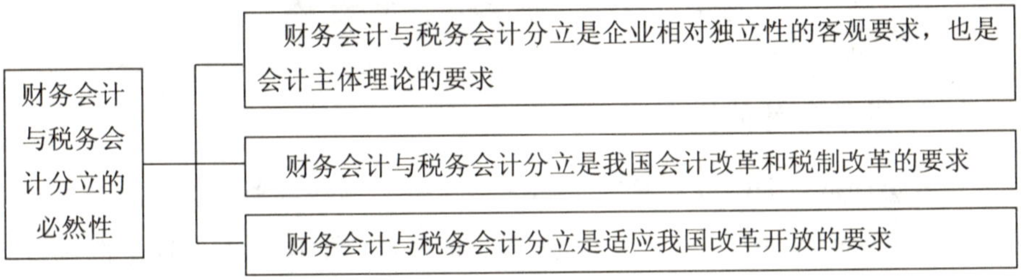

图1-5 财务会计与税务会计分立的必然性

(三)财务会计与税务会计分立是社会主义市场经济的必然发展趋势

首先，市场经济条件下政府的职能已经转换，所有权与经营权相分离，在会计上体现为利润与税收分别核算，也就使两项制度分离成为必然。其次，企业组织方式和经营方式已经趋于多元化，民营、私营企业已成为不可忽视的经济力量，二者合一的会计制度对他们更加不适应。最后，市场经济要求等价交换，国家和纳税人的利益结合点是分配机制，从税收角度讲，两者存在一定的矛盾，国家千方百计保证税收收入，纳税人想尽办法少交、不交税，而税务会计的出现恰恰满足双方的要求，合理的税务会计制度既保证国家税收要求，又维护了纳税人的利益，对经济有极大的促进作用。

新的会计制度取消行业准则，统一了会计制度，不论经营范围和所有制形式如何，财务会计制度唯一，要求企业真实反映和核算生产经营活动，不受包括税收在内的其他非经济因素影响，同时财务会计也具有了一定的弹性，不同企业可选用不同的具体规定，这些都相应要求建立税务会计制度。1994年开始的税制改革使我国的税种、税目、税率、计税依据等进一步完善，新税法也明确说明财务会计与税法不符时以税法为准，使得建立税务会计有了法律依据。

此外，两者分立也是我国经济与国际接轨的必然要求。税务会计在国际上已成为独立的学科，随着我国对外交往的增加以及与世界经济的结合度越来越高，外国的企业走进来，我国的企业走出去，这就要求我国的税务会计必须尽快完善，早日融入国际经济舞台。

第二节　税务会计概述

一、税务会计的概念

税务会计是社会经济发展到一定阶段(文化、教育的普及和提高，生产规模的扩大，生产力的进步，社会成熟到能把征税、纳税看作是社会自我施加的约束等)而产生的。它是从财务会计中分离出来的，对维护国家和纳税人的权利都是极其重要的。因此，税务会计是近代新兴的一门边缘学科，是融税收法令和会计核算为一体的一种特种专业会计，是税务中的会计，会计中的税务。它是以国家现行税收法令为准绳，以货币计量为基本形式，运用会计学的理论和核算方法，连续、系统、全面地对税款的形成、计算和缴纳，即税务活动引起的资金运动进行核算和监督的一门专业会计。

二、税务会计的对象

税务会计的对象是税务会计的客体，它是纳税人因纳税而引起的税款的形成、计算、缴纳、补退、罚款等经济活动以货币表现的资金运动。税务会计的对象如图 1 –6 所示。

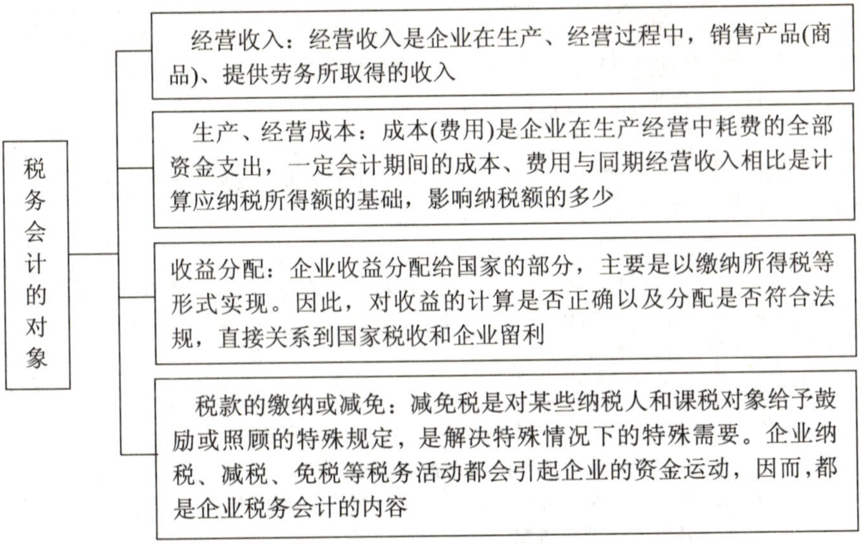

图 1－6　税务会计的对象

从总体上讲，所有会计要素都与纳税有关，但并不是各会计要素的每一经济事项都与纳税有关。税务会计与财务会计虽然在总体上是一致的，但在具体内容上，税务会计要小于财务会计。

三、税务会计的目标

税务会计的目标是向税务机关、投资人等税务会计信息使用者提供有助于税务决策的会计信息，如图 1－7 所示。

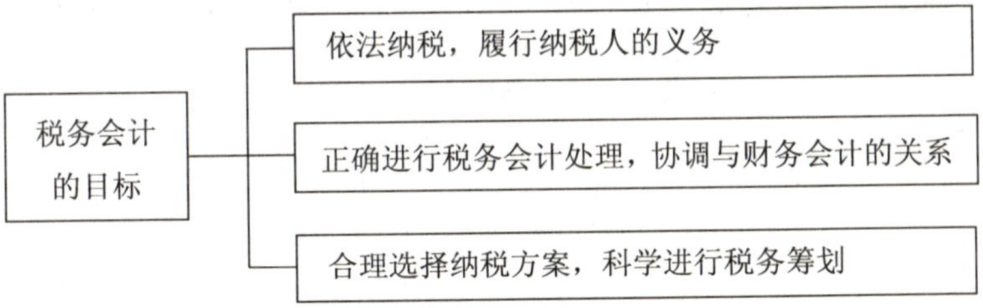

图 1－7　税务会计的目标

四、税务会计的特点

税务会计与财务会计相比，既有共同性，也有特殊性。税务会计的特点如图 1－8 所示。

税务会计的特点

- 法定性：税务会计以国家现行税收法令为准绳，当财务会计制度与现行税法的计税方法、范围等发生矛盾时，税务会计必须以税收法规为准，作适当的调整、修改或补充
- 广泛性：我国宪法规定所有自然人和法人都可能是纳税义务人。故法定纳税人的广泛性决定了税务会计的广泛性
- 统一性：税务会计是融会计和税收法规为一体的会计，税法的统一性决定了税务会计统一性的特点。这就是说，同一种税对不同纳税人的规定都是一样的
- 独立性：对某些税种来说，其计税依据与财务会计账面记录可能并不完全相同，不能满足计税的要求。因此，税务会计要根据税法的要求计算调整，即使事后发现财务会计记录有不符合税法要求的项目，也要进行纳税调整

图 1－8　税务会计的特点

第三节　税务会计的前提与原则

一、税务会计的基本前提

税务会计的目标是提供有助于企业税务决策的信息，而企业错综复杂的经济业务会使会计实务存在种种不确定因素。因此，要正确地进行判断和估计，就要明确税务会计的基本前提(假定)。税务会计的基本前提见表 1－2。

表 1－2　税务会计的基本前提

税务会计的基本前提	内容
纳税主体	纳税主体是指税法规定的直接负有纳税义务的单位和个人，亦称“纳税人”，包括自然人和法人。规定不同税种的不同纳税人，有利于体现税收政策中合理负担和区别对待的原则，有利于协调国民经济各部门、各层次的关系。会计主体是财务会计为其服务的特定单位或组织，会计处理的数据和提供的财务信息被严格限制在一个特定的、独立的或相对独立的经营单位之内，典型的会计主体是企业，但纳税主体不一定都是会计主体

（续表）

税务会计的基本前提	内容
持续经营	持续经营前提意味着该企业个体将继续存在足够长的时间以实现它现在的承诺，如预期所得税在将来被继续课征。这是所得税款递延、亏损前溯或后转以及暂时性差异能够存在并且能够使用纳税影响会计法进行所得税跨期摊配的理由所在
货币时间价值	货币（资金）在其运行过程中具有增值能力。这一基本前提已成为税收立法、税务征管和纳税人选择会计方法的立足点，它深刻地揭示出了纳税人进行税务筹划的内在原因，也同时说明了所得税会计中采用“纳税影响会计法”进行纳税调整的必要性
纳税年度	纳税年度是指纳税人应向国家缴纳各种税款的起止时间。如我国所得税法规定，应纳税年度是指自公历1月1日起至12月31日止。纳税年度一般要根据国民经济各部门的生产经营特点和纳税人缴纳税款数额的多少来确定。如纳税人在一个纳税年度的中间开业，或者由于合并、关闭等原因，使该纳税年度的实际经营期限不足12个月的，应当以其实际经营期限为一个纳税年度
年度会计核算	年度会计核算是税务会计中最根本的前提，即认为税制是建立在年度会计核算期间的基础上，而不是建立在某一特定业务的基础上。课税只针对某一特定纳税期间里发生的全部事件的净结果，而不考虑当期事件在后续年度中的可能结果如何，后续事件将在其发生的年度内考虑

二、税务会计的基本原则

由于税务会计与财务会计密切相关，因此，财务会计中的总体性要求原则、会计信息质量要求原则以及会计要素的确认与计量原则，大部分都适用于税务会计。但又因税务会计与税法的特定联系，税收理论和立法中的实际支付能力原则、公平税负原则、程序优先于实体原则等，也会非常明显地影响税务会计。根据税务会计的特点，结合财务会计原则与税收原则，体现在税务会计上的特定原则见表1－3。

表 1－3 税务会计的基本原则

税务会计的基本原则	内容
修正的权责发生制原则	收付实现制突出地反映了税务会计的重要原则——现金流动原则（具体化为公平负税和支付能力）。该原则是确保纳税人有能力支付应纳税款而使政府获取财政收入的基础。但是，由于收付实现制不符合会计准则的规定，一般不能用于财务报告的目的，只适用于个人和不从事商品购销业务的单位纳税申报。当它被用于税务会计时，与财务会计的应计制存在很多差异。因此，目前世界上大多数国家都采用修正的权责发生制原则
与财务会计日常核算方法相一致原则	由于税务会计与财务会计关系密切，税务会计一般应遵循各项财务会计准则。只有当某一事项按会计准则在财务报告日期确认以后，才能确认该事项按税法规定计量的应纳税款；依据会计准则在财务报告日期尚未确认的事项可能影响到当日已确认的其他事项的最终应纳税款，但只有在根据会计准则、制度确认导致征税效应的事项之后，才予以确认这些征税效应，这就是"与日常核算方法相一致"的原则
划分营业收益与资本收益的原则	这两种收益具有不同的来源和不同的纳税责任，在税务会计中要求严格地划分。营业收益是指企业通过其经常性的主要经营活动而获得的收入，其税额的课征标准一般按正常税率计征。资本收益是指在出售或交换税法规定的资本资产时所得的利益。其课税标准具有许多不同于营业收益的特殊规定。因此，为了正确地计算所得税负债和所得税费用，就应有划分两种收益的原则和具体的划分标准
配比原则	配比原则是财务会计的一般规范。将其应用于所得税会计，便成为支持"所得税跨期摊配"的重要指导思想。采纳所得税是一种费用的观点，意味着如果所得税符合确认与计量两个标准，则应计会计对于费用就是适宜的

（续表）

税务会计的基本原则	内容
确定性原则	确定性原则是指在所得税会计处理过程中，按所得税法的规定，在纳税收入和费用的实际实现上应具有确定性的性质。这一原则具体体现在“递延法”的处理中。在递延法下，当初的所得税率是可确定的，递延所得税是产生暂时性差异的历史交易事项造成的结果。按当初税率报告递延所得税，符合会计是以历史成本为基础报告绝大部分经济事项的特点，提高了会计信息的可信性
可预知性原则	可预知性原则是支持并规范“债务法”的原则。债务法关于递延所得税资产或负债的确认模式，是基于这样的前提：根据会计准则编制的资产负债表，所报告的资产和负债金额将分别收回或清偿。因此，未来年份应税收益只在逆转差异的限度内才被认可，即未来年份的应税收益仅仅受本年暂时性差异的影响，而不预期未来年份赚取的收益或发生的费用

第四节　税务会计的任务与方法

一、税务会计的任务

税务会计作为会计的一个分支，既要以国家税法为准绳，促使企业认真履行纳税义务，又要使企业在国家税法允许的范围内，追求企业纳税方面的经济利益。税务会计的任务如图 1－9 所示。

税务会计的任务

- 反映和监督企业对国家税收法令、制度的贯彻执行情况，认真履行纳税义务，正确处理国家与企业的关系
- 按照国家现行税法所规定的税种、计税依据、纳税环节、税目、税率等，正确计算企业在纳税期内的应缴税款，并进行正确的会计处理
- 按照税务监缴机关的规定，及时、足额地缴纳各种税金，完成企业上缴任务，进行相应的会计处理
- 正确编制、及时报送会计报表和纳税申报表，认真执行税务机关的审查意见
- 进行企业税务活动的财务分析，不断提高企业执行税法的自觉性，不断提高税务核算和税务管理水平，不断增强企业的纳税能力

图 1－9　税务会计的任务

二、税务会计的方法

税务会计的方法是实现税务会计目标的技术和措施。由于税务会计是财务会计中一个专门处理会计收益与应税收益之间差异的会计程序，其目的在于协调财务会计与税法之间的关系，并保证财务报告充分揭示真实的会计信息。因此，财务会计中所使用的一系列会计方法同样适用于税务会计。如财务会计中的账户设置、复式记账、审核和填制会计凭证、登记账簿、成本计算、财产清查、编报财务报告等。这就是说，税务会计并非是在财务会计之外，另设一套凭证、账簿、报表，而是在此基础上进行纳税计算和调整。

除上述相同部分外，税务会计也有其某些特定方法，如编制纳税申报表、填制税收缴款书、增值税专用发票的填制与审核、应交增值税明细表的编制，所得税会计中的应付税款法、纳税影响会计法，合并申报纳税方法以及税务筹划方法等。

第二章　增值税会计

第一节　增值税概述

一、增值税基本理论

（一）增值税的概念

增值税是以商品在流转过程中产生的增值额为计税依据而征收的一种商品税。所谓增值额，有理论增值额和法定增值额之分，如图 2－1 所示。

增值额的种类
- 理论增值额，是指生产者或经营者于一定时期内，在商品生产经营过程中新创造的那部分价值，包括工资、奖金、利息、利润和其他增值项目
- 法定增值额，是指各国根据各自的国情和政策需要，在其增值税法中明确规定的增值额。各国在确定法定增值额时，允许纳税人从其销售额或收入额中扣除的项目或范围有所不同，主要表现为对购进固定资产的处理方法不同

图 2－1　增值额的种类

增值税之所以受到各国青睐，源于其自身设计具有的一系列特点，如图 2－2 所示。

增值税的特点
- 增值税是一个“中性”税种，它以商品流转的增值额为计税依据，可以有效地避免重复征税，促进纳税人的公平竞争，使税收效率原则得到充分体现
- 增值税实行“道道课税、税不重征”，能够体现经济链条各个环节的内在联系，促进相互监督，从而保障征税过程的普遍性、连续性和合理性，保证税收的稳定增长
- 增值税的税收负担在商品流转的各个环节合理分配，可以促进生产的专业化和纳税人的横向联合，从而提高劳动生产率、鼓励产品出口和促进本国经济的发展

图 2－2　增值税的特点

(二)增值税的分类

增值税的分类方法有两种，一种是按纳税范围分类，一种是按纳税基数分类。

1. 按纳税范围分类

增值税按纳税范围的分类如图 2 –3 所示。

增值税按纳税范围分类

- 小范围的增值税。仅限于工业生产环节计缴增值税。目前，菲律宾、巴西、塞内加尔、摩洛哥、阿尔及利亚、突尼斯等国家实行这种增值税
- 中范围的增值税。增值税的纳税范围从工业产制环节向前延伸到商业和服务业领域。具体又分两种情况：在工业制造和商业批发环节实行；在工业生产、商业批发和零售业以及服务业实行
- 大范围的增值税。这种增值税的实行范围是在中范围的基础上，再向后延伸到农业。目前，欧共体国家就实行这种增值税

图 2 –3　增值税按纳税范围分类

2. 按纳税基数分类

增值税按纳税基数的分类如图 2 –4 所示。

增值税按纳税基数分类

- 生产型增值税，是指在计算应纳税额时，只允许从当期销项税额中扣除原材料等劳动对象的已纳税款，而不允许扣除固定资产所含税款的增值税。生产型增值税以销售收入总额减去所购中间产品价值后的余额为税基
- 收入型增值税，是指在计算应纳税额时，除扣除中间产品已纳税款，还允许在当期销项税额中扣除固定资产折旧部分所含税金。收入型增值税以销售收入总额减去所购中间产品价值与固定资产折旧额后的余额为税基
- 消费型增值税，是指在计算应纳税额时，除扣除中间产品已纳税款，对纳税人购入固定资产的已纳税款，允许一次性地从当期销项税额中全部扣除，从而使纳税人用于生产应税产品的全部外购生产资料都不负担税款。消费型增值税以销售收入总额减去所购中间产品价值与固定资产投资额后的余额为税基

图 2 –4　增值税按纳税基数分类

我国原来开征的是生产型增值税，2009 年 1 月 1 日后全面改征消费型增值税，实现了“增值税转型”。尽管增值税转型短期内会造成税收的减收效应，但是，由于外购生产经营用固定资产的成本可以凭增值税专用发票一次性全部扣除，更有利于进行税收征管，也有利于鼓励投资，加速设备更新。因而，消费型增值税被认为最能体现增值税的优越性。

（三）增值税的优点

与传统流转税相比，增值税的优点主要有以下几点，如图 2－5 所示。

增值税的优点

- 能够较好地体现公平税负的原则。增值税税负公平、负担合理，主要体现在：一是同一产品的税收负担是平等的；二是税收负担同其负担能力相适应
- 有利于促进企业生产经营结构的合理化。由于增值税的税收负担不会因流转环节的多少而使整体税负发生变化，只影响整体税负在各流转环节间的纵向分配结构。所以，增值税不但有利于企业生产向专业化、协作化方向发展，而且有利于生产组织结构的合理化
- 有利于国家普遍、及时、稳定地取得财政收入。凡是从事生产经营的单位和个人，只要其经营中产生增值额，就应缴纳增值税。增值税在理论上是以增值额为计税依据，但在实务操作上却是以企业销售的实现而计缴的。只要收入实现，即应缴税。国家通过确定税率就能够将从国民收入中收取的比例定下来，而且还不受经济结构变化的影响，从税制上有效地控制了税源
- 有利于制定合理的价格政策。在阶梯式的流转税下（传统流转税），商品的税负是一个不确定因素，从而也使商品价格难以确定。实行增值税后，商品的整体税负成为可确定的因素，它只与税率有关。因此，为正确制定价格提供了有利条件
- 有利于扩大国际贸易往来。实行增值税后，因为税率与整体税负一致，出口企业只需以购入出口产品所付金额乘以适用税率即可计算。实际上只要按购入商品时所取得的增值税专用发票上注明的税款确认即可，而无需再重新计算

图 2－5　增值税的优点

二、增值税的纳税人及其分类

(一)增值税的纳税人

增值税的纳税义务人，包括在我国境内销售货物或者提供加工、修理修配劳务以及进口货物的单位和个人。具体如图 2－6 所示。

增值税的纳税人

- 单位：是指国有企业、集体企业、私有企业、股份制企业、其他企业和行政单位、事业单位、军事单位、社会团体和其他单位。一切从事销售、进口货物、提供应税劳务的单位，都是增值税纳税人
- 个人：凡从事货物销售、进口货物、提供应税劳务的个人，都是增值税纳税人。这里所说的“个人”(除个体经营者以外的其他个人)，是指个体经营者及其他个人
- 外商投资企业和外国企业：凡从事货物销售、进口和提供应税劳务的，都不再缴纳工商统一税，改为统一缴纳增值税，为增值税的纳税义务人
- 承租人和承包人：企业租赁或承包给他人经营的，以承租人或承包人为纳税人
- 扣缴义务人：境外单位或个人在境内销售货物或提供应税劳务，在境内未设有经营机构的，其应纳税款以代理人为扣缴义务人；没有代理人的，以购买者为扣缴义务人

图 2－6　增值税的纳税人

(二)增值税纳税人的分类

根据纳税人的经营规模以及会计核算的健全程度不同，增值税纳税人可以分为小规模纳税人和一般纳税人。

1. 小规模纳税人

小规模纳税人是指年销售额在规定标准以下，会计核算不健全，不能按规定报送有关纳税资料的增值税纳税人。根据现行增值税法的规定，小规模纳税人的认定标准是：

（1）从事货物生产或者提供应税劳务的纳税人，以及以从事货物生产或者提供应税劳务为主，并兼营货物批发或者零售的纳税人，年应税销售额在50万元以下的。以从事货物生产或者提供应税劳务为主，是指纳税人的年货物生产或者提供应税劳务的销售额占年应税销售额的比重在50%以上。

（2）除上述规定以外的纳税人，年应税销售额在80万元以下的。

除此之外，还有两种特殊情形：

（1）小规模纳税人会计核算健全，能够提供准确税务资料的，可以向主管税务机关申请资格认定，不作为小规模纳税人。

（2）年应税销售额超过小规模纳税人标准的其他个人、非企业性单位、不经常发生应税行为的企业，可以选择按小规模纳税人纳税。小规模纳税人的销售额不包括其应纳税额。

2. 一般纳税人

除上述小规模纳税人以外的其他纳税人属于一般纳税人。年应税销售额超过认定标准的小规模纳税人，应当向主管税务机关申请一般纳税人资格认定。除国家税务总局另有规定外，纳税人一经认定为一般纳税人后，不得转为小规模纳税人。

有下列情形之一者，应按销售额依照增值税税率计算应纳税额，不得抵扣进行税额，也不得使用增值税专用发票：

（1）一般纳税人会计核算不健全，或者不能够准确提供税务资料的。

（2）除年应税销售额超过小规模纳税人标准的其他个人、非企业性单位、不经常发生应税行为的企业，可选择按小规模纳税人纳税外，纳税人销售额超过小规模纳税人标准，未申请办理一般纳税人认定手续的。

区分一般纳税人和小规模纳税人的重要意义在于，两者的税法地位、计税方法都是不同的。两者的税法地位或称税法待遇的差别主要表现在：一般纳税人可以使用增值税专用发票，并可以用购进扣税法抵扣发票上注明的已纳增值税额。而小规模纳税人则不得使用增值税专用发票，也不能进行税款抵扣。正由于两者在税法地位上的差异，计税方法也各有不同。

三、增值税的纳税范围

增值税的征收范围，包括销售货物、提供应税劳务和进口货物。现行增值税的征收范围侧重于销售货物。

（一）销售货物

1. 一般销售货物

一般销售货物，是指通常情况下，在中国境内有偿转让货物的所有权。货物是指除土地、房屋和其他建筑物等不动产之外的有形动产，包括电力、热力、气体在内；有偿是指从购买方取得货币、货物或者其他经济利益。

2. 视同销售货物

单位或者个体工商户的下列行为，虽然没有取得销售收入，也视同销售货物，依法应当缴纳增值税，具体如图 2－7 所示。

视同销售货物的行为

- 将货物交付其他单位或者个人代销
- 销售代销货物（但手续费缴纳营业税）
- 设有两个以上机构并实行统一核算的纳税人，将货物从一个机构移送到其他机构用于销售，但相关机构设在同一县（市）的除外
- 将自产或者委托加工的货物用于非增值税应税项目
- 将自产、委托加工的货物用于集体福利或者个人消费
- 将自产、委托加工或者购进的货物作为投资，提供给其他单位或者个体工商户
- 将自产、委托加工或者购进的货物分配给股东或者投资者
- 将自产、委托加工或者购进的货物无偿赠送其他单位或者个人

图 2－7 视同销售货物的行为

3. 混合销售

混合销售，是指一项销售行为既涉及货物又涉及非增值税应税劳务的情形。非增值税应税劳务，是指属于应缴营业税的交通运输业、建筑业、金融保险业、邮电通信业、文化体育业、娱乐业、服务业税目征收范围的劳务。

纳税人的下列混合销售行为，应当分别核算货物的销售额和非增值税应税劳

务的营业额，并根据其销售货物的销售额计算缴纳增值税，非增值税应税劳务的营业额不缴纳增值税；未分别核算的，由主管税务机关核定其货物的销售额：

(1)销售自产货物并同时提供建筑业劳务的行为；

(2)财政部、国家税务总局规定的其他情形。

除上述规定外，从事货物的生产、批发或者零售的企业、企业性单位和个体工商户的混合销售行为，视为销售货物，应当缴纳增值税；其他单位和个人的混合销售行为，视为提供非增值税应税劳务，不缴纳增值税。混合销售行为依照前述规定应当缴纳增值税的，该混合销售行为所涉及的非增值税应税劳务所用购进货物的进项税额，符合《增值税暂行条例》有关规定的，准予从销项税额中抵扣。

有关混合销售的具体规定，主要有以下几点。

(1)从事运输业务的单位与个人，发生销售货物并负责运输，所售货物的混合销售行为，征收增值税。

(2)电信局及经电信局批准的其他从事电信业务的单位销售无线寻呼机、移动电话，并为客户提供有关的电信劳务服务，征收营业税；单独销售无线寻呼机、移动电话，不提供有关的电信劳务服务的，征收增值税。

(3)纳税人销售林木以及销售林木的同时提供林木管护劳务的行为，征收增值税；纳税人单独提供林木管护劳务的行为，属于营业税的征收范围。

(4)纳税人销售软件产品并随同销售一并收取的软件安装费、维护费、培训费等收入，应按照增值税混合销售的有关规定征收增值税。对软件产品交付使用后，按期或按次收取的维护费、技术服务费、培训费等不征收增值税。

4. 增值税特殊应税项目

属于增值税征收范围的特殊项目，主要有以下几点。

(1)货物期货(包括商品期货和贵金属期货)，在期货的实物交割环节征收增值税。

(2)银行销售金银的业务，征收增值税。

(3)典当业的死当物品销售业务和寄售业代委托人销售寄售物品的业务，征收增值税。

(4)集邮商品(如邮票、首日封、邮折等)的生产、调拨，以及邮政部门以外的其他单位与个人销售集邮商品，征收增值税。

（5）邮政部门以外其他单位和个人发行报刊，征收增值税。

（6）单独销售无线寻呼机、移动电话，不提供有关的电信劳务服务的，征收增值税。

（7）缝纫业务，征收增值税。

（8）融资租赁业务。除经中国人民银行和商务部批准经营融资租赁业务的单位以外的其他单位所从事的融资租赁业务，租赁货物的所有权转让给承租方，征收增值税。

（9）基本建设单位和从事建筑安装业务的企业附设的工厂、车间生产的水泥预制构件、其他构件或建筑材料，用于本单位或本企业建筑工程的，在移送使用时，征收增值税。

（10）对从事热力、电力、燃气、自来水等公用事业的增值税纳税人收取的一次性费用，凡与货物的销售数量有直接关系的，征收增值税。

（11）印刷企业接受出版单位委托，自行购买纸张，印刷有统一刊号（CN）以及采用国际标准书号编序的图书、报纸和杂志，按货物销售征收增值税。

（12）纳税人受托开发软件产品，著作权属于受托方的，征收增值税。

（13）电力公司向发电企业收取的过网费，征收增值税。

5. 非增值税应税项目

非增值税应税项目，即不征收增值税的项目，主要包括以下几点。

（1）经中国人民银行和商务部批准经营融资租赁业务的单位所从事的融资租赁业务，无论租赁货物的所有权是否转让给承租方，均不征收增值税，而征收营业税。

（2）邮政部门销售集邮商品，不征收增值税，征收营业税。

（3）邮政部门发行报刊，不征收增值税，征收营业税。

（4）供应或开采未经加工的天然水，不征收增值税，征收营业税。

（5）体育彩票的发行收入，不征收增值税，征收营业税。

（6）对从事热力、电力、燃气、自来水等公用事业的增值税纳税人收取的一次性费用，凡与货物的销售数量无直接关系的，不征收增值税，征收营业税。

（7）对增值税纳税人收取的会员费收入，不征收增值税。

（8）基本建设单位和从事建筑安装业务的企业附设的工厂、车间在建筑现场制造的预制构件，凡直接用于本单位或本企业建筑工程的，不征收增值税。

(9)纳税人受托开发软件产品，著作权属于委托方或属于双方共同拥有的不征收增值税。

(二)提供应税劳务

现行增值税侧重于对销售货物征税，对提供应税劳务征税仅限于较小的范围，主要有提供加工、修理修配劳务两类。

提供加工、修理修配劳务，是指有偿提供加工、修理修配劳务。单位或者个体工商户聘用的员工为本单位或者雇主提供的加工、修理修配劳务不包括在内。

另外，自2009年1月1日起，在中国境内从事原油、天然气生产的企业包括中国石油天然气集团公司和中国石油化工集团公司重组改制后设立的油气田分(子)公司、存续公司和其他石油天然气生产企业(以下简称油气田企业)，不包括经国务院批准适用5%征收率缴纳增值税的油气田企业，为生产原油、天然气提供的生产性劳务应缴纳增值税。油气田企业将承包的生产性劳务分包给其他油气田企业或非油气田企业，应当就其总承包额计算缴纳增值税。

生产性劳务，是指油气田企业为生产原油、天然气，从地质普查、勘探开发到原油、天然气销售的一系列生产过程所发生的劳务。缴纳增值税的生产性劳务仅限于油气田企业之间相互提供属于《油气田企业增值税管理办法》所附的《增值税生产性劳务征收范围注释》内的劳务，包括地质勘探、钻井(含侧钻)、测井、录井、试井、固井、试油(气)、井下作业、油(气)集输、采油采气、海上油田建设、供排水、供电、供热、通讯、油田基本建设、环境保护以及油气田企业之间为维持油气田的正常生产而互相提供的其他劳务。

但是，以下情形不缴纳增值税：

(1)油气田企业与非油气田企业之间相互提供的生产性劳务，不缴纳增值税。

(2)非油气田企业将承包的生产性劳务分包给油气田企业或其他非油气田企业，其提供的生产性劳务，不缴纳增值税。

(3)油气田企业分包非油气田企业的生产性劳务，不缴纳增值税。

(4)油气田企业与其所属非独立核算单位之间以及其所属非独立核算单位之间移送货物或者提供应税劳务，不缴纳增值税。

总之，纳税人兼营非增值税应税项目的，应分别核算货物或者应税劳务和非增值税应税项目的营业额。未分别核算的，由主管税务机关核定货物或者应税劳务的销售额。

（三）进口货物

进口货物，是指进入中国境内的货物。对于进口货物，除依法征收关税外，还应在进口环节征收增值税。货物的进出口实际上都是货物销售，只不过其纳税环节、适用税率及所起作用特殊，税法才单独列举。理论上说，除了进口货物应当在报关进口时征收进口环节增值税外，出口货物也应当纳入增值税的征收范围，不过，对出口货物一般实行零税率。而法律有特殊规定的某些限制或禁止出口的货物，可以不适用零税率，而依正常税率征税。因此，对属于增值税征收范围的销售货物应当作广义理解，包括销往境外的货物。

对在进口环节与国内环节，以及国内地区间个别货物（如初级产品、矿产品等）增值税适用税率执行不一致的，纳税人应按其取得的增值税专用发票和海关进口增值税专用缴款书上注明的增值税额抵扣进项税额。主管税务机关发现同一货物进口环节与国内环节以及国内地区间增值税适用税率执行不一致的，应当将有关情况逐级上报至共同的上一级税务机关，由上一级税务机关予以明确。

四、增值税的税率

增值税实行比例税率。一般纳税人适用基本税率、低税率或零税率；小规模纳税人和采用简易办法征税的一般纳税人适用征收率。

（一）基本税率

基本税率，又称标准税率，适用于大多数征税对象，体现了增值税税负的轻重。基本税率的高低与各国的经济状况、税收政策、收入水平以及历史形成的税负水平相关联。我国增值税的基本税率为17%。

（二）低税率

低税率，又称轻税率，适用于税法列举的体现一定税收优惠政策的项目。设置低税率的根本目的是鼓励消费，或者说是保证消费者对基本生活必需品的消费。

我国增值税的低税率为13%。根据《增值税暂行条例》及相关规定，13%的低税率适用于纳税人销售或进口下列货物，具体如图2－8所示。

适用低税率货物

- 粮食、食用植物油、鲜奶。淀粉不属于农产品的范围，应按照17%征收增值税
- 自来水、暖气、冷气、热水、煤气、石油液化气、天然气、沼气、居民用煤炭制品
- 图书、报纸、杂志
- 饲料、化肥、农药、农机、农膜。其中，硝酸铵适用的增值税税率为17%，不再享受化肥产品免征增值税政策，纳税人出口的硝酸铵统一执行13%的退税率。此前已出口的硝酸铵，按17%计算征税的，按17%办理退税；按13%计算征税的，按11%办理退税。对饲料级磷酸二氢钙产品可按照现行“单一大宗饲料”的增值税政策规定，免征增值税。纳税人销售饲料级磷酸二氢钙产品，不得开具增值税专用发票；凡开具专用发票的，不得享受免征增值税政策，应全额缴纳增值税
- 农产品：植物类包括粮食、蔬菜、烟叶、茶叶、园艺植物、药用植物、油料植物、纤维植物、糖料植物、林业产品以及其他植物等。动物类包括水产品、畜牧产品、蛋类产品、鲜奶、动物皮张、动物毛绒以及其他动物组织。对鲜奶以及按照《食品营养强化剂使用卫生标准》在鲜奶中添加微量元素生产的鲜奶，按 13%的低税率征收增值税
- 音像制品：是指正式出版的录有内容的录音带、录像带、唱片、激光唱盘和激光视盘
- 电子出版物：是指以数字代码方式，使用计算机应用程序，将图文声像等内容信息编辑加工后存储在具有确定的物理形态的磁、光、电等介质上，通过内嵌在计算机、手机、电子阅读设备、电子显示设备、数字音/视频播放设备、电子游戏机、导航仪以及其他具有类似功能的设备上读取使用，具有交互功能，用以表达思想、普及知识和积累文化的大众传播媒体
- 二甲醚：指化学分子式为CH_3OCH_3，常温常压下为具有轻微醚香味，易燃、无毒、无腐蚀性的气体
- 食用盐：工业盐的增值税税率为17%，食用盐采用13%的低税率

图2-8　适用低税率货物

（三）零税率

零税率，即税率为零。仅适用于法律不限制或不禁止的报关出口的货物，

以及输往海关管理的保税工厂、保税仓库和保税区的货物。国务院另有规定的某些货物，不适用零税率。目前，不适用零税率的出口货物包括原油、柴油、援外货物、天然牛黄、麝香、铜及铜基合金、白银、糖、新闻纸等。

零税率不等于免税，免税只是规定某一纳税环节的应纳税额等于零。实行零税率不但不必缴税，而且还可以退还以前纳税环节所纳的税，也就是说，零税率意味着退税。

(四)征收率

1. 小规模纳税人征收率

适用于小规模纳税人的增值税的征收率为3%。

2. 其他规定

按简易办法征收增值税的纳税人，增值税的征收率为2%、3%、4%或6%，征收时不得抵扣进项税额。具体规定如下：

(1)纳税人销售自己使用过的物品，按下列政策执行。

①一般纳税人销售自己使用过的属于《增值税暂行条例》规定不得抵扣且未抵扣进项税额的固定资产，按简易办法依4%征收率减半征收增值税。

1)一般纳税人销售自己使用过的其他固定资产(以下简称已使用过的固定资产)，应区分不同情形征收增值税：

销售自己使用过的2009年1月1日以后购进或者自制的固定资产，按照适用税率征收增值税；2008年12月31日以前未纳入扩大增值税抵扣范围试点的纳税人，销售自己使用过的2008年12月31日以前购进或者自制的固定资产，按照4%征收率减半征收增值税；2008年12月31日以前已纳入扩大增值税抵扣范围试点的纳税人，销售自己使用过的在本地区扩大增值税抵扣范围试点以前购进或者自制的固定资产，按照4%征收率减半征收增值税；销售自己使用过的在本地区扩大增值税抵扣范围试点以后购进或者自制的固定资产，按照适用税率征收增值税。

已使用过的固定资产，是指纳税人根据财务会计制度已经计提折旧的固定资产。

2)一般纳税人销售自己使用过的除固定资产以外的物品，应当按照适用税率征收增值税。

②小规模纳税人(除其他个人外)销售自己使用过的固定资产，减按 2% 征收率征收增值税。

小规模纳税人销售自己使用过的除固定资产以外的物品，应按 3% 的征收率征收增值税。

(2)纳税人销售旧货，按照简易办法依照 4% 征收率减半征收增值税。旧货，是指进入二次流通市场的具有部分使用价值的货物(含旧汽车、旧摩托车和旧游艇)，但不包括自己使用过的物品。

(3)一般纳税人销售自产的下列货物，可选择按照简易办法依照 6% 征收率计算缴纳增值税。

①县级及县级以下小型水力发电单位生产的电力。小型水力发电单位，是指各类投资主体建设的装机容量为 5 万千瓦以下(含 5 万千瓦)的小型水力发电单位。

②建筑用和生产建筑材料所用的砂、土、石料。

③以自己采掘的砂、土、石料或其他矿物连续生产的砖、瓦、石灰(不含粘土实心砖、瓦)。

④用微生物、微生物代谢产物、动物毒素、人或动物的血液或组织制成的生物制品。

⑤自来水。

⑥商品混凝土(仅限于以水泥为原料生产的水泥混凝土)。

一般纳税人选择简易办法计算缴纳增值税后，36 个月内不得变更。

(4)一般纳税人销售货物属于下列情形之一的，暂按简易办法依照 4% 征收率计算缴纳增值税。

①寄售商店代销寄售物品(包括居民个人寄售的物品在内)。

②典当业销售死当物品。

③经国务院或国务院授权机关批准的免税商店零售的免税品。

五、增值税的应纳税额

增值税应纳税额的计算较为复杂，需要分为三种情况：一般纳税人销售货物或提供应税劳务、小规模纳税人销售货物或提供应税劳务以及一般纳税人、小规模纳税人进口货物。

（一）一般纳税人应纳税额的计算

一般纳税人销售货物或提供应税劳务，其应纳税额运用扣税法计算。计算公式为：

应纳税额 = 当期销项税额 - 当期进项税额

“当期”是个重要的时间限定，是指税务机关依照税法规定对纳税人确定的纳税期限。只有在纳税期限内实际发生的销项税额、进项税额，才是法定的当期销项税额、进项税额。

1. 当期销项税额的确定

当期销项税额，是指当期销售货物或提供应税劳务的纳税人，依其销售额和法定税率计算并向购买方收取的增值税税款。其计算公式为：

当期销项税额 = 销售额 × 税率

或：当期销项税额 = 组成计税价格 × 税率

当期销售额的确定是应纳税额计算的关键，对此，税法的具体规定如下。

(1) 销售额为纳税人销售货物或提供应税劳务而向购买方收取的全部价款和价外费用。但下列项目不包括在内：

①受托加工应征消费税的消费品所代收代缴的消费税。

②同时符合以下条件的代垫运费：承运部门的运输费用发票开具给购买方的；纳税人将该项发票转交给购货方的。

③同时符合以下条件代为收取的政府性基金或者行政事业收费：由国务院或者财政部批准设立的政府性基金，由国务院或者省级人民政府及其财政、价格主管部门批准设立的行政事业性收费；收取时开具省级以上财政部门印制的财政票据；所收款项全额上缴财政。

④销售货物的同时代办保险等而向购买方收取的保险费，以及向购买方收取的代购买方缴纳的车辆购置税、车辆牌照费。

(2) 如果销售收入中包含了销项税额，则应将含税销售额换算成不含税销售额。含税销售收入包括普通发票的价款、零售价格、价外收入、非应税劳务征收增值税。不含税销售额的计算公式为：

不含税销售额 = 含税销售额 ÷ (1 + 增值税税率)

(3) 混合销售行为依法应当缴纳增值税的，其销售额为货物的销售额与非应税劳务营业额的合计。

(4)纳税人有价格明显偏低并无正当理由或者有视同销售货物行为而无销售额者，按下列顺序确定销售额。

①按纳税人最近时期同类货物的平均销售价格确定；

②按其他纳税人最近时期同类货物的平均销售价格确定；

③按组成计税价格确定。其计算公式为：

$$组成计税价格 = 成本 \times (1 + 成本利润率)$$

如该货物属于征收消费税的范围，其组成计税价格中应加计消费税税额。其计算公式为：

$$组成计税价格 = 成本 \times (1 + 成本利润率) + 消费税税额$$

$$或：组成计税价格 = 成本 \times (1 + 成本利润率) \div (1 - 消费税税率)$$

“成本”分为两种情况：销售自产货物的为实际生产成本；销售外购货物的为实际采购成本。“成本利润率”根据规定统一为10%，但属于从价定率征收消费税的货物，其组成计税价格公式中的成本利润率为《消费税若干具体问题的规定》中规定的成本利润率。

(5)纳税人为销售货物而出租、出借包装物收取的押金，单独记账核算的，且时间在1年以内，又未过期的，不并入销售额，税法另有规定的除外。属于应并入销售额征税的押金，在将包装物押金并入销售额征税时，需要先将该押金换算为不含税价，再并入销售额征税。包装物押金不应混同于包装物租金，包装物租金在销货时，应作为价外费用并入销售额计算销项税额。

(6)以折扣方式销售货物。纳税人以折扣方式销售货物分为两种，如图2-9所示。

以折扣方式销售货物

- 商业折扣，又称价格折扣，是指销货方为鼓励购买者多买而给予的价格折让。商业折扣一般都从销售价格中直接折算，即购买方所付的价款和销售方所收的货款，都是按打折后的实际售价来计算的
- 现金折扣，是指销货方为鼓励买方在一定期限内早日付款，而给予的一种折让优惠。对现金折扣，应作如下处理：销售额和折扣额在同一张发票上分别注明的，可按冲减折扣额后的销售额征收增值税；将折扣额另开发票的，不论财务会计上如何处理，在征收增值税时，折扣额不得冲减销售额

图2-9　以折扣方式销售货物

(7)纳税人采取以旧换新方式销售货物，应按新货物的同期销售价格确定销售额。以旧换新销售，是指纳税人在销售过程中，折价收回同类旧货物，并以折价款部分冲减货物价款的一种销售方式。但税法规定，对金银首饰以旧换新业务，可以按照销售方实际收取的不含增值税的全部价款征收增值税。

(8)采取以物易物方式销售货物。以物易物，是指购销双方不是以货币结算，而是以同等价款的货物相互结算，实现货物购销的一种方式。以物易物双方都应作购销处理，以各自发出的货物核算销售额并计算销项税额，以各自收到的货物按规定核算购货额并计算进项税额。应注意的是，在以物易物活动中，应分别开具合法的票据，如收到的货物不能取得相应的增值税专用发票或其他合法票据的，不能抵扣进项税额。

(9)油气田企业跨省、自治区、直辖市提供生产性劳务，应当在劳务发生地按3%预征率计算缴纳增值税。在劳务发生地预缴的税款可以从其应纳增值税中抵减。

2. 当期进项税额的确定

当期进项税额是指纳税人当期购进货物或者应税劳务已缴纳的增值税税额。它主要体现在从销售方取得的增值税专用发票上或海关进口增值税专用缴款书上。消费型增值税允许纳税人在计算增值税税额时，从商品和劳务销售额中扣除当前购进的生产经营用固定资产总额。

准予从销项税额中抵扣进项税额的情形，主要包括以下几类，如图2－10所示。

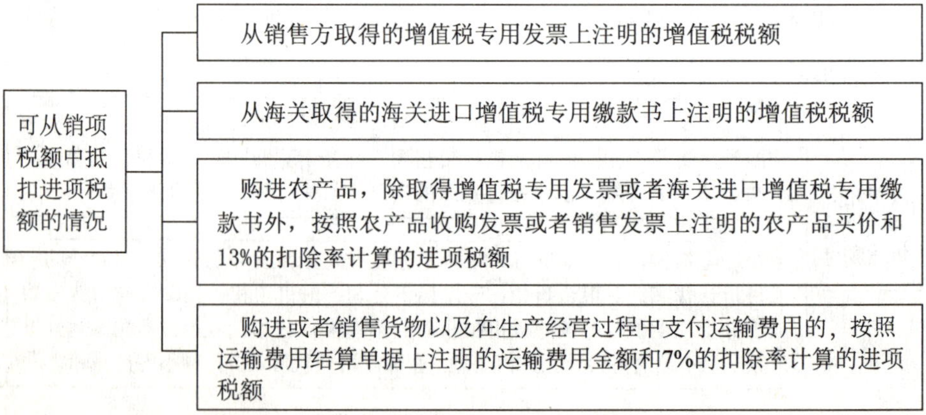

图2－10　可从销项税额中抵扣进项税额的情况

下列项目的进项税额不得从销项税额中抵扣：

（1）用于非增值税应税项目、免征增值税项目、集体福利或者个人消费的购进货物或者应税劳务。其中，购进货物不包括既用于增值税应税项目（不含免征增值税项目）也用于非增值税应税项目、免征增值税（以下简称免税）项目、集体福利或者个人消费的固定资产。

（2）非正常损失的购进货物及相关的应税劳务。

（3）非正常损失的在产品、库存商品所耗用的购进货物或者应税劳务。

（4）国务院财政、税务主管部门规定的纳税人自用消费品。

（5）前4项规定的货物的运输费用和销售免税货物的运输费用。

已抵扣进项税额的购进货物或者应税劳务，发生前述5种情形的（免税项目、非应税劳务除外），应将该项购进货物或者应税劳务的进项税额从当期发生的进项税额中扣减。无法确定该项进项税额的，按当期实际成本计算应扣减的进项税额。

（6）纳税人自用的应征消费税的摩托车、汽车、游艇，其进项税额不得从销项税额中抵扣。

（7）小规模纳税人不得抵扣进项税额。但是，一般纳税人取得由税务所为小规模纳税人代开的增值税专用发票，可以将专用发票上填写的税额作为进项税额计算抵扣。

（8）进口货物，在海关计算缴纳进口环节增值税税额（海关进口增值税专用缴款书上注明的增值税税额时），不得抵扣发生在中国境外的各种税金（包括销项税额）。

（9）因进货退出或折让而收回的进项税额，应从发生进货退出或折让当期的进项税额中扣减。

（10）按简易办法征收增值税的优惠政策，不得抵扣进项税额。

3. 增值税进项税额抵扣时限

除农产品收购发票、销售发票外，其他增值税抵扣凭证进行认证、申报抵扣的时限的规定如图2－11所示。

时限规定

- 增值税一般纳税人申请抵扣的防伪税控系统开具的增值税专用发票，应当自该专用发票开具之日起90日内到税务机关认证，否则不予抵扣进项税额。增值税一般纳税人认证通过的防伪税控系统开具的增值税专用发票，应当在认证通过的当月按照增值税有关规定核算当期进项税额并申报抵扣，否则不予抵扣进项税额
- 增值税一般纳税人取得的海关进口增值税专用缴款书，应当在该专用缴款书开具之日起90日后的第一个纳税申报期结束以前向主管税务机关申报抵扣，逾期不得抵扣进项税额
- 增值税一般纳税人取得的运输费用结算单据，应当自该结算单据开具之日起90日内向主管税务机关申报抵扣，否则不予抵扣进项税额
- 外贸企业一般纳税人购进的出口货物取得的增值税防伪税控专用发票，应当自该专用发票开具之日起30日内办理认证手续
- 增值税一般纳税人取得的税务机关通过防伪税控系统代开的增值税专用发票，其认证、申报抵扣期限的有关规定参照第一项的规定执行

图2-11　时限规定

4. 按简易办法征收增值税的计算

（1）一般纳税人销售自己使用过的物品和旧货，适用按简易办法依4%征收率减半征收增值税政策的，不抵扣进项税额，按下列公式确定销售额和应纳税额：

$$销售额=含税销售额\div(1+4\%)$$

$$应纳税额=销售额\times4\%\div2$$

（2）一般纳税人销售自产的货物，选择按照简易办法依照6%征收率计算缴纳增值税的，不抵扣进项税额，按下列公式确定销售额和应纳税额：

$$销售额=含税销售额\div(1+6\%)$$

$$应纳税额=销售额\times6\%$$

（3）一般纳税人销售货物，暂按简易办法依照4%征收率计算缴纳增值税的，不抵扣进项税额，按下列公式确定销售额和应纳税额：

$$销售额 = 含税销售额 \div (1 + 4\%)$$

$$应纳税额 = 销售额 \times 4\%$$

【例2-1】 某公司为一般纳税人，2013年3月销售产品，开出增值税专用发票，销售额120 000元，销项税额20 400元；销售给小规模纳税人产品，开具普通发票，销售额40 000元(含税)；将一批成本100 000元的产品对外投资。当月购料，取得增值税专用发票，价款60 000元，税额10 200元；购进免税农产品25 000元；当月用水27 600元，增值税专用发票注明税额3 588元；购进设备一台，价款55 000元，增值税专用发票注明税额9 350元。

计算该企业当月应交增值税如下。

(1)销项税额的计算。

销售给小规模纳税人销项税额 $= 40\ 000 \div (1 + 17\%) \times 17\% = 5\ 812$(元)；

投资产品销项税额 $= 100\ 000 \times (1 + 10\%) \times 17\% = 18\ 700$(元)；

销项税额合计 $= 20\ 400 + 5\ 812 + 18\ 700 = 44\ 912$(元)。

(2)允许抵扣的进项税额的计算。

允许抵扣的进项税额合计 $= 10\ 200 + 25\ 000 \times 13\% + 3\ 588 + 9\ 350 = 26\ 388$(元)。

(3)应纳税额的计算。

应纳税额 $= 44\ 912 - 26\ 388 = 18\ 524$(元)。

(二)小规模纳税人应纳税额的计算

小规模纳税人销售货物或提供应税劳务，其应纳税额的计算不适用扣税法，而是实行按照销售额和征收率计算应纳税额的简易办法，不得抵扣进项税额。

其计算公式为：

$$应纳税额 = 销售额 \times 征收率$$

销售额不包括收取的增值税销项税额，即为不含税销售额。

对销售货物或提供应税劳务采取销售额和增值税销项税额合并定价方法

的，要分离出不含税销售额，其计算公式为：

销售额 = 含税销售额 ÷ (1 + 征收率)

小规模纳税人销售自己使用过的固定资产和旧货，按下列公式确定销售额和应纳税额：

销售额 = 含税销售额 ÷ (1 + 3%)

应纳税额 = 销售额 × 2%

【例2-2】某小型工业企业是增值税小规模纳税人。2013年3月取得销售收入12.36万元(含增值税)；当月购进材料一批，支付货款3.09万元(含增值税)。计算该企业当月的应纳增值税税额。

当月的应纳增值税税额 = 12.36 ÷ (1 + 3%) × 3% = 0.36(万元)。

(三) 进口货物应纳税额的计算

进口货物的纳税人，无论是一般纳税人还是小规模纳税人，均应按照组成计税价格和规定的税率计算应纳税额，不得抵扣发生在我国境外的各种税金。其计算公式为：

应纳税额 = 组成计税价格 × 税率

如果进口的货物不征消费税，则上述公式中的组成计税价格的计算公式为：

组成计税价格 = 关税完税价格 + 关税税额

如果进口的货物应征消费税，则上述公式中的组成计税价格的计算公式为：

组成计税价格 = 关税完税价格 + 关税税额 + 消费税税额

【例2-3】某企业是增值税一般纳税人。2013年3月从国外进口一批原材料，海关审定的完税价格为100万元，该批原材料分别按10%和17%的税率向海关缴纳了关税和进口环节增值税，并取得了相关完税凭证。该批原材料当月加工成产品后全部在国内销售，取得销售收入200万元(不含增值税)，同时支付运输费8万元(取得运费发票)。已知该企业适用的增值税税率为17%。计算该企业当月应缴纳的增值税税额。

（1）进口原材料的应纳增值税税额 =（100 + 100 × 10%）× 17% = 18.7（万元）。

（2）允许抵扣的增值税进项税额 = 18.7 + 8 × 7% = 19.26（万元）。

（3）应纳增值税税额 = 200 × 17% − 19.26 = 14.74（万元）。

六、增值税的减免

为了实现不同的政策目标，我国在增值税领域规定了较多的免税项目，主要涉及扶持农业发展、促进资源综合利用、鼓励产业发展、照顾社会公共事业、促进社会福利事业发展等目标。

（一）增值税的免税项目

根据《增值税暂行条例》的规定，下列项目免征增值税，如图 2－12 所示。

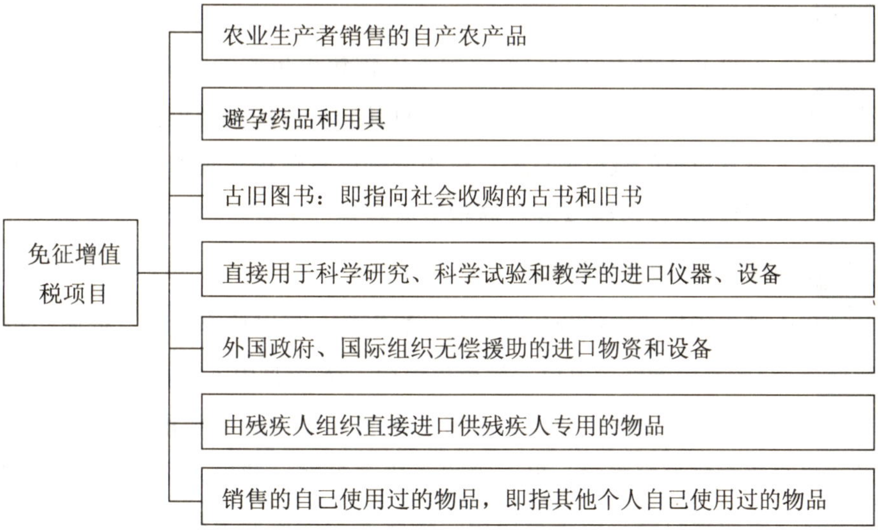

图 2－12　免征增值税项目

除上述规定外，增值税的免税、减税项目由国务院规定。任何地区、部门均不得规定免税、减税项目。据此，除前述规定外，国务院财政、税务主管部门颁布了一系列有关增值税的免税项目的规范性文件，主要内容如下。

（1）对销售下列自产货物实行免征增值税政策：再生水、以废旧轮胎为全部生产原料的胶粉、翻新轮胎、生产原料中掺兑废渣比例不低于 30% 的特定

环保、税务、公安机关相应的行政处罚(警告和罚款除外)。对符合退税条件的纳税人2009年销售再生资源实现的增值税，按70%的比例退回给纳税人；对其2010年销售再生资源实现的增值税，按50%的比例退回给纳税人。

(四)增值税的起征点

增值税起征点的适用范围仅限于个人。有关增值税起征点幅度的规定如下：

(1)销售货物的，为月销售额5 000～20 000元；

(2)销售应税劳务的，为月销售额5 000～20 000元；

(3)按次纳税的，为每次(日)销售额300～500元。

省、自治区、直辖市财政厅(局)和国家税务局应在规定的幅度内，根据实际情况确定本地区适用的起征点，并报财政部、国家税务总局备案。纳税人销售额未达到国务院财政、税务主管部门规定的增值税起征点的，免征增值税；达到起征点的，依照《增值税暂行条例》规定全额计算缴纳增值税。

七、增值税纳税义务的确认、纳税期限、纳税地点

(一)纳税义务的确认

税务会计一般也按权责发生制原则确认纳税人增值税纳税义务的发生。在具体确认时，应针对具体的销售方式、结算方式(工具)来确认。

(1)采取直接收款方式销售货物，不论货物是否发出，均为收到销售额或取得索取销售额的凭据，并将提货单交给买方的当天。

(2)采取托收承付和委托银行收款方式销售货物，为发出货物并办妥托收手续的当天。

(3)采取赊销和分期收款方式销售货物，为按合同约定的收款日期的当天。

(4)采取预收货款方式销售货物，为货物发出的当天。

(5)委托其他纳税人代销货物，为收到代销单位销售的代销清单的当天。

(6)销售应税劳务，为提供劳务同时收讫销售额或取得索取销售额的凭据的当天。

(7)纳税人发生按规定视同销售的行为(将货物交付他人代销、销售代销货物除外)，为货物移送的当天。

(二)增值税的纳税期限

增值税的税款计算期分别为1日、3日、5日、10日、15日、1个月或者1个季度。纳税人的具体纳税期限，由主管税务机关根据纳税人应纳税额的大小分别核定；不能按固定期限纳税的，可以按次纳税。以1个季度为纳税期限的规定仅适用于小规模纳税人。小规模纳税人的具体纳税期限，由主管税务机关根据其应纳税额的大小分别核定。

纳税人以1个月或者1个季度为一个纳税期的，自期满之日起15日内申报纳税；以1日、3日、5日、10日或者15日为一个纳税期的，自期满之日起5日内预缴税款，于次月1日起15日内申报纳税并结清上月应纳税款。

纳税人进口货物，应当自海关填发海关进口增值税专用缴款书之日起15日内缴纳税款。纳税人出口货物，应当按月向税务机关申报办理该项出口货物退税。

(三)增值税的纳税地点

1. 固定业户的纳税地点

固定业户应当向其机构所在地的主管税务机关申报纳税。总机构和分支机构不在同一县(市)的，应当分别向各自所在地的主管税务机关申报纳税；经国务院财政、税务主管部门或者其授权的财政、税务机关批准，可以由总机构汇总向总机构所在地的主管税务机关申报纳税。

固定业户到外县(市)销售货物或者应税劳务，应当向其机构所在地的主管税务机关申请开具外出经营活动的税收管理证明，并向其机构所在地的主管税务机关申报纳税；未开具证明的，应当向销售地或者劳务发生地的主管税务机关申报纳税；未向销售地或者劳务发生地的主管税务机关申报纳税的，由其机构所在地的主管税务机关补征税款。

2. 非固定业户的纳税地点

非固定业户销售货物或者应税劳务，应当向销售地或者劳务发生地的主管税务机关申报纳税；未向销售地或者劳务发生地的主管税务机关申报纳税的，由其机构所在地或者居住地的主管税务机关补征税款。

3. 进口货物的纳税地点

进口货物应纳的增值税，应当向报关地海关申报纳税。

扣缴义务人应当向其机构所在地或者居住地的主管税务机关申报缴纳其扣缴的税款。

八、增值税的纳税申报与缴纳

(一)一般纳税人的纳税申报

凡增值税一般纳税人，不论当期是否发生应税行为，均应按规定进行纳税申报。纳税人进行纳税申报必须实行电子信息采集。使用防伪税控系统开具增值税专用发票的纳税人必须在抄报税成功后，方可进行纳税申报。

纳税申报资料见表 2－1。

表 2－1　纳税申报资料

分类	内容
必报资料	《增值税纳税申报表(适用于增值税一般纳税人)》及其《增值税纳税申报表附列资料》
	使用防伪税控系统的纳税人，必须报送记录当期纳税信息的 IC 卡(明细数据备份在软盘上的纳税人，还须报送备份数据软盘)、《增值税专用发票存根联明细表》及《增值税专用发票抵扣联明细表》
	资产负债表、利润表
	《成品油购销存情况明细表》(发生成品油零售业务的纳税人填报)
	主管税务机关规定的其他必报资料
	备注：纳税申报实行电子信息采集的纳税人，除向主管税务机关报送上述必报资料的电子数据外，还需报送纸介的《增值税纳税申报表(适用于一般纳税人)》(主表及附表)
备查资料	已开具的增值税专用发票和普通发票存根联
	符合抵扣条件并且在本期申报抵扣的增值税专用发票抵扣联
	海关进口货物完税凭证、运输发票、购进农产品普通发票及购进废旧物资普通发票的复印件
	收购凭证的存根联或报查联
	代扣代缴税款凭证存根联
	主管税务机关规定的其他备查资料
	备注：备查资料是否需要在当期报送，由各省级国家税务局确定

（二）小规模纳税人的纳税申报

与一般纳税人要求相同，不论有无销售，均应按期向其主管税务机关报送纳税申报表。要按规定的格式和要求，正确填写纳税申报表。

（三）应纳增值税款的解缴

企业除了应按规定的纳税期进行纳税申报外，还应在规定的缴库期内足额上缴税款。税款的解缴方式有两种。

1. 自行计算解缴

纳税人自行核算应纳税款，在税务机关开具税收缴款书后，于规定期限内送交纳税人开户银行办理税款入库手续，再持盖有银行转讫章的纳税凭证及纳税申报资料，报送主管税务机关。

2. 税务机关查定后解缴

纳税人在规定期限内将纳税申报资料报送所属税务机关，由税务机关查定后开具税收缴款书，交给纳税人，由纳税人持往其开户银行办理税款入库手续。

第二节　增值税专用发票

一、增值税专用发票及其内容

增值税专用发票不仅是纳税人从事经济活动的重要凭证，而且也是记载销货方的销项税额和购货方的进项税额的凭证。在专用发票上注明的税额既是销货方的销项税额，又是购货方的进项税额，是购货方进行税款抵扣的依据和凭证。

纳税人销售货物或者应税劳务，应当向索取增值税专用发票的购买方开具增值税专用发票，并在增值税专用发票上分别注明销售额和销项税额。属于下列情形之一的，不得开具增值税专用发票：

(1)向消费者个人销售货物或者应税劳务的。

(2)销售货物或者应税劳务适用免税规定的。

(3)小规模纳税人销售货物或者应税劳务的。

小规模纳税人以外的纳税人(即一般纳税人)因销售货物退回或者折让而退还给购买方的增值税额，应从发生销售货物退回或者折让当期的销项税额中扣减；因购进货物退出或者折让而收回的增值税额，应从发生购进货物退出或者折让当期的进项税额中扣减。

一般纳税人销售货物或者应税劳务，开具增值税专用发票后，发生销售货物退回或者折让、开票有误等情形，应按国家税务总局的规定开具红字增值税专用发票。未按规定开具红字增值税专用发票的，增值税额不得从销项税额中扣减。

二、增值税专用发票的领购和使用

为加强增值税征收管理，规范增值税专用发票使用行为，国家税务总局修订《增值税专用发票使用规定》，自2007年1月1日起施行。

专用发票，是指一般纳税人销售货物或者提供应税劳务开具的发票，是购买方支付增值税额并可按照增值税有关规定据以抵扣增值税进项税额的凭证。

一般纳税人应通过增值税防伪税控系统使用专用发票。包括领购、开具、撤销、认证纸质专用发票及其相应的数据电文。

专用发票由基本联次或者基本联次附加其他联次构成，基本联次为三联：

(1)发票联，作为购买方核算采购成本和增值税进项税额的记账凭证。

(2)抵扣联，作为购买方报送主管税务机关认证和留存备查的凭证。

(3)记账联，作为销售方核算销售收入和增值税销项税额的记账凭证。

其他联次的用途，由一般纳税人自行确定。

专用发票实行最高开票限额管理。最高开票限额，是指单份专用发票开具的销售额合计数不得达到的上限额度。一般纳税人申请最高开票限额时，须填报《最高开票限额申请表》。最高开票限额由一般纳税人申请，税务机关依法审批。最高开票限额为10万元及以下的，由区县级税务机关审批；最高开票限额为100万元的，由地市级税务机关审批；最高开票限额为1 000万元及以上的，由省级税务机关审批。防伪税控系统的具体发行工作由区县级税务机关负责。

一般纳税人领购专用设备后，凭《最高开票限额申请表》、《发票领购簿》

到主管税务机关办理初始发行。一般纳税人凭《发票领购簿》、IC卡和经办人身份证明领购专用发票。

一般纳税人有下列情形之一的，不得领购开具专用发票：

(1)会计核算不健全，不能向税务机关准确提供增值税销项税额、进项税额、应纳税额数据及其他有关增值税税务资料的。

(2)有《税收征管法》规定的税收违法行为，拒不接受税务机关处理的。

(3)有下列行为之一的，经税务机关责令限期改正而仍未改正的：虚开增值税专用发票；私自印制专用发票；向税务机关以外的单位和个人买取专用发票；借用他人专用发票；未按该规定第十一条开具专用发票；未按规定保管专用发票和专用设备；未按规定申请办理防伪税控系统变更发行；未按规定接受税务机关检查。有上列情形的，如已领购专用发票，主管税务机关应暂扣其结存的专用发票和IC卡。

商业企业一般纳税人零售的烟、酒、食品、服装、鞋帽、化妆品等消费品不得开具专用发票。增值税小规模纳税人和非增值税纳税人不得领购使用专用发票。增值税小规模纳税人需开具专用发票的，可向当地主管税务机关申请代开。

专用发票应按下列要求开具：

(1)项目齐全，与实际交易相符。

(2)字迹清楚，不得压线、错格。

(3)发票联和抵扣联加盖财务专用章或者发票专用章。

(4)按照增值税纳税义务的发生时间开具。

对不符合上列要求的专用发票，购买方有权拒收。

三、增值税专用发票的保管和检查

开具发票的单位和个人，应当按照税务机关的规定存放和保管发票，不得擅自损毁，已经开具的发票存根联和发票登记簿应当保存五年。保存期满后必须经税务机关查验后方可销毁。开具发票的单位和个人应当建立发票使用登记制度，设置发票记账簿，并定期向主管税务机关报告发票的使用情况。如果办理变更或者注销税务登记，应同时办理发票和发票领购簿的变更、缴销手续；发票丢失应于丢失当日书面报告主管税务机关，并在报刊和电视等新闻媒体上公告声明作废。

印制、使用发票的单位和个人，必须接受税务机关依法检查，如实反映情况，提供有关资料，不得拒绝、隐瞒。税务机关有权检查发票的印刷、领购、开具、取得和保管情况，有权调出发票查验，有权查阅、复制与发票有关的资料、凭证，有权向当事人询问与发票有关的情况，并进行记录、录音、录像、照相、复制等。

对从境外取得的与纳税有关的发票、凭证，税务机关在纳税审查有疑议时，可以要求企业提供境外公证机构或注册会计师的确认证明，经税务机关认可后，方可作为记账凭证。

违反发票管理法规的，要依法承担有关法律责任。

四、增值税专用发票的使用要点

（一）增值税专用发票的开具范围

一般纳税人销售货物（包括部分视同销售货物在内）、提供应税劳务，必须向购买方开具增值税专用发票。增值税专用发票开具范围的限制因素如图2－13所示。

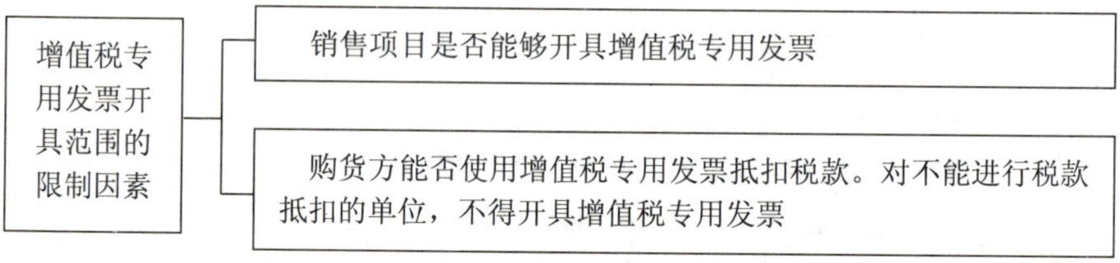

图2－13 增值税专用发票开具范围的限制因素

（二）增值税专用发票的基本内容和联次

增值税专用发票除包括普通发票的各项内容外，还包括纳税凭证（税收缴款书和完税凭证）的内容。由于增值税专用发票很重要，纳税人必须正确填开。

增值税专用发票的主要内容如图2－14所示。

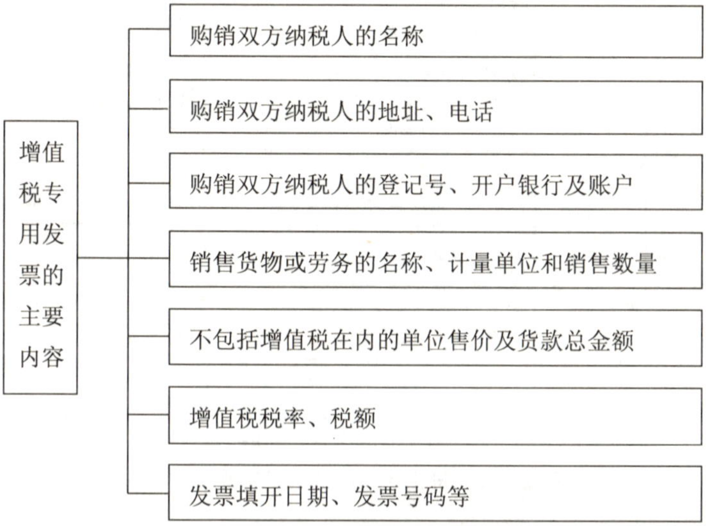

图 2－14　增值税专用发票的主要内容

增值税专用发票的基本联次，统一规定为三联，各联次必须按以下规定用途使用：第一联为发票联，购货方核算采购成本和增值税进项税额的记账凭证；第二联为税款抵扣联，购货方作报送主管税务机关认证和留存备查的凭证；第三联为记账联，销货方核算销售收入和增值税销项税额的记账凭证。

（三）增值税专用发票开具要求

从 2003 年 7 月 1 日起，增值税一般纳税人必须通过防伪税控系统开具专用发票，同时，全国统一废止增值税一般纳税人所用的手写版专用发票。从 2003 年 10 月 1 日起，增值税一般纳税人所用的手写版专用发票一律不得作为增值税的扣税凭证。

纳税人可以购买国家税务总局指定的生产厂家生产的专用开票设备自行开票；也可以不买上述专用开票设备，按《国家税务总局增值税防伪税控主机共享服务系统管理暂行办法》的规定，聘请社会中介机构代为开票（但应按统一收费标准向社会中介机构支付开票费和防伪税控专用设备的维护费）。符合开具增值税专用发票的要求如图 2－15 所示。

- 符合开具增值税专用发票的要求
  - 项目填写齐全
  - 票、物相符，票面金额与实际收取的金额相符
  - 各项目内容正确无误
  - 全部联次一次填开，各联的内容和金额一致
  - 发票联和抵扣联加盖财务专用章或发票专用章
  - 按照规定的时限（纳税义务发生时）开具增值税专用发票

图 2－15　符合开具增值税专用发票的要求

开具的增值税专用发票有不符合上列要求的，不得作为扣税凭证，购买方有权拒收。

（四）专用发票抵扣联进项税额的抵扣

除购进免税农业产品和自营进口货物外，购进应税项目未按规定取得专用发票、未按规定保管专用发票的，不得抵扣进项税额。

应用增值税专用发票抵扣联信息企业采集方式（企业自行扫描、识别或人工录入抵扣联票面信息，生成电子数据，以磁盘或通过互联网方式报送税务机关，由税务机关完成认证比对，并将认证结果信息返回企业），纳税人可以自行采集增值税专用发票抵扣联电子信息报送税务部门批量认证。由防伪税控系统开具的专用发票，必须自开具之日起，90 日之内到税务机关认证，否则不予抵扣进项税额。经过认证的专用发票，应在认证通过的当月按增值税有关规定核算当期进项税额并申报抵扣，否则不予抵扣进项税额。税务机关认证后，应向纳税人提供一式两份的《增值税专用发票抵扣联认证清单》，以备企业作为纳税申报附列资料。

（五）开具增值税专用发票后发生退货或销售折让的处理

开具增值税专用发票后发生退货或销售折让的，企业应视不同情况分别按以下规定办理。

（1）购买方在未付货款并且未作会计处理的情况下，应将原发票联和税款

抵扣联主动退还销售方。销售方收到后，应在该发票联和税款抵扣联及有关的存根联、记账联上注明“作废”字样，作为扣减当期销项税额的凭证。未收到购买方退还的增值税专用发票前，销售方不得扣减当期销项税额。属于销售折让的，销售方应按折让后的货款重开专用发票。

(2)在购买方已付货款，或者货款未付但已作会计处理，而发票联和抵扣联无法退还的情况下，购买方必须取得当地主管税务机关开具的进货退出或索取折让证明单送交销售方，作为销售方开具红字增值税专用发票的合法依据。销售方在未收到“证明单”以前不得开具红字增值税专用发票；收到“证明单”后，根据退回货物的数量、价款或折让金额向购买方开具红字增值税专用发票。红字增值税专用发票的存根联、记账联，作为销售方扣减当期销项税额的凭证，其发票联、税款抵扣联作为购买方扣减进项税额的凭证。

(3)购买方收到红字增值税专用发票后，应将红字增值税专用发票所注明的增值税税额从当期进项税额中扣减。如不扣减，造成不纳税或少纳税的，属于偷税行为。

(六)税务机关代开增值税专用发票

按规定，小规模纳税人不得领购和使用增值税专用发票。若一般纳税人向小规模纳税人购进货物，不能取得增值税专用发票，无法抵扣进项税额，会使小规模纳税人的销售受到一定影响。为了既有利于加强增值税专用发票的管理，又不影响小规模纳税人的销售，税法规定由税务机关为小规模企业代开增值税专用发票。

凡是能够认真履行纳税义务的小规模纳税人，经县(市)税务局批准，其销售货物或应税劳务可由税务机关代开增值税专用发票。税务机关应将代开增值税专用发票的情况造册，详细登记备查。但销售免税货物或将货物、应税劳务销售给消费者以及小额零星销售，不得代开增值税专用发票。

小规模纳税人在税务机关代开增值税专用发票前，应先到税务机关临时申报应纳税额，持税务机关开具的税收缴款书，到其开户银行办理税款入库手续后，凭盖有银行转讫章的纳税凭证，税务机关方能代开增值税专用发票。

对于不能认真履行纳税义务的小规模纳税人，不能代开增值税专用发票。

为小规模纳税人代开增值税专用发票，应在增值税专用发票“单价”栏和

“金额”栏分别填写不含其本身应纳税额的单价和销售额；“税率”栏填写增值征收率3%；“税额”栏填写其本身的应纳税额，即按销售额依照3%征收率计算的增值税额。一般纳税人取得由税务机关代开的增值税专用发票后，应以增值税专用发票上填写的税额为其进项税额。

第三节　增值税进项税额及其转出的会计处理

一、会计账户的设置

（一）一般纳税人增值税核算的会计账户

我国增值税严格实行“价外计税”的办法，即以不含增值税的价格为计税依据。同时，根据增值税专用发票注明税额实行税款抵扣制度，按购进扣税法的原则计算应纳税额。因此，货物和应税劳务的价款、税款应分别核算。

根据现行规定，一般纳税人应在“应交税费”账户下设置“应交增值税”和“未交增值税”两个二级账户。

1.“应交税费——应交增值税”账户

“应交税费——应交增值税”账户的借方发生额，反映企业购进货物、接受应税劳务所支付的进项税额、实际已交纳的增值税以及月末转入“未交增值税”明细账户的当月发生的应交未交增值税额；“应交税费——应交增值税”账户的贷方发生额，反映销售货物、提供应税劳务应交纳的增值税额、出口货物退税、转出已支付或应分摊的增值税以及月末转入“未交增值税”明细账户的当月多交的增值税额；“应交税费——应交增值税”账户的期末借方余额，反映尚未抵扣的增值税额（期末不会出现贷方余额）。

在“应交税费——应交增值税”二级账户下，可设置以下明细项目：

（1）“进项税额”项目。记录企业购入货物、接受应税劳务而支付的、并准予从销项税额中抵扣的增值税额；若发生购货退回或折让，应以红字记入，以示冲销的进项税额。

（2）“已交税金”项目。记录企业本期（月）应交而实际已交纳的增值税额；若发生多交增值税，退回时应以红字记入。

(3)“减免税款”项目。记录企业按规定直接减免的、用于指定用途的(新建项目、改扩建和技术改造项目、归还长期借款、冲减进口货物成本等)或未规定专门用途的、准予从销项税额中抵扣的增值税额。按规定，直接减免的增值税用蓝字登记，应冲销直接减免的增值税用红字登记。

(4)“出口抵减内销产品应纳税额”项目。记录企业按规定的退税率计算的当期应予抵扣的税额。

(5)“转出未交增值税”项目。记录企业月终时转出当月发生的应交未交增值税的转账额。在会计上，作此转账核算后，“应交税费——应交增值税”的期末余额不再包括当期应交未交增值税额。

(6)“销项税额”项目。记录企业销售货物、提供应税劳务应收取的增值税额。若发生销货退回或销售折让，应以红字记入，以示冲减销项税额。

(7)“出口退税”项目。记录企业向海关办理报关出口手续后，凭出口报关单等有关单证，根据国家的出口退税政策，向主管出口退税的税务机关申报办理出口退税而收到退回的税款。若办理退税后，又发生退货或者退关而补交的已退增值税，则用红字记入。

(8)“进项税额转出”项目。记录企业在购进货物、在产品、库存商品等发生非正常损失及其他原因时，不应从销项税额中抵扣而应按规定转出的进项税额。若又发生冲销已转出的进项税额时，用红字记入。

(9)“转出多交增值税”项目。记录企业月末转出当月多交增值税的转出额。此项转账后，“应交税费——应交增值税”期末余额不包含多交的增值税。

2.“应交税费——未交增值税”账户

“应交税费——未交增值税”账户的借方发生额，反映企业上交以前月份未交增值税额和月末自“应交税费——应交增值税”账户转入的当月多交的增值税额；“应交税费——未交增值税”账户的贷方发生额，反映企业月末自“应交税费——未交增值税”账户转入的当月应交未交的增值税额；“应交税费——未交增值税”账户的期末余额，借方反映企业多交的增值税，贷方反映企业未交的增值税。

(二)小规模纳税人增值税核算的会计账户

小规模纳税人只需在“应交税费”账户下设置“应交增值税”二级账户，

无需再设明细项目。贷方反映应交的增值税，借方反映实际上交的增值税；贷方余额反映尚未上交或欠交的增值税，借方余额反映多交的增值税。

二、会计账表的设置

（一）账簿设置

1. 一般纳税人增值税账簿的设置

企业应根据增值税核算的会计科目设置账簿。“应交税费——应交增值税”账簿的设置有两种方法。

（1）在“应交增值税”二级账下，按明细项目设置专栏，在一张账页上总括反映所有明细项目的发生和结转情况，可以达到一目了然的效果。但因账页较长，登账时必须注意不要串栏、串行，以免发生记账错误。

（2）将“进项税额”、“销项税额”等明细项目在“应交税费”账户下分别设置明细账进行核算。月终时，应将有关明细账的金额结转至“应交税费——应交增值税”账户的借方或贷方，然后，再将期末多交或未交的增值税额结转至“应交税费——未交增值税”。

外商投资企业，若以人民币为记账本位币，其“应交税费——应交增值税”的账户设置可与内资企业相同，并在上述两种方法中选用一种。

外商投资企业，若以某种外币作为记账本位币，就不便按上述第一种办法，即按明细项目设专栏设账，可参照上述第二种方法在借方、贷方、余额三栏的基础上，增设专栏。

期末，应结出各明细账的余额，并按期末余额转账。

（1）将“出口退税”“进项税额转出”明细账余额转入“进项税额”明细账的贷方。

（2）将“已交税金”“出口抵减内销产品应纳税额”明细账的余额转入“销项税额”明细账的借方。

（3）作上述转账后，将“进项税额”明细账余额与“销项税额”明细账余额进行比较。如果销项税额大于进项税额，则将“进项税额”明细账的余额转入“销项税额”明细账的借方；转账后的“销项税额”明细账的余额，表示企业尚未交纳的增值税。如果进项税额大于销项税额，则应将“销项税额”明细账的余额转入“进项税额”明细账的贷方；转账后的“进项税额”明细账的余额，表示企业多交或待扣的增值税。“进项税额”或“销项税额”明细账的余额（对同一纳税人来说，两者必居其一）应与“应交税费——应交增值税”二级明细账的余额相同。最后，再将期末未交或多交（但不包括待抵扣）的增值税，结转至“应交税费——未交增值税”二级明细账。因此，这种做法不需要在“应交增值税一级明细账下设“转出多交增值税”“转出未交增值税”明细账户。

“应交税费——未交增值税”账户可设借方、贷方、余额三栏式账页，企业也可以将“应交增值税明细账”与“未交增值税明细账”合并设置，这样可以在一本账上反映增值税核算的全貌。

2. 小规模纳税人增值税账簿的设置

小规模纳税人应根据“应交税费——应交增值税”账户，设三栏式明细账页。

（二）报表设置

为了反映企业增值税的应交、已交、多交、减免、未交、欠交、未抵扣等具体情况，企业除了正常编报财务报告、纳税申报表外，还应专门编制“应交增值税明细表”，作为资产负债表的附表上报主管税务机关。

三、工业企业进项税额的会计处理

（一）外购材料进项税额的会计处理

1. 收料与付款同时进行

企业外购材料已经验收入库并支付货款或开具并承兑商业汇票，同时，也收到销货方开出的增值税专用发票的发票联和抵扣联。这时，应按材料的实际成本，借记“原材料”账户；按应预交或垫支的增值税，借记“应交税费——应交增值税（进项税额）”账户；按材料的实际成本和增值税额之和，贷记“银行存款”“库存现金”“其他货币资金”“应付票据”等账户。

【例2-4】天华工厂购入甲材料4 000千克，6元/千克，代垫运杂费2 800元(其中运输发票上列明的运费为2 000元)，增值税进项税额为4 080元(4 000×6×17%)，已开出银行承兑汇票，材料验收入库。运费允许抵扣的税额为140元(2 000×7%)。作会计分录如下。

借：原材料——甲材料　　26 660
　　应交税费——应交增值税(进项税额)　　4 220
　　贷：应付票据——银行承兑汇票　　30 880

【例2-5】天华工厂向本市某工厂购进乙材料3 000千克，5元/千克，增值税进项税额2 550元(3 000×5×17%)，材料入库，发票收到并开出转账支票支付。作会计分录如下。

借：原材料——乙材料　　15 000
　　应交税费——应交增值税(进项税额)　　2 550
　　贷：银行存款　　17 550

2. 发票结算凭证已到，货款已经支付，但材料尚未收到

发生时应依据有关发票，借记“在途物资”“应交税费”等账户，贷记“银行存款”“其他货币资金”“应付票据”等账户；在途物资入库后，借记“原材料”账户，贷记“在途物资”账户。

【例2-6】天华工厂6月6日收到银行转来的购买光明工厂丙材料的“托收承付结算凭证”及发票，数量为5 000千克，11元/千克，增值税进项税额为9 350元，支付运杂费为650元，其中运费发票金额为500元，应抵扣的运费进项税额为35元。采用验单付款，验收付款后作会计分录如下。

借：在途物资(光明工厂)　　55 615
　　应交税费——应交增值税(进项税额)　　9 385
　　贷：银行存款　　65 000

按现行税法规定，工业企业购进货物并取得防伪税控增值税专用发票后，如果在未到主管税务机关进行认证之前入账，其购进货物的进项税额还不能确认是否符合抵扣条件。若作上述会计处理，容易与符合抵扣条件的进项税额混淆。为避免因错账而给企业带来税收损失，企业可增设“待抵扣税金”账户过渡。

【例2-7】仍用**【例2-6】**资料，在未到主管税务机关进行认证之前入账时，先作会计分录如下。

借：在途物资(光明工厂)　55 615
　　待抵扣税金——待抵扣增值税　9 385
　贷：银行存款　65 000

材料验收入库时：

借：原材料——丙材料　55 615
　贷：在途物资(光明工厂)　55 615

企业在90天之内到主管税务机关进行认证并获得认证后：

借：应交税费——应交增值税(进项税额)　9 385
　贷：待抵扣税金——待抵扣增值税　9 385

如果企业在90天之内到主管税务机关进行认证，但未获得认证通过，或者超过90天未到税务机关进行认证：

借：原材料——丙材料　9 385
　贷：待抵扣税金——待抵扣增值税　9 385

3. 预付材料款

因采购业务尚未成立，企业还未取得材料的所有权，企业在按合同规定预付款项时，借记“预付账款”账户，贷记“银行存款”“其他货币资金”等账户；当企业收到所购材料并验收入库后，依增值税专用发票所列金额，借记“原材料”“应交税费”账户，贷记“预付账款”账户，同时，补付或收回剩余或退回的货款。

【例2-8】新华工厂开出转账支票预付向本市某单位购买甲材料的货款30 000元。作会计分录如下。

借：预付账款——××单位　30 000
　贷：银行存款　30 000

预付货款购买的甲材料7 600千克，已收到并验收入库，发票所列价款为35 000元，增值税进项税额为5 950元(35 000×17%)，开出转账支票补付余款10 950元。作会计分录如下。

借：预付账款——××单位　10 950

　　贷：银行存款　10 950

借：原材料——甲材料　35 000

　　应交税费——应交增值税(进项税额)　5 950

　　贷：预付账款——××单位　40 950

4. 国外进口原材料

从国外购进原材料也应依法缴纳增值税，应根据海关开具的“完税凭证”记账。其计税依据是海关审定的关税完税价格加上关税、消费税(如果属于应纳消费税的货物)。

【例2－9】天华工厂从国外进口一批材料(材料已验收入库)，海关审定的关税完税价格为1 000 000元，应纳关税150 000元，消费税50 000元。

增值税计算如下：

增值税进项税额＝(1 000 000＋150 000＋50 000)×17%＝204 000(元)。

作会计分录如下：

借：原材料　1 200 000

　　应交税费——应交增值税(进项税额)　204 000

　　贷：银行存款　1 404 000

(二)外购材料退货、折让进项税额的会计处理

1. 发生全部退货

在未付款并未作账务处理的情况下，只需将发票联和抵扣联退还给销货方即可；如果已付款或者货款未付但已作账务处理，而发票联和抵扣联无法退还的情况下，购货方必须取得当地主管税务机关开具的进货退出及索取折让证明单(下称证明单)送交销售方，作为销售方开具红字增值税专用发票的合法依据。销售方在未收到证明单以前，不得开具红字增值税专用发票。销售方收到证明单以后，根据退回货物的数量、价款、税款或折让金额，向购买方开具红字增值税专用发票。红字增值税专用发票的存根联、记账联作为冲销当期销项税额的凭证，其发票联、抵扣联作为购买方扣减当期进项税额的凭证。

【例2－10】天华工厂8月26日收到光明工厂转来的托收承付结算凭证(验单付款)及发票，所列甲材料价款5 000元，税额850元，委托银行付款。作会计分录如下。

借：在途物资——甲材料　5 000

　　应交税费——应交增值税(进项税额)　850

　　贷：银行存款　5 850

9月10日材料运到，验收后因质量不符而全部退货并取得当地主管税务机关开具的证明单送交销售方，代垫退货运杂费800元。9月20日收到光明工厂开具的红字增值税专用发票的发票联、抵扣联。作会计分录如下。

(1)9月10日将证明单转交销货方时：

借：应收账款——光明工厂　5 800

　　贷：在途物资——甲材料　5 000

　　　　银行存款　800

(2)9月20日收到销货方开来的红字增值税专用发票及款项时：

借：银行存款　6 650

　　应交税费——应交增值税(进项税额)　850

　　贷：应收账款——光明工厂　5 800

该笔业务在付款时也可借记“待扣税金”850元(不通过“应交税费”)，待收到销货方开来红字增值税专用发票时，用红字借记“待扣税金”850元。

2. 部分退货

购进的材料如果发生部分退货，在货款已付，发票无法退还的情况下，应向当地税务机关索取证明单转交销货方，并根据销货方转来的红字增值税专用发票的发票联和抵扣联，借记“应收账款”或“银行存款”账户，贷记“应交税费——应交增值税(进项税额)”(记账时，用红字记入借方)“在途物资”

账户。如果部分退货而货款未付且未作账务处理，只要把增值税专用发票退还销货方，由销货方按实重新开具增值税专用发票，其账务处理同前。

3. 进货折让

购进的材料，如果由于质量不符，经与销售方协商，给予一部分折让。在采用验货付款的情况下，由于既未付款也未作账务处理，购货方应退回增值税专用发票，由销货方按折让后的价款和税额重新开具增值税专用发票。在采用验单付款的情况下，款已付而发票无法退回，购货方应向当地主管税务机关索取证明单，转交销货方，并根据销货方转来的红字增值税专用发票的发票联和抵扣联进行相应的账务处理。

【例2－11】天华工厂此前采用托收承付结算方式(验单付款)购进甲材料2 000千克，5元/千克，增值税进项税额1 700元，材料验收入库时发现质量不符，经与销货方协商后同意折让10%。作会计分录如下。

(1)材料验收入库，按扣除折让后的金额入账，并将证明单转交销货方时：

借：原材料——甲材料	9 000	
应收账款	1 000	
贷：在途物资		10 000

(2)收到销货方转来的折让金额红字增值税专用发票及款项时：

借：银行存款	1 170	
应交税费——应交增值税(进项税额)	170（红字）	
贷：应收账款		1 000

(三)外购材料短缺与损耗进项税额的会计处理

由于材料短缺或毁损的原因不同，其损失的承担者不同，短缺或毁损材料损失中所含的进项税额的会计处理也不同。

材料短缺损失若应由验收入库的材料承担，如运输途中的合理损耗，其进项税额应予以抵扣。

凡属由供应单位造成的短缺，若对方决定近期内予以补货，则短缺材料的进项税额暂不得抵扣，需待补来材料验收入库后，方可再予以抵扣；若对方决定退赔货款，应视不同情况比照销货退回进行处理。如购买方未付货款且未作账务处理，应退回原增值税专用发票，注明作废后，重开增值税专用发票。如已付款或已作账务处理，必须取得当地主管税务机关开具的进货退出或索取折让证明单交供应方，企业则应在取得对方开具的红字增值税专用发票后，以红字冲减原已登记的进项税额。

凡属运输单位造成的短缺或毁损，应向运输部门索赔，索赔款中的进项税额应由“应交税费——应交增值税(进项税额转出)”账户的贷方转入“其他应收款”账户的借方。

凡属购入途中发生的非常损失，其进项税额不得抵扣，而应由“应交税费——应交增值税(进项税额转出)”的贷方转入“待处理财产损溢”的借方，与损失的材料成本一并处理。经批准转销时，将扣除残料价值和过失人、保险公司赔款后的净损失，计入“营业外支出”。

【例2-12】天华工厂向外地大明工厂购进丁材料，采取验单付款方式，收到大明工厂转来的托收承付结算凭证及增值税专用发票，上列数量400千克，60元/千克，增值税进项税额4 080元。作会计分录如下。

借：在途物资	24 000	
应交税费——应交增值税(进项税额)	4 080	
贷：银行存款		28 080

购进材料验收入库时，发生短缺10千克，原因待查。作会计分录如下。

借：待处理财产损溢	600	
原材料	23 400	
贷：在途物资		24 000

(四)购建固定资产进项税额的会计处理

我国目前采用的是消费型增值税，因此，企业购进设备或购进用于固定资产建设项目的材料，如果取得增值税专用发票且已注明税额，可以从销项税额中抵扣。

【例2-13】天华工厂当月购进设备1台，价款110 000元，增值税专用发票注明增值税额18 700元；又购进用于在建工程的材料28 000元，增值税专用发票注明增值税税额4 760元。款已付，货已入库。作会计分录如下。

借：固定资产　110 000
　　应交税费——应交增值税(进项税)　18 700
　　贷：银行存款　128 700
借：在建工程　28 000
　　应交税费——应交增值税(进项税)　4 760
　　贷：银行存款　32 760

(五)支付水电费进项税额的会计处理

按现行增值税法规规定，企业支付水电费可以根据增值税专用发票注明增值税税额进行税款抵扣。

【例2-14】天华工厂10月份收到电力公司开来的电力增值税专用发票，因该工厂生产经营用电和职工生活用电是一个电度表，所以，增值税专用发票的增值税税额中有属于职工个人消费的部分。10月份该企业用电总价20 000元，其中：生产用电的电价为18 000元，职工生活用电的电价是2 000元。电力公司开来的增值税专用发票，电价20 000元，税额3 400元，价税合计23 400元。该工厂对职工个人用电的价税计算到人，在发工资时扣回。作会计分录如下。

借：制造费用　18 000
　　应交税费——应交增值税(进项税额)　3 060
　　应付职工薪酬　2 340
　　贷：银行存款　23 400

(六)投资转入货物进项税额的会计处理

企业接受投资转入的货物，按照增值税专用发票上注明的增值税税额，借记“应交税费——应交增值税(进项税额)”账户，按照投资确认的价值(已扣除增值税），借记“原材料”“库存商品”“包装物”等账户，按照投资确认的货物价值与增值税税额的合计数，贷记“实收资本”。如果对方是以固定资产（如机器、设备等）进行投资，进项税额不通过“应交税费——应交增值税（进项税额）”核算，而是直接计入固定资产的价值。按投资确认的价值与增值税税额，借记“固定资产”账户，贷记“实收资本”账户。

【例2－15】某联营工业企业接受参加联营的某企业用原材料作投资，开来一份增值税专用发票，直接将货物送到仓库验收入库。增值税专用发票上注明货价256 410元，税额43 590元，价税合计300 000元。会计分录如下。

借：原材料　256 410

　　应交税费——应交增值税（进项税额）　43 590

　　贷：实收资本——××企业　300 000

（七）接受捐赠货物进项税额的会计处理

企业接受捐赠转入的货物，按照增值税专用发票上注明的增值税税额，借记“应交税费——应交增值税（进项税额）”账户，按照捐赠确认的价值，借记“原材料”等账户，按照货物的价值和增值税税额，贷记“营业外收入”账户。

【例2－16】天华工厂接受长虹工厂捐赠的丙材料一批，增值税专用发票上列明价款40 000元，税额6 800元，材料已验收入库。会计分录如下。

借：原材料　40 000

　　应交税费——应交增值税（进项税额）　6 800

　　贷：营业外收入　46 800

（八）在委托加工材料业务中接受应税劳务进项税额的会计处理

在委托加工材料业务中提供应税劳务的单位如为一般纳税人，应使用增值税专用发票，分别注明加工、修理修配的成本和税额，接受劳务的单位即可据以编制会计分录。按所发材料的实际成本与支付的加工费、运杂费之和，借记“原材料”等账户；按应税劳务加工费的增值税税额，借记“应交税费——

应交增值税(进项税额)”账户；按所发材料的实际成本、支付的加工费、运杂费之和，贷记“委托加工物资”账户。

【例2－17】天华工厂委托东方工厂加工产品包装用木箱，发出材料16 000元，支付加工费3 600元和增值税税额612元，支付往返运杂费380元，其中运费300元，应计运费进项税额21元(300×7%)。作会计分录如下。

(1)发出材料时：

借：委托加工物资	16 000	
贷：原材料		16 000

(2)支付加工费和增值税税额时：

借：委托加工物资	3 600	
应交税费——应交增值税(进项税额)	612	
贷：银行存款		4 212

(3)用银行存款支付往返运杂费时：

借：委托加工物资	359	
应交税费——应交增值税(进项税额)	21	
贷：银行存款		380

(4)结转加工材料成本时：

借：周转材料——木箱	19 959	
贷：委托加工物资		19 959

企业接受应税劳务，按照增值税专用发票注明的增值税税额，借记“应交税费——应交增值税(进项税额)”账户；按增值税专用发票记载的加工、修理修配费用，借记“其他业务成本”“制造费用”“委托加工物资”“管理费用”等账户；按应付或实际支付金额，贷记“应付账款”“银行存款”等账户。

(九)购入废旧物资及免税产品用料进项税额的会计处理

按新规定，生产企业增值税一般纳税人若从废旧物资回收单位购入所需材料，可据物资回收单位开具的普通发票(税务机关监制)上注明的金额，按10%计算抵扣进项税额。企业从其他企业购入生产免税产品的原材料，其进项税额不得抵扣。

【例2-18】某生产企业8月份从经营废旧物资回收单位购入废旧物资一批，普通发票写明金额为8 500元，当月企业直接收购废旧物资1 200元，当月从另一生产企业购入生产免税产品所需原料，专用发票注明价款20 000元，增值税额3 400元。作会计分录如下。

(1)从废旧物资回收单位购入废旧物资时：

借：材料采购　7 650

　　应交税费——应交增值税(进项税额)　850

　　贷：银行存款　8 500

(2)直接收购废旧物资时：

借：材料采购　1 200

　　贷：库存现金　1 200

(3)购入生产免税产品的原料时：

借：材料采购　23 400

　　贷：应付账款　23 400

(十)小规模纳税人的会计处理

由于小规模纳税人不实行税款抵扣制，因此，不论收到普通发票，还是增值税专用发票，其所付税款均不必单独反映，可直接计入采购成本。按应付或实际支付的价款和进项税额，借记"材料采购""原材料""管理费用"等账户，贷记"应付账款""银行存款""库存现金"等账户。

四、商业企业进项税额的会计处理

(一)商品批发企业进项税额的会计处理

商品批发企业增值税进项税额的会计处理，主要涉及"材料采购""库存商品"和"应交税费——应交增值税(进项税额)"等账户。按现行税法规定，商业企业(一般纳税人)购进商品，进项税额实行付款抵扣制，即只有付款或开出并承兑商业汇票后，才允许抵扣进项税额。为了正确确认每期应抵扣的进项税额，也可增设"待扣税金——增值税"账户。

1. 工业品购进的进项税额会计处理

(1)同城商品购进。批发商业企业向本地生产企业或商业企业购进商品，分提货制和送货制两种购货方式，一般采用支票、商业汇票、现金结算方式。货款结算时，按购买价格，借记“材料采购”账户，按增值税专用发票上注明的增值税额，借记“应交税费——应交增值税(进项税额)”账户，按购买价格与增值税之和，贷记“应付账款”“应付票据”“银行存款”等账户；商品验收入库时，借记“库存商品”账户，贷记“材料采购”或“在途商品”账户。

【例2－19】某批发企业从本市服装厂购进女衬衣1 000件，88元/件，增值税专用发票注明价款88 000元，税额14 960元(88 000×17%)，以转账支票付款。作会计分录如下。

(1)付款时：

借：材料采购——某服装厂	88 000	
应交税费——应交增值税(进项税额)	14 960	
贷：银行存款		102 960

(2)商品验收入库时：

借：库存商品——女衬衣	88 000	
贷：材料采购——某服装厂		88 000

(2)异地商品采购。批发企业向外地供货单位购进商品，一般采用发货制方式，货款通常采用异地托收承付等结算方式。由于商品发运与货款结算完成时间不一致，往往形成“货到单未到”或“单到货未到”的情况。所以，会计核算一般分为两步：接收商品和结算货款。

在“单到货未到”的情况下，购货单位收到银行转来的供货单位的“托收承付结算凭证”和“发货单”及增值税专用发票，经审核无误后，在规定承付时间内办理货款结算，应借记“材料采购”和“应交税费——应交增值税(进项税额)”账户，贷记“银行存款”账户；商品验收入库，财务部门根据仓库转来的“收货单”，应借记“库存商品”账户，贷记“材料采购”账户。

【例2-20】某商业企业向外地某自行车厂购入自行车400辆，400元/辆，增值税专用发票上注明价款160 000元，税额27 200元（400×400×17%），采用托收承付结算方式结算，单货俱到。作会计分录如下。

（1）承付货款时：

借：材料采购——××自行车厂　　160 000

　　应交税费——应交增值税（进项税额）　　27 200

　　贷：银行存款　　187 200

（2）验收入库时：

借：库存商品—自行车　　160 000

　　贷：材料采购—××自行车厂　　160 000

在“货到单未到”的情况下，平时先不记账。若到月终结算时，凭证仍未到达，按暂估的进货原价入账，借记“库存商品”账户，贷记“应付账款”账户；下月初再作相同的会计分录，用红字冲回。

商业企业购进货物，必须在购进货物付款后才能申报抵扣进项税额，尚未付款或尚未开出商业承兑汇票的，其进项税额不得作为纳税人当期进项税额予以抵扣。

若进货时已收到发票，企业因资金周转困难暂时不能付款，在核算时，既要如实反映应付账款的金额，又不能将未付款的进项税额列入当期进项税额予以抵扣。可增设“待扣税金——增值税”或“待抵扣进项税额”账户。也可以利用“待摊费用”账户核算暂不能抵扣的进项税额。零售商业企业发生上述情况的，也可以比照这种方法进行会计处理。

2. 收购农业特产品进项税额的会计处理

对企业来说，农业特产品收购环节所缴纳的农业特产税和代生产者缴纳的农业特产税，作为农业特产品进价的组成部分，计入农业特产品的进价成本，但应扣除农业特产品收购价加农业特产税之和按抵扣率13%计算的增值税。根据增值税原理，纳税人购进免税货物不能予以抵扣，这是国际上通行的做法，但各国都将购进免税农业特产品作为特例处理。大多数国家在对农产品免税的同时，都允许扣除购进农产品价格中所含有的税金。

企业收购农业特产品，按实际支付的价款，借记“材料采购”账户，贷记“银行存款”“库存现金”账户；计算收购的应税农业特产税之和与按13%的扣除率计算的抵扣税额，借记“应交税费——应交增值税(进项税额)”；按收购价款和应交农业特产税之和减去抵扣税额，借记“库存商品”账户，贷记“材料采购”账户。

【例2-21】某经营农业特产品收购的商业企业，由采购员到某地收购水果，收购价格为50 000元。作会计分录如下。

(1)支付收购价款时：

借：材料采购　　50 000

　　贷：库存现金　　50 000

(2)缴纳农业特产税时：

设水果的农业特产税率为12%。

代扣应纳农业特产税 = 50 000 ÷ (1 - 12%) × 12% = 56 818 × 12% = 6 818(元)。

借：材料采购　　6 818

　　贷：应交税费——应交农业特产税　　6 818

(3)验收入库时：

计算应扣除的增值税 = (50 000 + 6 818) × 13% = 7 386(元)；

水果不含增值税成本 = 50 000 + 6 818 - 7 386 = 49 432(元)。

借：库存商品——水果　　49 432

　　应交税费——应交增值税(进项税额)　　7 386

　　贷：材料采购　　56 818

(二)商品零售企业进项税额的会计处理

商品零售企业在商品验收入库时，以商品的售价(含税)金额，借记“库存商品”账户，以商品的进价(不含税)金额，贷记“材料采购”账户，以商品含税零售价大于不含税进价的差额，贷记“商品进销差价”账户。“商品进销差价”账户，是商品零售企业用来核算商品售价(含税)与进价(不含税)之间的差额(毛利 + 销项税额)的专门账户。借方反映取得商品进价大于售价的差额，月终分摊的商品进销差价和库存商品售价调整时调低售价的差额；贷方反映商品售价大于进价的差额和库存商品售价调整时调高售价的差额；贷方余额反映库存商品进价小于售价的差额，借方余额则反映库存商品进价大于售价的差额，余额一般在贷方。

1. 购进商品进项税额的会计处理

零售企业购进商品、进项税额的确认及会计处理，只是库存商品按售价金额核算，其会计处理有所不同，其他均与批发企业基本相同。

【例2－22】某零售商业企业向本市无线电厂购入VCD150台，1 000元/台，增值税专用发票上注明价款150 000元，税额25 500元(150 000×17%)。作会计分录如下。

(1)企业付款时：

借：材料采购——××无线电厂　150 000

　　应交税费——应交增值税(进项税额)　25 500

　　贷：银行存款　175 500

(2)商品验收入库(设每台VCD含税售价1 560元)时：

借：库存商品——××VCD　234 000

　　贷：材料采购——××无线电厂　150 000

　　　　商品进销差价　84 000

当然，上述会计处理方法也有其局限性，即“商品进销差价”并不是真正的进价与销价的差价。这样，就不便于分析商品的差价率(毛利率)。为此，也可以采用以下会计方法进行处理。

(1)库存商品、商品进销差价均不含税。

【例2－23】仍用【例2－22】的资料，第一笔会计分录不变，第二笔会计分录如下。

每台VCD不含税售价＝1 560÷(1＋17%)＝1 333(元)。

借：库存商品——××VCD　199 950

　　贷：材料采购——××无线电厂　150 000

　　　　商品进销差价　49 950

(2)在“商品进销差价”账户下，设“毛利”“销项税额”两个二级账户。

【例 2－24】仍用【例 2－22】的资料，第一笔会计分录不变，第二笔会计分录如下。

借：库存商品——××VCD　234 000
　贷：材料采购　150 000
　　商品进销差价——毛利　49 950
　　　　　　　——销项税额　34 050

(3)在“库存商品”账户下，增设“销项税额”明细账。

【例 2－25】仍用【例 2－22】的资料，第一笔会计分录不变，第二笔会计分录如下。

借：库存商品——××VCD　234 000
　贷：材料采购　150 000
　　商品进销差价　49 950
　　库存商品——销项税额　34 050

上述各种会计处理方法各有利弊，企业在不违反现行有关法规的前提下，可以选择其中之一或创造更好的处理方法。

2. 购进商品溢余、短缺进项税额的会计处理

商业企业购进商品验收入库时，如发现实收数量与应收数量不符，应查明原因，针对不同原因进行相应的会计处理。其会计处理方法可参照本节关于进项税额转出的会计处理。

3. 进货退回进项税额的会计处理

进货退回是指商品已验收入库并支付货款，事后发现商品质量、规格等问题，经与供货方协商同意，将商品退回供货方。发生进货退回业务，应由业务部门填红字进货单并向当地主管税务机关取得证明单，然后将红字进货单和证明单各一联送交销货方，作为销货方开具红字增值税专用发票的合法依据。

【例 2－26】某商业企业在折包整理商品时，发现上月购入的乙商品有 2 箱不符规格，经与供货方协商，同意退回商品，进价 1 000 元/箱。作会计分录如下。

(1)财会部门收到红字进货单时：

采用进价核算的企业：

借：库存商品——乙商品　　2 000（红字）

　　贷：应收账款　　2 000（红字）

采用售价核算的企业(含税零售价 1 500 元/箱)：

借：库存商品——乙商品　　3 000（红字）

　　贷：应收账款　　2 000（红字）

　　　　商品进销差价　　1 000（红字）

(2)收到供货单位开来的红字增值税专用发票和退货款时：

借：银行存款　　2 340

　　应交税费——应交增值税(进项税额)　　340（红字）

　　贷：应收账款　　2 000

上述会计分录，如果都用蓝字填制也可以，即借记“银行存款”账户，贷记“应交税费”“应收账款”账户。但在登账时，“应交税费”“应收账款”应用红字记入借方发生额。

4. 购入商品退补价款进项税额的会计处理

购入商品退补价是指商品流通企业在商品购进核算完成后，由于供货方计价有误，以致多付或少付货款。供货方退还多付货款，称为退价；购货方补付少付货款，称为补价。

退价与补价的核算，应在原账务处理的基础上加以调整，不涉及商品实物数量的变动。发生购入商品退补价款业务，由供货方填制销货更正单和红字或蓝字增值税专用发票转交购货方；购货方有关部门审核后，填制进货更正单，连同红字或蓝字增值税专用发票交财务部门据以办理价款结算，调整库存商品的价格。

退价时，应根据红字增值税专用发票的抵扣联调减进项税额，根据红字增值税专用发票的发票联调减库存商品或商品销售成本。如退价商品尚未出售，或虽已出售但尚未结转销售成本，则调减库存商品成本；如退货商品已全部或部分售出，并已结转销售成本，则应调减商品销售成本。补价时，也应根据补价商品的存销情况，比照退货作相应的账务处理，即根据蓝字增值税专用发票的抵扣联调增进项税额，根据蓝字增值税专用发票的发票联调增库存商品成本或商品销售成本。

【例2－27】某商品流通企业4月初从某皮鞋厂购入皮鞋400双，进价60元/双，价款24 000元，税额4080元，以银行存款支付。现收到银行转来的供货方信汇凭证收款通知单、退价销货更正单以及红字增值税专用发票，上列每双鞋退价5元，计价款2 000元，税额340元。作会计分录如下。

(1)当该批鞋尚未销售或虽销售但尚未结转成本时。

采用进价核算的企业：

借：银行存款　　2 340

　　贷：应交税费——应交增值税(进项税额)　　340

　　　　库存商品——皮鞋　　2 000

采用售价核算的企业(不调整库存商品，全部计入商品进销差价)：

借：银行存款　　2 340

　　贷：应交税费——应交增值税(进项税额)　　340

　　　　商品进销差价　　2 000

(2)当该批鞋已全部销售并已结转成本时。

借：银行存款　　2 340

　　贷：应交税费——应交增值税(进项税额)　　340

　　　　商品销售成本　　2 000

5. 购入商品拒付货款、拒收商品进项税额的会计处理

商业企业采用托收承付结算方式和发货制向异地购入商品，当收到供货方的托收单，发现金额有错，或商品到达、验收入库时发现与合同要求不符，均可向供货方提出拒付货款或拒收商品。

【例2-28】某商品流通企业从外地购进丙商品400件，进价30元/件，增值税专用发票上注明：价款12 000元，税额2 040元(400×30×17%)，代垫运杂费1 500元，其中运费发票金额1 000元，应计进项税额70元。采用托收承付结算方式下的验单付款。作会计分录如下。

根据托收承付结算凭证在承付期内付款时：

借：材料采购 12 000

营业费用 1 430

应交税费——应交增值税(进项税额) 2 110

贷：银行存款 15 540

验收商品时，发现品种、规格不符，全部予以拒收。经与供货方联系，同意商品退回并由供货方负担往返运杂费。发生退货代垫运杂费1 600元，应将代垫退货运杂费单据转交供货方。由于进货时对方代垫的运杂费单据，购货方已作账务处理无法退回，所以，购货方应按对方代垫运杂费金额扣除按7%抵扣率计算的进项税额后的余额，开具收据转交供货方(作为供货方账务处理的依据)，索取款项并冲销原已入账的营业费用。

另外，购货方应向当地主管税务机关取得证明单，及时送交销货方。

支付退货代垫运杂费时：

借：应收账款 1 600

贷：银行存款 1 600

开具给对方代垫运杂费1 430元收据，冲销原已入账的营业费用并索取款项。然而，购货方实际支付购货运杂费是1 500元，为什么只能索取1 430元呢？因为，购货方开具的运费收据，供货方无法依7%抵扣率按其计算进项税额，所以，购货方开具的运费收据只能按原金额减去抵扣的进项税额计算。这样购货方向供货方索取运杂费1 430元，加上抵扣的进项税额70元，实际收到的是1 500元；而供货方实际只应负担1 430元(扣除运输费应计的进项税额，因为销货方也应享受按运输费金额7%的抵扣率计算的进项税额)，这样处理比较公允。

购货方将商品和证明单退回给供货方时：

借：营业费用 1 430

物资采购 12 000

贷：应收账款 13 430

购货方收到供货方开来的红字增值税专用发票及所有款项时：

借：银行存款 17 070

贷：应交税费——应交增值税(进项税额) 2 040

应收账款 15 030

实际记账时，应以红字借记“应交税费——应交增值税(进项税额)”“应收账款”账户。

验收时发现部分商品品种、规格不符，拒收100件，其余300件验收入库。经协商，进货时对方代垫运杂费，全部由购货方负担，发生退货运杂费400元，应由供货方负担，退货运杂费单据转交供货方时：

借：应收账款 400

贷：银行存款 400

采用验单付款，有关发票已入账，无法退还，应按所退商品数量，到当地主管税务机关开具证明单，及时送交销货方，并按实收商品数量入账。

采用进价核算的企业：

借：库存商品——丙商品 9 000

应收账款 3 000

贷：物资采购 12 000

采用售价核算的企业(每件含税零售价50元)：

借：库存商品——丙商品 15 000

应收账款 3 000

贷：物资采购 12 000

商品进销差价 6 000

收到销货方开来的红字增值税专用发票及全部款项时：

借：银行存款 3 910

贷：应交税费——应交增值税(进项税额) 510

应收账款 3 400

五、进项税额转出的会计处理

企业购进的货物(包括商品、原材料、包装物、免税农业特产品等)发生非正常损失及改变用途等原因，其进项税额不能从销项税额中扣除。由于这些货物的增值税税额在其购进时已作为进项税额从当期的销项税额中作了扣除，因此，应将其从进项税额中转出，或将其视同销项税额，从本期的进项税额中抵减，借记有关成本、费用、损失等账户，贷记“应交税费——应交增值税(进项税额转出)”账户。另外，按我国现行出口退税政策规定，进项税额与出口退税额的差额，也应作“进项税额转出”的会计处理。

(一)购进货物改变用途转出进项税额的会计处理

为生产、销售购进的货物，企业支付的增值税已计入“进项税额”账户，若该货物购进后被用于免税项目、非应税项目、集体福利、个人消费(不开具发票，只填开出库单)，应将其负担的增值税从“进项税额”中转出，随同货物成本记入有关账户。这类业务同在购入时就已明确自用不同，若购入时就确认用于免税项目、非应税项目、集体福利、个人消费，应将其发票上注明的增值税税额，计入购进货物及接受劳务的成本，不计入“进项税额”账户。这类业务与“视同销售”也不相同。视同销售是指经过自己加工的、委托加工的货物用于上述目的，或者未经加工货物对外投资和赠送的(开具发票)，应计入“销项税额”。

【例2-29】某企业8月份购进生产经营用钢材112吨，3 500元/吨，增值税专用发票上注明价款392 000元，税额66 640元(392 000×17%)，已通过银行支付，货物已验收入库。9月份，本企业基建需要从仓库中领用上月购入钢材28吨。作会计分录如下。

借：在建工程　　114 660

　贷：原材料——钢材　　98 000

　　应交税费——应交增值税(进项税额转出)　　16 660

(二)用于免税项目的进项税额转出的会计处理

企业购进的货物，如果既用于应税项目，又用于免税项目，而进项税额又不能单独核算时，月末应按免税项目销售额与应税免税项目销售额合计之比计算免税项目不予抵扣的进项税额，然后作“进项税额转出”的会计处理。如果企业生产的产品全部是免税项目，其购进货物的进项税额应计入采购成本，因而就不存在进项税额转出的问题。

【例2-30】某塑料制品厂生产农用薄膜和塑料餐具产品，前者属免税产品，后者正常计税。4月份，该厂购入聚氯乙烯原料一批，增值税专用发票列明价款265 000元，税额45 050元(265 000×17%)，已付款并验收入库；购进包装物、低值易耗品，增值税专用发票列明价款24 000元，税额4 080元(24 000×17%)，已付款并验收入库；当月支付电费5 820元，进项税额989.40元(5 820×17%)。4月份全厂销售产品的销售额806 000元，其中，农用薄膜销售额526 000元。作会计分录如下。

先计算当月全部进项税额：

45 050+4 080+989.40=50 119.40(元)。

再计算当月不得抵扣的进项税额：

50 119.40×526 000÷806 000=32 708.19(元)。

最后计算当月准予抵扣的进项税额：

50 119.40-32 708.19=17 411.21(元)。

企业兼营免税项目，发生上述各类进项税额时，已全部借记“应交税费——应交增值税(进项税额)”账户，即已进行了税款抵扣；月末，按上述计算，将不准抵扣的进项税额算出后，应作“进项税额转出”的会计处理。

借：主营业务成本　　32 708.19

　贷：应交税费——应交增值税(进项税额转出)　　32 708.19

(三)非正常损失货物进项税额转出的会计处理

购进货物发生非正常损失后，不可能再出售，其税负也就不能再往下转嫁。因此，税法规定对发生损失的企业(作为应税货物的最终消费者)应征收该货物的增值税。由于进货时支付的增值税税额已记入“进项税额”并抵扣了企业“销项税额”，发生损失后要将其转出不能抵扣应纳税额，而由企业负担该项税负，即转作待处理财产损失的增值税，应与遭受损失的存货成本一起处理。

由于非正常损失的购进货物和非正常损失的在产品、库存商品所耗用的购进货物或者应税劳务的进项税额，一般都已在以前的纳税期作了抵扣。发生损失后，一般很难核实所损失的货物是在过去何时购进的，其原始进价和进项税额也无法准确核定。因此，应按货物的实际成本计算不得抵扣的进项税额。由于损失的在产品、库存商品中耗用外购货物或应税劳务的实际成本，因此，还需要参照企业近期的成本资料加以计算。

企业应根据税法的规定，正确界定非正常损失与正常损失。正常损失额确认后，可计入“管理费用”或“销售费用”，不作“进项税额转出”。

1. 意外损失进项税额转出的会计处理

【例2－31】某企业本月发生火灾，烧毁库存外购彩电10台，账面售价成本40 000元，进销差率为20%。不得抵扣的进项税额为5 440元[40 000×(1－20%)×17%]。作会计分录如下。

借：待处理财产损溢　　45 440
　　贷：库存商品　　40 000
　　　　应交税费——应交增值税(进项税额转出)　　5 440
借：商品进销差价　　8 000
　　贷：待处理财产损溢　　8 000

2. 购进货物短缺进项税额转出的会计处理

【例2－32】某采用进价核算的商业企业从外地永明公司购进A商品4 000千克，增值税专用发票上列明价款80 000元，税额13 600元。接到银行转来的托收承付结算凭证及有关凭证，经审核无误，如数以银行存款支付，商品尚未运到。作会计分录如下。

借：材料采购　　80 000
　　应交税费——应交增值税(进项税额)　　13 600
　　贷：银行存款　　93 600

商品验收入库时，实收3 000千克，短缺1 000千克，原因待查。作会计分录如下。

借：库存商品　　60 000

待处理财产损溢　23 400
　贷：材料采购——永明公司　80 000
　　应交税费——应交增值税(进项税额转出)　3 400

上例短缺1 000千克，经查属于对方单位少发，现收到对方单位补发来的商品。作会计分录如下。

借：库存商品　20 000
　应交税费——应交增值税(进项税额转出)　3 400
　贷：待处理财产损溢　23 400

第四节　增值税销项税额的会计处理

一、工业企业销项税额的会计处理

工业企业增值税销项税额的会计处理所涉及的会计账户主要有“主营业务收入”“分期收款发出商品”“应交税费——应交增值税(销项税额)”“银行存款”“应收账款”“应收票据”等账户。

(一)销售产品的销项税额的会计处理

1. 采用支票、汇兑、银行本票、银行汇票结算方式(工具)销售产品的销项税额的会计处理

采用支票、汇兑、银行本票、银行汇票等结算方式销售产品，按税法的规定，属于直接收款方式销售货物，不论货物是否发出，均为收到货款或取得索取销货款的凭据的当天，确认销售成立并发生纳税义务。企业应根据销售结算凭证和银行存款进账单，借记“银行存款”“应收账款”“应收票据”等账户；按增值税专用发票上所列税额或按普通发票上所列货款乘以征收率所折算的增值税税额，贷记“应交税费——应交增值税(销项税额)”账户；按实际销货额，贷记“主营业务收入”账户。

【例 2-33】天华工厂采用汇兑结算方式向光明工厂销售甲产品 360 件，600 元/件，计价款 216 000 元、税额 36 720 元（360×600×17%），开出转账支票代垫运杂费 1 000 元，贷款尚未收到。

借：应收账款——光明工厂	253 720	
贷：主营业务收入		216 000
应交税费——应交增值税（销项税额）		36 720
银行存款		1 000

2. 采用商业汇票结算方式销售产品的销项税额的会计处理

采用商业汇票结算方式销售产品，当收到购货方交来的商业汇票时，销售收入实现并发生纳税义务。

【例 2-34】天华工厂向永兴工厂销售甲产品 100 件，600 元/件，价款 60 000元，税额 10 200 元（100×600×17%），已收到购货单位交来的承兑期为 4 个月的银行承兑汇票。作会计分录如下。

借：应收票据——银行承兑汇票	70 200	
贷：应交税费——应交增值税（销项税额）		10 200
主营业务收入		60 000

3. 采用委托收款、托收承付结算方式销售产品的销项税额的会计处理

企业采用委托收款或托收承付结算方式销售产品，尽管结算程序不同，但按增值税法的规定，均应于发出商品并向银行办妥托收手续的当天，确认销售实现并发生纳税义务。企业应根据委托收款或托收承付结算凭证和发票，借记“应收账款”账户，贷记“应交税费——应交增值税（销项税额）”“主营业务收入”等账户。对不完全符合收入确认条件的销售业务，只要开出并转交专用发票，也应确认纳税义务的发生。

【例 2-35】天华工厂向外地胜利工厂发出乙产品 200 件，460 元/件，价款92 000元，税额 15 640 元（200×460×17%），代垫运杂费 2 000 元。根据发货票和铁路运单等，已向银行办妥委托收款手续。作会计分录如下。

借：应收账款——胜利工厂　　109 640

　　贷：应交税费——应交增值税(销项税额)　　15 640

　　　　主营业务收入　　92 000

　　　　银行存款　　2 000

若已知胜利工厂近期财务状况不好，难以在规定的结算期内承付货款。但天华工厂为减少库存，同时，也为保持双方的长期业务关系，仍然同意以该种结算方式将产品卖给胜利工厂。已知该批发出产品成本为400元/件。

由于该项销售业务不具备收入确认的条件，应按其成本转账。作会计分录如下。

借：发出商品——胜利工厂　　80 000

　　贷：库存商品——乙产品　　80 000

同时，

借：应收账款——胜利工厂　　17 640

　　贷：应交税费—应交增值税(销项税额)　　15 640

　　　　银行存款　　2 000

若在十五日，获知对方财务状况好转，并承诺近期付款，可确认收入。作会计分录如下。

借：应收账款——胜利工厂　　92 000

　　贷：主营业务收入　　92 000

4. 采用赊销和分期收款方式销售产品的销项税额的会计处理

采用赊销和分期收款方式销售产品，按增值税法的规定，销售实现并发生纳税义务和开具增值税专用发票的时间为合同约定收款日期的当天。发出商品时，借记“分期收款发出商品”账户，贷记“库存商品”账户，按合同约定收款日期开具增值税专用发票，并按增值税专用发票上的金额，借记“银行存款”或“应收账款”账户，贷记“应交税费——应交增值税(销项税额)”“主营业务收入”账户。

【例 2-36】天华工厂向阳州工厂销售丙产品 200 件，540 元/件，产品成本为 80 000 元，税率 17%。按合同规定，货款分三个月支付，本月为第 1 期产品销售实现月，增值税专用发票上列明价款 36 000 元，税额 6 120 元（36 000 × 17%），已收到款项。作会计分录如下。

借：分期收款发出商品　　80 000

　　贷：库存商品　　80 000

借：银行存款　　42 120

　　贷：应交税费——应交增值税（销项税额）　　6 120

　　　　主营业务收入　　36 000

借：主营业务成本　　26 667

　　贷：分期收款发出商品　　26 667

5. 混合销售行为的会计处理

按照增值税法的规定，从事货物生产、批发或零售的企业，在一项销售行为中，发生既涉及货物又涉及非应税劳务（如交通运输、建筑安装、文化娱乐等），称为混合销售行为，应开具增值税专用发票，缴纳增值税。其他单位的混合销售行为，视为销售非应税劳务，不缴增值税。

【例 2-37】某钢窗厂销售钢制防盗门，售价为 300 元（含税），另收取运输及安装费 50 元（含税）。作会计分录如下。

防盗门价 = 300 ÷ (1 + 17%) = 256.41（元）；

防盗门增值税销项税额 = 256.41 × 17% = 43.59（元）；

非应税劳务价 = 50 ÷ (1 + 17%) = 42.74（元）；

非应税劳务增值税销项税额 = 42.74 × 17% = 7.26（元）；

混合销售行为增值税销项税额 = 43.59 + 7.26 = 50.85（元）。

借：库存现金　　350.00

　　贷：主营业务收入　　256.41

　　　　其他业务收入　　42.74

　　　　应交税费——应交增值税（销项税额）　　50.85

6. 生产周期超过一年的长期合同产品销项税额的会计处理

对生产周期超过一年的长期合同产品，由于财务会计是采用完工百分比(完工进度)法确认其业务收入的，如果在确认收入时，税务会计按增值税法规计算增值税销项税额，并进行相应的会计处理，势必增加企业的税负。为此，对长期合同产品收入应交增值税的会计处理，可借鉴所得税会计处理办法，将"递延所得税"账户的使用加以扩展，企业在按完工进度确认长期工程合同的营业收入时，借记"应收账款"账户，贷记"主营业务收入""递延所得税——增值税"账户。待工程全部完工、产品发出时，再借记"递延所得税——增值税"账户，贷记"应交税费——应交增值税(销项税额)"账户。

(二)销货退回及折让、折扣的销项税额的会计处理

企业在产品销售过程中，如果发生因品种、规格、质量等不符合要求而退货或要求折让，不论是当月销售的退货与折让、还是以前月份销售的退货与折让，均应冲减当月的主营业务收入，在收到购货单位退回的增值税专用发票或寄来的证明单后，分别不同情况进行账务处理。

1. 销货退回的销项税额的会计处理

(1)全部退回。

①销货全部退回并收到购货方退回的增值税专用发票的发票联和抵扣联，因采用托收承付结算方式，对方尚未付款时，其具体做法如下：一是如果属于当月销售，尚未登账，应在退回的发票联、抵扣联及本企业保存的存根联和记账联上均注明"作废"字样，并作废原做的记账凭证；二是如果属于以前月份的销售，应在退回的发票联、抵扣联上注明"作废"字样，同时开具红字增值税专用发票并据此作为冲销当期的产品销售收入和销项税额的凭证，借记"主营业务收入""应交税费——应交增值税(销项税额)"(实际登账时，应以红字记入贷方)"销售费用""应交税费——应交增值税(进项税额)"账户，贷记"应收账款"或"银行存款"(如属预收货款)"应付账款"等账户。

【例2－38】天华工厂上月26日销售给天方公司的丁产品发生全部退货，已收到对方转来的增值税专用发票的发票联和抵扣联，上列价款80 000元、税额13 600元，并转来原代垫运费500元(应计进项税额35元)和退货运费600元(应计进项税额42元)的单据。开具红字增值税专用发票(第二联、第三联与退回联订在一起保存)。作会计分录如下。

借：应收账款——天方公司	93 600（红字）	
应交税费——应交增值税(进项税额)	35	
销售费用	465	
贷：主营业务收入		80 000（红字）
应交税费——应交增值税(销项税额)		13 600（红字）
其他应付款——天方公司		500
借：销售费用	558	
应交税费——应交增值税(进项税额)	42	
贷：其他应付款——天方公司		600

②销货全部退回并收到购货方转来的证明单，应根据证明单上所列退货数量、价款和增值税额，开具红字增值税专用发票，并作为冲销当月主营业务收入和当月销项税额的凭证，借记“主营业务收入”“应交税费——应交增值税(销项税额)”“销售费用——运输费”“应交税费——应交增值税(进项税额)”账户，贷记“应收账款”(购货方未付款)“应付账款”(购货方已付款)“银行存款”(购货方已付款，现支付退货款)账户。实际记账时，应以红字记入“主营业务收入”“应交税费——应交增值税(销项税额)”账户的贷方。

(2)部分退回。

①销货部分退回并收到购货方退回的增值税专用发票的发票联和抵扣联，一般情况是对方尚未付款。

如果销售方尚未登账，应将退回的发票联、抵扣联和记账联以及所填的记账凭证予以作废，然后再按购货方实收数量、价款和增值税税额重新开具增值税专用发票，并进行相应的账务处理。

如果属于以前月份销售，销售方已填制记账凭证并登账，应将退回的发票联和抵扣联注明作废字样，然后根据购货方实收数量、价款和增值税税额重新开具增值税专用发票，根据作废的发票联、抵扣联与新开的增值税专用发票的记账联，作为冲销当月主营业务收入和当月销项税额的凭据，按原发票和新发票所列价款的差额和增值税税额的差额，借记"主营业务收入""应交税费——应交增值税(销项税额)"账户，贷记"银行存款""应付账款""应收账款"等账户。

【例2-39】天华工厂上月销售给长城公司的甲产品50 000元，退货10 000元，已收到原开具的增值税专用发票的发票联和抵扣联以及退货运杂费480元的单据，其中运费发票金额400元。应在退回的发票联和抵扣联上注明"作废"字样，按购货方实收货物金额和税额开具增值税专用发票，应冲销的主营业务收入为10 000元，应冲销的销项税额为1 700元(8 500－6 800)，应增加销售费用452元，应计进项税额28元。作会计分录如下。

借：应收账款——长城公司　　11 700

　　贷：主营业务收入——甲产品　　10 000

　　　　应交税费——应交增值税(销项税额)　　1 700

借：销售费用　　452

　　应交税费——应交增值税(进项税额)　　28

　　贷：应收账款——长城公司　　480

②销货部分退回并收到购货方转来的证明单，销货方一般已作账务处理并收到款项。应根据证明单上所列退货数量、价款和增值税税额，开具红字增值税专用发票，作为冲销当月主营业务收入和当月销项税额的依据，其账务处理基本同上。

2. 销货折让的销项税额的会计处理

销售产品因质量等原因，购销双方协商后不需退货，按折让一定比例后的价款和增值税税额收取。

(1)如果购货方尚未进行账务处理、也未付款，销货方应在收到购货方转来的原开增值税专用发票的发票联和抵扣联上注明"作废"字样。

如属当月销售，销货方尚未进行账务处理，则不需要进行冲销当月产品销售收入和销项税额的账务处理，只需根据双方协商扣除折让后的价款和增值税税额重新开具增值税专用发票，并进行账务处理。

如属以前月份销售，销货方已进行账务处理，则应根据折让后的价款和增值税税额重新开具增值税专用发票，按原开增值税专用发票的发票联和抵扣联与新开的增值税专用发票的记账联的差额，冲销当月主营业务收入和当月销项税额，借记“主营业务收入”“应交税费——应交增值税(销项税额)”账户，贷记“应收账款”账户。

【例2-40】天华工厂7月20日采用托收承付结算方式(验货付款)销售给光明工厂乙产品40 000元，增值税税额6 800元，由于质量原因，双方协商折让30%。8月18日收到光明工厂转来增值税专用发票的发票联和抵扣联。作会计分录如下。

(1)7月20日办妥托收手续时：

借：应收账款——光明工厂　46 800

　贷：主营业务收入——乙产品　40 000

　　应交税费——应交增值税(销项税额)　6 800

(2)8月18日转来增值税专用发票时，按扣除折让后的价款28 000元即40 000×(1-30%)和增值税税额4 760元即6 800×(1-30%)，重新开具专用发票，冲销主营业务收入12 000元(40 000-28 000)和增值税税额2 040元(6 800-4 760)。作会计分录如下：

借：应收账款——光明工厂　[14 040]

　贷：主营业务收入——乙产品　[12 000]

　　应交税费——应交增值税(销项税额)　[2 040]

(2)如果购货方已进行账务处理，发票联和抵扣联已无法退还。这时，销货方一般也已进行了账务处理，销货方应根据购货方转来的证明单，按折让金额(价款和税额)开具红字增值税专用发票，作为冲销当期主营业务收入和销项税额的凭据。

【例2－41】天华工厂上月销售给耀华工厂丙产品40件，由于质量不符合要求，双方协商折让20%。耀华工厂转来的证明单上列明折让价款20 000元，折让税额3 400元。根据证明单开出红字增值税专用发票，并通过银行汇出款项。作会计分录如下。

借：主营业务收入——丙产品　20 000

　　应交税费——应交增值税(销项税额)　3 400

　　贷：银行存款　23 400

实际登账时，“主营业务收入”“应交税费——应交增值税(销项税额)”应以红字记入贷方发生额。

3. 销售折扣的销项税额的会计处理

在财务会计中，销售折扣分为商业折扣和现金折扣两种形式。商业折扣也就是税法所称的折扣销售，它是在实现销售时确认的，销货方应在开出同一张增值税专用发票上分别写明销售额和折扣额，可按折扣后的余额作为计算销项税额的依据，其会计处理同前述产品正常销售相同。但若将折扣额另开增值税专用发票，不论财务会计如何处理，计算销项税额都要按未折扣的销售额乘以税率，以此贷记“应交税费——应交增值税(销项税额)”账户。如果是现金折扣，应在购货方实际付现时才能确认折扣额。现金折扣是企业的一种理财行为，因此，按税法的规定，这种折扣不得从销售额中抵减，应该记入“财务费用”账户。由于现金折扣的会计处理方法有全价(总价)法和净价法两种。现举例说明采用现金折扣时，购销双方各自的会计处理方法。

【例2－42】某企业销售一批产品给B企业，价款200 000元，税额34 000元(200 000×17%)，规定现金折扣条件为“2/10，1/20，n/30”。双方作会计分录如下。

(1)销货方。

产品发出并办理完托收手续时：

①全价法。

借：应收账款　234 000

贷：主营业务收入		200 000
应交税费——应交增值税(销项税额)		34 000

②净价法。

借：应收账款	230 000	
贷：主营业务收入		196 000
应交税费——应交增值税(销项税额)		34 000

如果上述货款在10日内付款时：

①全价法。

借：银行存款	230 000	
财务费用	4 000	
贷：应收账款		234 000

②净价法。

借：银行存款	230 000	
贷：应收账款		230 000

如果上述货款超过20付款时：

①全价法。

借：银行存款	234 000	
贷：应收账款		234 000

②净价法。

借：银行存款	234 000	
贷：应收账款		230 000
财务费用		4 000

(2)购货方。

购货方收到货物及结算凭证时：

①全价法。

借：原材料	200 000	
应交税费——应交增值税(进项税额)	34 000	
贷：应付账款		234 000

②净价法。

借：原材料 196 000

应交税费——应交增值税(进项税额) 34 000

贷：应付账款 230 000

上述货款在10日内付款时：

①全价法。

借：应付账款 234 000

贷：银行存款 230 000

财务费用 4 000

②净价法。

借：应付账款 230 000

贷：银行存款 230 000

上述货款超过20日付款时：

①全价法。

借：应付账款 234 000

贷：银行存款 234 000

②净价法。

借：应付账款 230 000

财务费用 4 000

贷：银行存款 234 000

4. 销售回扣的销项税额的会计处理

销售回扣是一种不合法、不正常的销售行为。因此，不论其在财务会计上如何处理，都不能冲减销售额，都不能影响销项税额。如果企业按销售金额开出增值税专用发票，然后又按回扣额开出普通发票(红字)冲减主营业务收入、冲减销项税额，发现后应补缴税款，并支付滞纳金等。

(三)以物易物购销的会计处理

以物易物是一种较为特殊的购销活动。它是指业务双方进行交易时，不以货币结算，而以同等价款的货物相互结算，从而实现货物购销的一种交易方式。按增值税法的规定，以物易物交易，双方都要作购销处理，以各自发出的货物核定销售额并计算销项税额，以各自收到的货物核定购货额，并依据对方开具的增值税专用发票抵扣进项税额。

【例 2-43】红发厂以 A 产品 100 件，成本 8 000 元，售价 10 000 元，交换祥发厂甲材料 500 千克，价款 10 000 元，双方都为对方开具增值税专用发票。作会计分录如下。

(1)收到材料时：

借：原材料——甲材料	10 000	
应交税费——应交增值税(进项税额)	1 700	
贷：主营业务收入		10 000
应交税费——应交增值税(销项税额)		1 700

(2)结转销售成本时：

借：主营业务成本	8 000	
贷：库存商品——A 产品		8 000

在进行会计处理时，只有得到对方开具的增值税专用发票，才能据以借记“进项税额”，而不能仅依据“材料入库单”自行估算进项税额；再则，对发出的产品必须按售价贷记“主营业务收入”，而不能直接冲减“库存商品”，漏记收入。

（四）视同销售的销项税额的会计处理

对于视同销售货物的行为，在会计处理上需要注意以下问题。

视同销售行为是否按主营业务收入核算，在理论和实务上有两种观点、两种做法：一种是按正常的销售程序核算，即按售价计入主营业务收入并计提销项税额，再按成本结转主营业务成本；另一种是不通过主营业务收入账户核算，直接按成本结转，同时按售价计提销项税额。前者是在财务会计与税务会计不分开时，财务会计服从税法的做法；后者是在两种会计分离时，符合各自目标的做法。对后者，本书按以下原则划分：这种视同销售行为是否会使企业获得收益；这种行为体现的是企业内部关系还是企业与外部的关系。如果能获得收益或体现企业与外部的关系，就作为主营业务收入处理；

除此之外，均按成本结转。

视同销售计算出的应交增值税税额，是作为“销项税额”还是作为“进项税额转出”处理。考虑到既然视同销售行为，在发生时也必须开具增值税专用发票，而增值税专用发票上记载的税额为销项税额，这与一般的进项税额转出的意义不同，为了便于征收管理，会计上将其作为“销项税额”处理。

视同销售行为的价格(税基或计税依据)如何确定，应根据国家的有关规定，有的按照确认的价值确定，有的按照主管税务部门认可的价格确定，有的按照销售额确定。

视同销售的账务处理，主要是区分会计销售和不形成会计销售的应税销售。对于会计销售业务，要以凭证为依据，确认主营业务收入，将其记入“主营业务收入”“其他业务收入”等收入类账户，并将其收取的增值税税额记入“应交税费——应交增值税(销项税额)”账户。对于不形成会计销售的应税销售，不记入收入类账户，不作主营业务收入处理，而按成本转账，并根据税法的规定，按货物的成本或双方确认的价值、同类产品的销售价格、组成计税价格等乘以适用税率计算，并登记“应交税费——应交增值税(销项税额)”。

根据我国增值税法的现行规定，视同销售有八种类型，以下分别介绍七种视同销售的会计处理方法。

1. 将货物交给他人代销与销售代销货物的销项税额的会计处理

增值税之所以规定委托方与受托方都作销售处理，是为了保持增值税的征收链条不中断，使各环节的税负更趋合理。对销售的确认，应该先由受托方开始，即当受托方销售代销货物时，要给购买方开出增值税专用发票，自己据以作销售处理；然后再按与委托方签订的协议，定期填制货物代销清单，与委托方结算货款及手续费，委托方根据代销清单，给受托方开出增值税专用发票，并据以作销售处理。

因为工业企业一般只涉及委托代销业务，因此，这里只介绍工业企业委托代销的会计处理方法，本节后半部分会再以商业企业为例，说明受托方、委托方各自的会计处理方法。

委托其他单位代销产品，按增值税法的规定，应于收到受托人送交的代销清单的当天，销售成立、发生纳税义务并开具增值税专用发票，借记“产成品(库存商品)——委托代销商品”，贷记“产成品(库存商品)——××商品”。

收到代销清单时，借记“应收账款”或“银行存款”账户，贷记“应交税费——应交增值税(销项税额)”“主营业务收入”账户。委托单位支付的代销手续费，应在接到委托单位转来的普通发票后，借记“销售费用”账户，贷记“银行存款”“应收账款”等账户。

【例2-44】天华工厂委托光大商行代销甲产品200件，不含税代销价550元/件，增值税率17%，单位成本400元。月末收到光大商行转来的代销清单，上列已售甲产品120件的价款66 000元，收取增值税11 220元，开出增值税专用发票。代销手续费按不含税代销价的5%支付，已通过银行收到扣除代销手续费的全部款项。作会计分录如下。

(1)发出代销商品时：

借：委托代销商品	80 000	
贷：库存商品		80 000

(2)收到光大商行转来的代销清单并结转代销手续费时：

借：银行存款	73 920	
贷：主营业务收入		[66 000×(1-5%)]62 700
应交税费——应交增值税(销项税额)		11 220
借：销售费用	(66 000×5%)3 300	
贷：主营业务收入		3 300

(3)结转代销商品成本时：

借：主营业务成本	48 000	
贷：委托代销商品		48 000

2. 设有两个以上机构并实行统一核算的纳税人，将货物从一个机构移送至其他机构(不在同一县、市)用于销售的会计处理

货物移送要开增值税专用发票，调出方记销项税额，调入方记进项税额。

【例2-45】某工业联合总公司核心厂生产的货物，拨给各股东企业为原料，4月份发生如下经济业务：

(1)总公司核心厂将生产的产品给甲分厂作为原料，开出增值税专用发票，货物销售额100 000元，增值税税额17 000元，账务通过应收、应付科目核算。

(2)核心厂将生产货物分销给丙分厂作为原料，开出增值税专用发票，货物销售额160 000元，增值税税额27 200元，货款已在“其他应付款”账户划转。

对以上业务作会计分录如下。

借：应收账款　　117 000

　　贷：主营业务收入　　100 000

　　　　应交税费——应交增值税(销项税额)　　17 000

借：其他应付款　　187 200

　　贷：主营业务收入　　160 000

　　　　应交税费——应交增值税(销项税额)　　27 200

3. 将自产或委托加工的货物用于非应税项目的销项税额的会计处理

企业将自产或委托加工的货物用于非应税项目(包括提供非应税劳务、转让无形资产、销售不动产、固定资产、在建工程)，按财务会计制度的规定，并非销售业务，但自产或委托加工的货物本身消耗的原材料、支付的加工费中，已有一部分“进项税额”从“销项税额”中扣除。另外，如果这些非应税项目直接耗用外购的包含有增值税的货物，则计入这些非应税项目的材料成本中包含有增值税。为了使各非应税项目成本便于比较，非应税项目领用自产或委托加工货物，应按税法规定视同销售货物计算应交增值税。应税销售成立、发生纳税义务并开具普通发票的时间为货物移送的当天。在移送货物时，按自产或委托加工货物的成本与其所用货物的计税价格乘以适用税率计算的应纳增值税之和，借记“其他业务成本”“在建工程”等账户(纳税人新建、扩建、改建、修缮、装饰建筑物，无论会计制度规定如何核算，均属于固定资产在建工程)；按自产或委托加工货物的成本，贷记“库存商品”“原材料”“低值易耗品”等账户；按应纳税额，贷记“应交税费——应交增值税(销项税额)”账户。

若购进货物时明确用于非应税项目，不属于增值税纳税范围，不视同销售。

【例2-46】天华工厂新建一车间，发出水泥若干吨，价值40 000元，委托加工预制板，并支付加工费4 400元和增值税税额748元，预制板收回后直接用于该新建工程。作会计分录如下。

(1)发出水泥时：

借：委托加工物资　40 000

　　贷：原材料——水泥　40 000

(2)支付加工费时：

借：委托加工物资　4 400

　　应交税费——应交增值税(进项税额)　748

　　贷：银行存款　5 148

(3)预制板收回结转委托加工成本时：

借：原材料——预制板　44 400

　　贷：委托加工物资　44 400

(4)领用预制板时：

该产品没有同类产品的销售价格，只能按组成计税价格计算。组成计税价格为48 840元[44 400×(1+10%)]，应纳增值税税额8 302.80元(48 840×17%)，计入在建工程52 702.80元(44 400+8 302.80)。

借：在建工程　52 702.80

　　贷：应交税费——应交增值税(销项税额)　8 302.80

　　　　原材料——预制板　44 400.00

4. 企业将自产、委托加工或购买的货物作为投资的销项税额的会计处理

存货投资并非销售业务，而是一种资产转变成另一种资产的经济业务，不改变所有者权益。但这种转变使存货未经“销售”而进入消费，因而自产和委托加工的货物所耗用的原材料和支付加工费中记入“进项税额”的增值税就流失了，购买货物已记入“进项税额”的增值税也流失了，企业就占了国家的便宜。因此，按税法的规定，应税货物作为投资提供给其他单位或个体经营者，应视同销售货物计算缴纳增值税。应税销售成立、发生纳税义务并开具增值税专用发票的时间为移送货物的当天。按所投资货物的售价或组成计税价格乘以适用税率计算的应纳增值税与投资货物的账面价值之和，借记“长期股权投资”账户；按货物成本，贷记“库存商品”“原材料”等账户；按货物成本或账面原价与重估价值的差额，借记或贷记“资本公积”账户；按应纳增值税税额，贷记“应交税费——应交增值税(销项税额)”账户。自1996年起，税法明确要求企业应将自产货物投资作主营业务收入处理，计缴企业所得税。

【例2－47】某工业企业6月份将购入的原材料一批对外投资，其账面成本200 000元，未计提跌价准备。作会计分录(未考虑相关税费)如下。

借：长期股权投资 234 000

　贷：原材料 200 000

　　应交税费——应交增值税(销项税额) 34 000

若上述对外投资不是外购原材料，而是企业生产的A产品，投出的A产品成本180 000元，市场售价200 000元。则作会计分录如下。

(1)对外投资时：

借：长期股权投资 234 000

　贷：主营业务收入——A产品 200 000

　　应交税费——应交增值税(销项税额) 34 000

(2)结转投出A产品成本时：

借：主营业务成本 180 000

　贷：库存商品——A产品 180 000

5. 企业将自产的、委托加工或购买的货物分配给股东或投资者的销项税额的会计处理

这一视同销售行为应通过销售来处理，即应按售价或组成计税价格、市场价格计价并计入有关收入类账户。确认销售成立、发生纳税义务并开具增值税专用发票(股东或投资者为法人且为一般纳税人)或普通发票(投资者或股东为自然人或小规模纳税人)的时间，为分配货物的当天。按分配货物的售价或组成计税价格、市场价格和按其适用税率计算的应纳增值税两项之和，借记“应付利润”账户；按应税货物的售价、组成计税价格、市场价格，贷记“主营业务收入”“其他业务收入”账户；按应纳增值税税额，贷记“应交税费——应交增值税(销项税额)”账户。

【例2-48】天华工厂将自产的甲产品和委托加工的丁产品作为应付利润分配给投资者。甲产品售价为60 000元，委托加工丁产品没有同类产品售价，委托加工成本40 000元。作会计分录如下。

甲产品应计销项税额=60 000×17%=10 200(元)；

丁产品组成计税价格=40 000×(1+10%)=44 000(元)；

丁产品应计销项税额=44 000×17%=7 480(元)。

借：应付利润	121 680	
贷：主营业务收入		60 000
其他业务收入		44 000
应交税费——应交增值税(销项税额)		17 680

6. 企业将自产、委托加工的货物用于集体福利、个人消费的销项税额的会计处理

企业将自产、委托加工的货物用于集体福利、个人消费并非销售活动，不计入有关收入类账户。但应税货物用于集体福利、个人消费，应视同销售货物计算缴纳增值税。其应税销售成立、发生纳税义务并开具普通发票的时间为移送货物的当天。按所用货物的成本与货物售价或组成计税价格乘以适用税率计算的应纳增值税之和，借记“在建工程”“固定资产”“应付福利费”等账户；按所用货物成本，贷记“库存商品”“原材料”等账户；按应纳增值税税额，贷记“应交税费——应交增值税(销项税额)”账户。若购进货物直接用于集体福利、个人消费，购进时的进项税额不允许抵扣，因购入已成消费品进入最终消费领域，因此，不作视同销售。

【例2-49】企业职工俱乐部领用本企业生产的空调器5台，生产成本8 000元/台，售价10 000元/台。作为职工福利，发给职工抽油烟机400台，生产成本200元/台，售价250元/台。作会计分录如下。

应纳增值税额 =5×10 000×17% +400×250×17% =8 500 +17 000 =25 500(元);

应计入固定资产的价值 =5× 8000 +8 500 =48 500(元);

应计入福利费的全额 =400×200 +17 000 =97 000(元)。

借:固定资产　48 500

　应付职工薪酬——职工福利费　97 000

　贷:应交税费——应交增值税(销项税额)　25 500

　　库存商品——空调器　40 000

　　　　——抽油烟机　80 000

年终调账时，按售价与成本的差额计入应税所得额，计算缴纳所得税。

7. 企业将自产、委托加工或购买的货物无偿赠送他人的销项税额的会计处理

按财务会计制度的规定，这类业务并非销售活动，因为企业并未获得经济利益，但按税法的规定，要视同销售货物计算缴纳增值税。其应税销售成立、发生纳税义务并开具增值税专用发票或普通发票的时间为移送货物的当天。按所赠货物的成本与所赠货物售价或组成计税价格乘以税率计算的应纳增值税之和，借记“营业外支出”账户；按所赠货物成本，贷记“库存商品”“原材料”等账户；按应纳增值税税额，贷记“应交税费——应交增值税(销项税额)”账户。

【例 2 -50】天华工厂将自产的乙产品无偿赠送他人，生产成本 9 000 元，售价 11 000 元。将购进的 A 材料 400 千克无偿赠送他人，该材料计划成本 30 元/千克，材料成本差异率为 -2%。作会计分录如下。

乙产品应计销项税额 =11 000×17% =1 870(元);

A 材料实际成本 =400×30×(1 -2%) =11 760(元);

A 材料应计销项税额 =11 760×17% =1 999.20(元)。

借:营业外支出　24 629.20

　贷:库存商品　9 000.00

原材料　11 760.00

应交税费——应交增值税(销项税额)　3 869.20

(五)包装物销售及包装物押金的销项税额的会计处理

1. 包装物销售的销项税额的会计处理

(1)随同产品销售并单独计价的包装物。按税法的规定，应作为销售计算缴纳增值税，借记“银行存款”“应收账款”账户，贷记“主营业务收入”“其他业务收入”“应交税费——应交增值税(销项税额)”账户。不单独计价时，作为产品销售，会计处理见前。

【例2-51】天华工厂销售给本市天众厂带包装物的丁产品600件，包装物单独计价，开出增值税专用发票列明产品销售价款96 000元，包装物销售价款10 000元，增值税税额18 020元，款项尚未收到。作会计分录如下。

借：应收账款——天众厂　124 020

　贷：主营业务收入——丁产品　96 000

　　其他业务收入——包装物销售　10 000

　　应交税费——应交增值税(销项税额)　18 020

(2)销售产品，包装物出租。包装物租金属于价外费用，应缴纳增值税。

【例2-52】天华工厂采用银行汇票结算方式，销售给东平机械厂甲产品400件，400元/件，增值税税额为27 200元(400×400×17%)，包装物400个出租，承租期为两个月，共计租金4 680元，一次收取包装物押金23 400元，总计结算金额215 280元(400×400+27 200+4 680+23 400)。作会计分录如下。

按税法规定，收取的包装物租金应计算的销售额，不包括向购买方收取的销项税额，应倒算销售额，计算应交增值税。

包装物租金销售额=4 680÷(1+17%)=4 000(元)；

包装物租金应计销项税额=4 000×17%=680(元)。

借：银行存款　　215 280

　　贷：主营业务收入——甲产品　　160 000

　　　　其他业务收入——包装物租金　　4 000

　　　　应交税费——应交增值税（销项税额）　　27 880

　　　　其他应付款——存入保证金　　23 400

2. 包装物押金的销项税额的会计处理

按现行财务会计制度的规定，包装物押金可分为三大类，如图 2－16 所示。

包装物押金分类

- 销售酒类产品而收取的押金。它又分为两种情况：一是啤酒、黄酒，其计税要求、会计处理方法同第二类；二是其他酒类，对这类货物销售时收取的包装物押金，无论将来押金是否返回或按时返回，以及财务会计上如何核算，均应并入当期销售额计税
- 销售酒类产品之外的货物而收取的押金。当包装物逾期未收回时，没收押金，按适用税率计算销项税额。“逾期”以一年为限，收取押金超过一年时，无论是否退回，均应并入销售额计税
- 加收押金。它指包装物已随产品售出并已计税，但为了督促购买方退回包装物，在销售产品时又加收一定数额的押金。待购买方按时退回包装物时，除了如数退回加收的押金外，还应按一定比例退回收取的包装物价款

图 2－16　包装物押金分类

此类业务应注意三点：①收取包装物押金是含税的，没收时应将包装物押金还原为不含税价格，再并入其他业务收入征税；②没收包装物押金适用的税率是包装货物的适用税率，因为没收包装物押金的行为是延期提高了该包装货物的售价；③对没收包装物押金计提的消费税，应记入“其他业务成本”账户，而不能记入“营业税金及附加”账户，这符合会计核算的收入与支出配比原则。

【例2-53】某企业销售A产品100件，成本价350元/件，售价500元/件，每件收取包装物押金93.60元，包装物成本价为70元/件。该产品是征收消费税产品，税率为10%。作会计分录如下。

(1)销售产品时：

借：银行存款　67 860

　　贷：主营业务收入——A产品　50 000

　　　　应交税费——应交增值税(销项税额)　8 500

　　　　其他应付款——存入保证金　9 360

(2)结转销售成本时：

借：主营业务成本——A产品　35 000

　　贷：库存商品——A产品　35 000

(3)计提消费税时：

借：营业税金及附加　5 000

　　贷：应交税费——应交消费税　5 000

(4)逾期未退还包装物没收押金时：

借：其他应付款——存入保证金　9 360

　　贷：其他业务收入　8 000

　　　　应交税费——应交增值税(销项税额)　1 360

(5)结转包装物成本时：

借：其他业务成本　7 000

　　贷：包装物——出租、出借包装物　7 000

(6)计提消费税时：

借：其他业务成本　800

　　贷：应交税费——应交消费税　800

(六)销售自己使用过的固定资产的销项税额的会计处理

由于出售固定资产并不是企业的经营目的，出售收入及其收益不应列作经营收入及经营利润。按现行会计制度的规定，出售固定资产，使用“固定资产清理”账户，发生净损益作为“营业外收入”或“营业外支出”。

【例 2－54】某企业出售固定资产目录所列并已使用过的机床 1 台，原值 30 000 元，已提折旧 2 000 元，支付清理费用 500 元，售价 34 980 元。作会计分录如下。

(1)注销固定资产时：

借：固定资产清理	28 000	
累计折旧	2 000	
贷：固定资产		30 000

(2)支付清理费用时：

借：固定资产清理	500	
贷：银行存款		500

(3)收到价款时：

借：银行存款	34 980	
贷：固定资产清理		34 307
应交税费——应交增值税(销项税额)		673

(4)结转固定资产清理后的净收益时：

借：固定资产清理	5 807	
贷：营业外收入		5 807

如果企业出售房屋建筑物等固定资产，则应按营业税条例，缴纳 5% 的营业税，而不应该计算增值税。但营业税计税依据是出售房屋建筑物的金额，不作任何扣除。

(七)抵账货物销售的销项税额的会计处理

企业销售抵账货物行为不属于销售自己使用过的其他属于货物的固定资产。因此，应对其销售额，按简易办法即依照 6% 的征收率计算缴纳增值税。

【例 2－55】某厂生产汽车制动泵，无汽车经营权，但欠账方愿用 1 辆汽车抵顶欠款，该厂同意并收到该辆汽车。对方原欠款 117 000 元，该辆汽车作价 110 000 元，余欠 7 000 元，对方以银行存款支付。该厂将收到的汽车销售出去，开具普通发票，销售额为 110 000 元。作会计分录如下。

(1)当初售给对方汽车制动泵时：

借：应收账款——××汽车厂 117 000

贷：主营业务收入 100 000

应交税费——应交增值税(销项税额) 17 000

(2)收到抵账汽车时：

借：库存商品 110 000

贷：应收账款——××汽车厂 110 000

(4)收到对方划转余欠货款时：

借：银行存款 7 000

贷：应收账款——××汽车厂 7 000

(4)将该辆汽车售出(采用商业汇票结算)时：

借：应收票据 110 000

贷：其他业务收入 94 017

应交税费——应交增值税(销项税额) 15 983

(八)小规模纳税人销售货物的销项税额的会计处理

按我国现行增值税法的规定，小规模纳税人实行简易征收法，按不含税销售额与征收率相乘，计算其应交增值税，不实行税款抵扣办法。

【例2-56】某工业企业属小规模纳税人，3月份产品销售收入10 300元，货款尚未收到。受外单位委托代为加工产品一批，收取加工费15 450元，以银行存款结算。作会计分录如下。

(1)销售货款未收到时：

应纳增值税额 $=10\ 300\div(1+3\%)\times3\%=300$(元)。

借：应收账款 10 300

贷：主营业务收入 10 000

应交税费——应交增值税 300

(2)代外单位加工结算时：

应纳增值税额 $=15\ 450\div(1+3\%)\times3\%=450$(元)。

借：银行存款　　15 450
　　贷：主营业务收入　　15 000
　　　　应交税费——应交增值税　　450

(3)月末缴纳增值税时：

本月应纳增值税额 = 300 + 450 = 750(元)。

借：应交税费——应交增值税　　750
　　贷：银行存款　　750

二、商业企业销项税额的会计处理

(一)商品销售的销项税额的会计处理

1. 直接收款方式销售商品的销项税额的会计处理

直接收款方式销售商品，一般采用“提货制”或“送货制”，货款结算大多采用现金或支票结算方式。批发企业根据增值税专用发票的记账联和银行结算凭证，借记“银行存款”账户，贷记“主营业务收入”“应交税费——应交增值税(销项税额)”账户；零售企业应在每日营业终了时，由销售部门填制销货日报表，连同销货款一并送交财会部门，倒算出销售额，借记“银行存款”账户，贷记“主营业务收入”“应交税费——应交增值税(销项税额)”账户。

【例2-57】某商品零售企业9月8日各营业柜组交来销货款现金8 775元，货款已由财会部门集中送存银行。

按税法的规定，销售给消费者个人的商品，实行价税合并收取，所以应换算销售额如下：

销售额 = 含税销售额/(1 + 税率) = 8 775 ÷ (1 + 17%) = 7 500(元)；

销售税额 = 销售额 × 适用税率 = 7 500 × 17% = 1 275(元)。

上述两个公式也可简化如下：

销项税额 = 销售额 × 税率 = 含税销售额/(1 + 税率) × 税率 = 含税销售额 × 税率/(1 + 税率)

如企业适用17%的税率时：

销项税额 = 含税销售额 × 14.53%

如企业适用 13% 的税率时：

销项税额 = 含税销售额 × 11.50%

对于该项业务，财会部门根据各柜组的内部缴款单，填制销货日报表、“进账单”等凭证，并作会计分录如下：

借：银行存款	8 775	
贷：主营业务收入		7 500
应交税费——应交增值税(销项税额)		1 275

上述做法，需要每天或每次计算销项税额，工作量大，也会出现误差。为此，对采用售价金额核算、实物负责制的企业，按实收销货款(含税)，借记“银行存款”账户，贷记“主营业务收入”账户；同时，按售价金额结转成本，借记“主营业务成本”账户，贷记“库存商品”账户。这里的商品销售收入暂按含税价格全部计入。月末，按含税商品销售收入乘以 14.53% 或 11.50% 计算出全店的销项税额，借记“主营业务收入”账户，贷记“应交税费——应交增值税(销项税额)”账户，使商品销售收入由含税变为不含税。按月末差价表结转实际成本，借记“商品进销差价”(差价 + 销项税额)账户，贷记“主营业务成本”(含税)账户，调整“主营业务成本”账户为实际的商品销售成本。

从增值税的链条来说，企业生产(销售)的商品有对应的进项税额和销项税额，但生产(销售)的赠品只有进项税额而没有销项税额，表面上不合理，其实赠品的销项税额隐含在售品的销项税额当中，只是没有剥离出来而已，因此，对于赠品的进项税额应允许其申报抵扣，赠送赠品时也不应该单独再次计算其销项税额。

【例 2-58】某超市开展“买一赠一”的促销活动，当日卖出 10 大瓶花生油，每瓶售价(含税)90 元，每瓶进价 55 元；按超市承诺，顾客购买 1 大瓶花生油，赠送 1 小瓶花生油；因此，当日赠送 10 小瓶花生油，每小瓶进价 15 元，每小瓶售价 30 元。作会计分录如下。

销售花生油的销项税额 = 90 × 10 ÷ (1 + 13%) × 13% = 103.54(元)；

应结转售出和赠送花生油的成本 = (55 + 15) × 10 = 700(元)。

借：银行存款　900

　　贷：主营业务收入　796.46

　　　　应交税费——应交增值税(销项税额)　103.54

结转销售成本时：

借：主营业务成本　700

　　贷：库存商品　700

2. 平销行为的销项税额的会计处理

生产企业以商业企业经销价或高于商业企业经销价将货物销售给商业企业，商业企业再以进货成本或低于进货成本进行销售，生产企业则以返回利润等方式弥补商业企业的进销差价损失。生产企业弥补商业企业进销差价损失的方式有：通过返回资金方式，如返回利润或向商业企业投资等；赠送实物或以实物方式投资。这种平销方式近年呈增长之势，而且将不限于生产企业和商业企业，也可能进一步发展为生产企业之间、商业企业之间平销。

对商业企业向供货方收取的与商品销售量、销售额无必然联系，且商业企业向供货方提供一定劳务的收入，例如进场费、广告促销费、上架费、展示费、管理费等，不属于平销返利，不冲减当期增值税进项税额，应按营业税的适用税目税率缴纳营业税。

对商业企业向供货方收取的与商品销售量、销售额挂钩(如以一定比例、金额、数量计算)的各种返还收入，均应按照平销返利行为的有关规定冲减当期增值税进项税额。商业企业向供货方收取的各种收入，一律不得开具增值税专用发票。其计算公式如下：

当期应冲减进项税额 = 当期取得的返还资金/(1 + 所购货物的适用增值税税率) × 所购货物适用的增值税税率

【例2－59】某商业企业据2月份取得的增值税专用发票等入账的进项税额为35 100元，当月从生产企业(供货方)取得返回资金为18 700元，增值税税率17%。作会计分录如下。

当期应冲减进项税额 = 18 700 ÷ (1 + 17%) × 17% = 2 717(元)。

如果是以返还资金方式：

借：银行存款	18 700	
贷：主营业务成本		15 983
应交税费——应交增值税(进项税额转出)		2 717

如果是以实物方式：

借：库存商品等有关账户	18 700	
贷：主营业务成本		15 983
应交税费——应交增值税(进项税额转出)		2 717

(二)视同销售销项税额的会计处理

这里侧重介绍委托代销和受托代销的销项税额的会计处理，其余视同销售业务的销项税额的会计处理，与工业企业基本相同。

1. 委托代销商品的销项税额的会计处理

委托代销是用来扩大企业商品销售范围和销售量的一种经营措施，是委托其他单位代为销售商品的一种销售方式。按税法的规定，将货物交付他人代销，应视同销售货物，其销售成立、发生纳税义务并开具增值税专用发票的时间为收到受托人送交的代销清单的当天。代销清单应列明已销商品的数量、单价、销售收入，委托企业据此给受托企业开具增值税专用发票，并进行账务处理。账务处理方法视委托代销方式不同而有所区别。

(1)以支付手续费方式的委托代销。委托单位应按商品售价(不含税)反映销售收入，所支付的手续费以“销售费用——手续费”列支。如果受托单位为一般纳税人，则应给其开具增值税专用发票，列明代销商品价款和增值税税款；如果受托单位为小规模纳税人，应按税款和价款合计开具普通发票。借记“应收账款”或“银行存款”账户，贷记“主营业务收入”“应交税费——应交增值税(销项税额)”账户。收到受托单位开来的手续费普通发票后，借记“销售费用——手续费”账户，贷记“应收账款”或“银行存款”账户。

【例2-60】某商品批发企业委托天方商店(一般纳税人)代销B商品400件，合同规定含税代销价为234元/件，手续费按不含税代销额的5%支付，该商品进价150元/件。

(1)拨付委托代销商品时(按进价)：

借：库存商品——委托代销商品 60 000

贷：库存商品 60 000

(2)收到天方商店报来的代销清单而款未收到时(代销清单列明销售数量150件，金额35 100元，倒算销售额并开具增值税专用发票，列明价款30 000元、增值税税额5 100元)：

借：应收账款——天方商店 35 100

贷：主营业务收入 30 000

应交税费——应交增值税(销项税额) 5 100

(3)收到天方商店汇来的款项和手续费时，扣除手续费1 500元(30 000×5%)，实收金额33 600元：

借：银行存款 33 600

销售费用 1 500

贷：应收账款——天方商店 35 100

(4)结转委托代销商品成本时：

借：主营业成本 22 500

贷：库存商品——委托代销商品 22 500

(2)受托单位作为自购自销的委托代销。委托单位不采用支付手续费方式的委托代销商品，一般是通过商品售价调整，作为对代销单位的报酬。这种方式实质上是一种赊销，至于受托单位按什么价格销售，与委托单位无关。委托单位在收到受托单位的代销清单后，按商品代销价反映销售收入，其账务处理基本同前，只是不支付手续费而已。

【例2-61】某商品零售企业委托大天商店代销A商品300件，双方协商含税代销价117元/件，原账面价128.90元/件，代销价低于原账面价的差额，冲销商品进销差价。作会计分录如下。

(1)拨付委托代销商品时：

借：库存商品——委托代销商品　　35 100

　　商品进销差价　　3 570

　　贷：库存商品　　38 670

(2)代销款收到解入银行时(大天商店定期报来的代销清单，代销商品全部销售金额35 100元，倒算销售额并开具增值税专用发票给受托单位，销售额为30 000元，增值税税额为5 100元)：

借：银行存款　　35 100

　　贷：主营业务收入　　30 000

　　　　应交税费——应交增值税(销项税额)　　5 100

收到代销清单时，也可以将代销货款(包括销项税额)，借记“银行存款”账户，贷记“主营业务收入”账户。月份终了时，再根据全月的商品销售收入总额，乘以14.53%或11.50%，计算销项税额并登记入账，将含税销售收入调整成为不含税销售额，借记“主营业务收入”账户，贷记“应交税费——应交增值税(销项税额)”账户。

(3)结转委托代销商品成本时：

借：主营业务成本　　35 100

　　贷：库存商品——委托代销商品　　35 100

如果不采取支付手续费方式而是采取“库存定额、交款补货”的方式，则可将代销单位的销售额包括在本企业商品的销售额之内，收到代销单位交来的货款的同时补货，以代销单位交来货款时作为收入的实现。

2. 受托代销商品的销项税额的会计处理

受托代销主要有三种形式，如图2－17所示。

受托代销的主要形式

- 收取手续费方式。受托方根据代销商品数量或金额的一定比例，向委托方收取手续费。受托方收取的手续费实际上是一种劳务收入。按照税法的有关规定，受托方代销商品应作为应税商品销售，计算增值税销项税额；收取的手续费属于应税劳务，应缴纳营业税
- 视同自购自销方式。委托方与受托方签订协议，委托方按协议价格收取代销商品货款，商品实际售价可由受托方自定，实际售价与协议价之间的差额归受托方所有，受托方不收取手续费。这种销售方式本质上仍是代销，委托方将商品交付给受托方时，商品所有权上的风险和报酬并未转移给受托方。因此，委托方在交付商品时不能确认收入，受托方也不作购进商品处理。但受托方在销售商品时，应向购货方开具增值税专用发票，做销售处理，计算缴纳增值税
- 加价销售方式。受托方在双方协议价格的基础上，自行加价进行销售。委托方按协议价格收取代销商品款，售价与协议价的差额归受托方所有，受托方还根据代销商品数量或价款的一定比例向委托方收取手续费。在这种受托代销方式下，受托方的收入包括代销商品差价和加收的手续费两部分。按税法规定，受托方营业税的计税依据为差价收入与手续费收入之和

图 2－17　受托代销的主要形式

受托单位在登记代销商品入库时，应填制代销商品入库单并登记代销商品明细账；代销商品销售后，有关部门应定期填制代销商品清单，并将其提供给委托单位。由于受托代销商品的所有权不属于本企业，因此，应当在表外科目核算并登记受托代销商品登记簿。若企业受托代销商品业务规模较大，与本企业自有商品在实物形态上难以划分，企业也可以设置“受托代销商品”和“代销商品款”账户进行核算，并分别不同的代销方式进行账务处理。

（1）以收取手续费方式的受托代销。受托方一般不核算销售收入，只将代销手续费收入及其应缴纳的营业税，通过“代购代销收入”账户核算，但税法规定代销商品应作为应税销售，计算销项税额，如购货方为一般纳税人，就要为其开具增值税专用发票。

【例 2－62】某商品零售企业接受代销 B 商品 600 件，委托方规定代销价为 60 元/件（含税），代销手续费为不含税代销额的 5%，增值税税率为 17%，代销手续费收入的营业税税率为 5%。

(1)收到代销商品时(按含税代销价):

借:受托代销商品——××部、组(B商品)　　36 000

　　贷:代销商品款　　36 000

(2)代销商品全部售出时(本月20日代销商品全部售出,向委托单位报送代销清单,并向委托单位索要增值税专用发票。同时,计算代销商品的销项税额并调整应付账款,注销代销商品款和委托代销商品):

代销商品销项税额 $=600\times60\div(1+17\%)\times17\%=5\ 231$(元);

或 $600\times60\times14.53\%=5\ 231$(元)。

借:银行存款　　36 000

　　贷:应交税费——应交增值税(销项税额)　　5 231

　　　　应付账款　　30 769

借:代销商品款　　36 000

　　贷:受托代销商品　　36 000

(3)收到委托单位的增值税专用发票时:

借:应交税费——应交增值税(进项税额)　　5 231

　　贷:应付账款　　5 231

(4)开具代销手续费收入普通发票时:

代销手续费收入 $=30\ 769\times5\%=1\ 538$(元)。

借:应付账款　　1 538

　　贷:代购代销收入　　1 538

(5)划转扣除代销手续费后的代销价款时:

借:应付账款　　34 462

　　贷:银行存款　　34 462

(6)计算并结转代销手续费收入应纳的营业税时:

借:代购代销收入　　76.90

　　贷:应交税费——应交营业税　　76.90

零售企业商品品种繁多,业务繁忙,企业不可能把每一笔销货款都按自营和代销商品分开登记,更不可能在每天营业终了时,对代销商品进行盘点,以存计销。因此，对代销商品和自营商品在销售时全部计入“主营业务收入”账户，待代销商品全部销售或月终时，则由各部、组填报代销商品分户盘存计销表，冲销主营业务收入，增加应付账款。

严格意义上的代销，委托方和受托方应当签订协议书，明确规定代销货物价款、手续费率等条件，不得加价出售。此外，还有一种自营的委托代理，即只规定交接价和手续费率，而不管受托方按什么价格对外出售。这种代理的账务处理与接受代销商品作为自购自销的账务处理基本相同，不同之处就是还要收取手续费。营业税按实际售价与交接价的差额和手续费之和计算。

(2)作为自购自销的受托代销。这种方式实属赊购商品销售，不收取手续费，委托方和受托方规定一个交接价(含税)，受托方则按高于接收价的价格对外销售(批发或零售)。受托代销商品的收益不表现为代销手续费收入，而是表现为售价(批发价或零售价)与接收价之间的差额毛利。

①批发企业受托代销商品。根据代销商品收货单，按该商品的不含税接收价(含税接收价要倒算成为不含税接收价，相当于进价)，借记“受托代销商品”账户，贷记“代销商品款”账户；“受托代销商品”账户应按进价记账，因其是批发企业，还未收到委托方的增值税专用发票，“代销商品款”账户不能按含税进价记账。代销商品售出时，借记“银行存款”账户，贷记“主营业务收入”“应交税费——应交增值税(销项税额)”账户，定期开出代销清单送交委托方，根据增值税专用发票，借记“代销商品款”“应交税费——应交增值税(进项税额)”账户，贷记“应付账款”账户，同时转销代销商品成本，借记“主营业务成本”账户，贷记“受托代销商品”账户。

【例2-63】某批发企业受托天明公司代销甲商品350件，作自购自销核算，合同规定接收价为35.10元/件(含税)，对外批发价为36元/件(不含税)。作会计分录如下。

(1)接收代销商品时(应按不含税接收价入账)：

不含税接收价=350×35.10÷(1+17%)=10 500(元)。

借：受托代销商品——天明公司	10 500	
贷：代销商品款		10 500

(2)代销商品销售时(本月销售150件，开出增值税专用发票，列明价款5 400元、增值税税款918元)：

借：银行存款(或应收账款)　　6 318

　　贷：主营务收入　　5 400

　　　　应交税费——应交增值税(销项税额)　　918

(3)月终或代销商品全部售完时(应向委托方开具代销清单，并索取增值税专用发票。根据代销清单上销售甲商品250件，汇总转销代销商品成本)：

转销代销商品成本 =250 ×35.1 ÷(1 +17%) =7 500(元)。

借：主营业务成本　　7 500

　　贷：受托代销商品　　7 500

(4)取得增值税专用发票时(列明代销商品价款7 500元、增值税额1 275元。根据增值税专用发票，注销代销商品款)：

借：代销商品款　　7 500

　　应交税费——应交增值税(进项税额)　　1 275

　　贷：应付账款　　8 775

(5)支付代销商品价款及增值税时：

借：应付账款　　8 775

　　贷：银行存款　　8 775

②零售企业受托代销商品。根据代销商品收货单，按该商品本企业规定的含税零售价，借记“受托代销商品”账户；按不含税接收价，贷记“代销商品款”账户(因受托人没有取得委托方开具的增值税专用发票，还不能按代销商品价款和税款增加或有负债，只能按代销商品价款增加或有负债)，按两者的差额，贷记“商品进销差价”账户。代销商品售出时，按含税零售价，借记“银行存款”账户，贷记“主营业务收入”账户。定期向委托单位开出代销清单，根据代销清单转销受托代销商品成本，借记“主营业务成本”账户，贷记“受托代销商品”账户。收到委托单位开来的增值税专用发票，借记“应交税费——应交增值税(进项税额)”账户，按已销售商品的不含税接收价，借记“代销商品款”账户，同时，按委托方开具的增值税专用发票上的价款和税款之和，贷记“应付账款”账户。支付代销商品款时，借记“应付账款”账户，贷记“银行存

款”账户。月末计算并结转代销商品的销项税额时，借记“主营业务收入”账户，贷记“应交税费——应交增值税(销项税额)”账户。月末计算分摊代销商品的进销差价，调整受托代销商品成本时，借记“商品进销差价”账户，贷记“主营业务成本”账户。

【例2－64】 某零售企业4月份接收代销甲商品400件，含税接收价为23.40元/件，不含税接收价为20元/件。本企业规定该商品的含税零售价为29.25元/件。

(1)接收代销商品时：

借：受托代销商品	11 700	
贷：代销商品款		8 000
商品进销差价		3 700

(2)在实际工作中，自营商品和代销商品不易区分，可以把“受托代销商品”账户作为“库存商品”的二级账户处理。这样，在月末结转代销商品进销差价时，就不必区分是代销商品还是自营商品。

商品销售时(销售代销商品和自营商品共计货款6 500元)：

借：银行存款	6 500	
贷：主营业务收入		6 500

(3)月末商品全部售完时(根据各部、组填报的代销商品分户盘存计销表所列代销商品销售240件，向委托单位开出代销清单，共计货款5 616元。一方面索要增值税专用发票，一方面转销其销售成本)：

借：主营业务成本	7 020	
贷：受托代销商品		7 020

(4)收到委托单位开来的增值税专用发票时(增值税专用发票列明：销售货款4 800元，增值税额816元)：

借：应交税费——应交增值税(进项税额)	816	
代销商品款	4 800	
贷：应付账款		5 616

(5)支付代销商品款时：

借：应付账款	5 616	

贷：银行存款　　5 616

(6)月末计算并结转代销商品销项税额时(若本月包括代销商品销售在内的“主营业务收入”账户为440 000元)：

应计销项税额 =440 000×14.53% =63 932(元)。

借：主营业务收入　　63 932

　　贷：应交税费——应交增值税(销项税额)　　63 932

(7)月末计算分摊代销商品进销差价时(由于“商品进销差价”不分自营商品和代销商品，所以，已销代销商品与自营商品应一并分摊进销差价，经计算，本月“综合差价率”为30.45%)：

应分摊的进销差价 =440 000×30.45% =133 980(元)。

借：商品进销差价　　133 980

　　贷：主营业务成本　　133 980

3. 以物易物的销项税额的会计处理

它是指业务双方进行交易时，不以货币结算或主要不以货币结算，而以货物相互结算，从而实现货物购销的一种交易方式。在财务会计中，此类业务属于非货币性交易，分为换入、换出均为货物和一方属于货物、另一方是固定资产或无形资产两种类型。按增值税税法规定，属于以物易物的交易方式，双方都要作购销处理，以各自发出的货物核定销售额并计算销项税额，以各自收到的货物核定购货额，并依据对方开具的合格增值税专用发票计算进项税额，即同时反映进项税额、销项税额。若一方是货物，另一方是固定资产或无形资产，后者相应的增值税额，记入其资产价值内，不单独反映。若同时换入多项资产，应按换入各项资产的公允价值占换入全部资产的公允价值总额的比例分别确认换入各项资产的入账价值。在此类交易中，还有以旧换新业务，其涉税会计处理后面会单独说明。

在非货币性交易中，又分双方不涉及补付价款和涉及补付价款两种情况。

(1)不涉及补价的会计处理。以非货币性交易换入的货物，如果不涉及补价，原则上应以换出资产的账面价值加上需支付的相关税费，作为换入资产的入账价值。其计算公式如下：

换入资产的入账价值 = 换出资产的账面价值 + 应支付的相关税费

对上式中“税费”和“税”的处理：如果换入的资产是货物，上式中“换入资产的入账价值”应减去准予抵扣的进项税额(单独反映)，即“税费”中的“税”不包括增值税进项税额；如果换入的资产不是货物，“换入资产的入账价值”按上式计算。若换出资产是货物，按销售货物计算销项税额，贷记“应交税费——应交增值税(销项税额)”账户；若换出资产不是货物，应按其账面价值转出。但对换出的固定资产、无形资产，应按税法规定计算缴纳营业税，并在会计中正确反映。详见本书第四章。

【例2-65】某酒厂10月份用自产其他酒10吨(账面价值20 000元)，从农业生产者手中换取造酒原料(高粱)若干吨，双方不涉及补价，也没有发生相关费用。当月销售同类其他酒，最高售价2 500元/吨，最低售价2 100元/吨，加权平均价格为2 250元/吨。作会计分录如下。

按加权平均售价计算销项税额 = 2 250 × 10 × 17% = 3 825(元)；

应交消费税(按最高售价) = 2 500 × 10 × 10% = 2 500(元)。

(1)销售10吨其他酒：

借：应收账款	23 825	
贷：库存商品		20 000
应交税费——应交增值税(销项税额)		3 825

(2)换回高粱：

借：原材料	20 727.75	
应交税费——应交增值税(进项税额)	3 097.25	
贷：应收账款		23 825.00

从农业生产者手中换回，按13%计算进项税额；若从粮食企业换取，可按增值税专用发票注明的税率，借记“进项税额”。

(3)应交消费税：

借：原材料	2 500	
贷：应交税费——应交消费税		2 500

(4)该酒厂当月又以自产白酒2吨换入设备1台，2吨白酒的账面价值20 000元，白酒的计税价格18 000元/吨。假定交易过程中没有发生相关税费，也没有计提存货跌价准备。酒厂作会计分录(消费税略)如下：

借：在建工程或固定资产　　26 120

　贷：库存商品——白酒　　20 000

　　应交税费——应交增值税(销项税额)　　6 120

酒厂当月换出的2吨白酒，期末还应进行所得税的纳税调整。

(2)涉及补价的会计处理。

按会计准则、企业会计制度的规定，当收到补价占换出资产公允价值的比例等于或小于25%时，作为非货币性交易处理；高于25%时，则作为货币性交易处理。不论何种交易方式，只要涉及货物，必须按税法规定正确计算反映增值税额。如果涉及补价，则一方收到补价，一方支付补价，其换入资产的入账价值确认有所不同。

①支付补价时：

换入资产的入账价值＝换出资产的账面价值＋补价＋应支付的相关税费－可抵扣的进项税额

②收到补价时：

换入资产的入账价值＝换出资产的账面价值－补价－待抵扣的进项税额＋应支付的相关税费＋应确认的收益

如果在非货币性交易中不涉及“货物”，则“换入资产的入账价值”计算公式中也不涉及“可抵扣的进项税额”。

如果确认的是损失，则应减去确认的损失。能否弥补其换出资产的公允价值大于换入资产的公允价值的差额以及因收取补价而需要缴纳的税费，即由此而产生的损益需要予以确认：

应确认的收益＝(补价－补价/换出资产公允价值)×换出资产账面价值－(补价/换出资产公允价值)×应交税费及附加

或

应确认的收益＝补价×(1－换出资产账面价值/换出资产公允价值)－补价/换出资产公允价值×应交税费及附加应交税费及附加＝换出资产的计税价

借：银行存款

贷：专项应付款——××专项拨款

实际用于工程支出时，作会计分录如下：

借：在建工程——××工程

贷：银行存款等

工程完工，报经主管财政机关批准，对按规定予以核销的部分（不构成固定资产价值），作会计分录如下：

借：专项应付款——××专项拨款

贷：在建工程

对构成固定价值的部分，作会计分录如下：

借：固定资产

贷：在建工程

借：专项应付款

贷：资本公积

（3）用于归还长期借款。经批准归还长期借款，即"贷改投"时，可转为国家资本金。作会计分录如下：

借：银行存款

贷：实收资本——国家投入资本

借：长期借款

贷：银行存款

2. 用于弥补企业亏损和未指定专门用途的会计处理

当纳税人实际收到返回的增值税时，作会计分录如下：

借：银行存款

贷：补贴收入

也可以通过"应收补贴款"反映应收和实收过程。反映应收退税款时，作会计分录如下：

借：应收补贴款——增值税款

贷：补贴收入

实际收到退税款时：

借：银行存款

贷：应收补贴款——增值税款

（二）即征即退的会计处理

国家根据需要，可以规定对进口的某些商品应计征的增值税采取即征即退的办法，退税额冲减采购成本，退税的直接受益者必须是以购进商品从事再加工的生产企业。

【例 2－68】 某外贸企业进口原棉一批，进口棉花所征增值税实行即征即退办法。该批棉花价值折合人民币 500 000 元，应交增值税 85 000 元。作会计分录如下。

(1) 外贸企业入账时：

借：材料采购	500 000	
应交税费——应交增值税（进项税额）	85 000	
贷：应付账款或银行存款等		585 000

(2) 收到进口商品退税款时：

借：银行存款	85 000	
贷：应付账款——待转销进口退税		85 000

(3) 外贸企业将进口商品销售给生产企业时（假设销售价款为 600 000 元，增值税税额为 102 000 元）：

借：应收账款等	617 000	
应付账款——待转销进口退税	85 000	
贷：主营业务收入		600 000
应交税费——应交增值税（销项税额）		102 000

(4) 生产企业购进上述商品实际支付时（外贸企业要出具退税款证明）：

借：材料采购	515 000	
应交税费——应交增值税（进项税额）	102 000	
贷：应付账款等		617 000

（三）直接减免增值税的会计处理

1. 小规模纳税人直接减免增值税的会计处理

月份终了时，将应免税的销售收入折算为不含税销售额，按6%或4%的征收率计算免征增值税税额。作会计分录如下：

借：主营业务收入

　　贷：应交税费——应交增值税

借：应交税费——应交增值税

　　贷：补贴收入

2. 一般纳税人直接减免增值税的会计处理

（1）企业部分产品（商品）免税。月份终了，按免税主营业务收入和适用税率计算出销项税额，然后减去按税法规定方法计算的应分摊的进项税额，其差额即为当月销售免税货物应免征的税额。

结转免税产品（商品）应分摊的进项税额，作会计分录如下：

①借：主营业务成本（应分摊的进项税额）

　　贷：应交税费——应交增值税（进项税额转出）

②结转免税产品（商品）销项税额时，作会计分录如下：

借：主营业务收入

　　贷：应交税费——应交增值税（销项税额）

③结转免缴增值税税额时，作会计分录如下：

借：应交税费——应交增值税（减免税款）

　　贷：补贴收入

（2）企业全部产品（商品）免税。如果按税法的规定，企业的全部产品（商品）都免税，工业企业应在月终将免税主营业务收入参照上年度实现的增值率计算出增值额（产销较均衡的企业也可以按月用“购进扣税法”计算），并将其折算为不含税增值额，然后依适用税率，计算应免缴增值税税额；零售商业企业（批发企业可比照工业企业）应在月终将销售直接免税商品已实现的进销差价折算为不含税增值额，然后按适用税率计算应免缴增值税税额。

根据上述计算结果，作会计分录如下。

①计算免缴税额时：

借：主营业务收入

　　贷：应交税费——应交增值税(销项税额)

②结转免缴税额时：

借：应交税费——应交增值税(减免税款)

　　贷：补贴收入

对生产经营粮油、饲料、氮肥等免税产品的企业，虽然其主产品免税，但也可能发生增值税应税行为。如粮食企业，按国家规定价格销售免税粮食时，可免缴增值税；但若加价销售，就不能免税。饲料企业如果将购入的原粮又卖出或在生产饲料的同时还生产供居民食用的制品，则要交纳增值税，会计上应分别设账、分别核算。

二、上缴增值税的会计处理

(一)按月缴纳增值税的会计处理

平时，企业在“应交税费——应交增值税”多栏式明细账户中核算增值税业务；月末，结出借、贷方合计和差额(余额，下同)。

若“应交税费——应交增值税”为借方差额，表示本月尚未抵扣的进项税额，应继续留在该账户借方，不再转出；若为贷方差额，表示本月应交增值税税额，通过“应交税费——应交增值税(转出未交增值税)”账户，转入“应交税费——未交增值税”账户的贷方。作会计分录如下：

借：应交税费——应交增值税(转出未交增值税)

　　贷：应交税费——未交增值税

由于以一个月为纳税期限的企业不存在当月预缴当月税款的情况，月末也不会有多交情况。若月末“应交税费——未交增值税”有借方余额，只能是当月尚未抵扣完的进项税额(以后月份继续抵扣)。

(二)按日缴纳增值税的会计处理

若主管税务机关核定纳税人按日(1、3、5、10、15 日)缴纳增值税，则平时按核定纳税期纳税时，属于预缴性质；月末，在核实上月应交增值税后，应于下月 10 日前清缴。

平时，企业在“应交税费——应交增值税”明细账中核算增值税业务。其中，当月上交当月增值税额时，作会计分录如下：

借：应交税费——应交增值税(已交税金)

贷：银行存款

月末，结出该账户借方、贷方合计和差额。

若“应交税费——应交增值税”账户为贷方差额，表示本月应交未交的增值税税额，应转至“应交税费——未交增值税”账户的贷方，作会计分录如下：

借：应交税费——应交增值税(转出未交增值税)

贷：应交税费——未交增值税

若“应交税费——应交增值税”账户为借方差额，由于月中有预缴税款的情况，故该借方差额不仅可能是尚未抵扣的进项税额，而且还可能包含了多交的部分。多交税额是多少，尚未抵扣额又是多少，一般有以下三种情况。

(1)当“应交税费——应交增值税”账户借方差额大于“已交税金”合计数时，表明当月已交的税金全部为多交。同时，两者差额为本月尚未抵扣的进项税额。

【例2-69】某企业4月份“应交税费——应交增值税”账户的资料。

借方差额1 500元中包括多交的1 200元税款和留待抵扣的300元(2 550-2 850)进项税额，多交税额应从“转出多交增值税”账户转至“应交税费——未交增值税”账户的借方，尚未抵扣税额留在“应交税费——应交增值税”账户的借方。作会计分录如下：

借：应交税费——未交增值税　　1 200

贷：应交税费——应交增值税(转出多交增值税)　　1 200

结转后的“应交税费——应交增值税”账户为借方余额300元。

(2)当“应交税费——应交增值税”账户借方差额等于“已交税金”的合计数时，表明已交税金全部为多交。同时，本月无待抵扣的进项税额。

(3)当“应交税费——应交增值税”账户借方差额小于“已交税金”的合计数时，表明已交税金中部分为应交税额、部分为多交税额，借方差额即是多交税额。

（三）实际上缴增值税的会计处理

（1）当月预缴、上缴当月应交增值税时，作会计分录如下：

借：应交税费——应交增值税（已交税金）

　　贷：银行存款

（2）月初结清上月应交增值税或上缴以前月份（年度）欠缴增值税时，作会计分录如下：

借：应交税费——未交增值税

　　贷：银行存款

（四）以进项留抵税额抵减欠缴增值税的会计处理

若企业既存在欠缴增值税，同时又有增值税的留抵税额，在当期销项税额小于同期进项税额而产生期末留抵税额时，应以期末留抵税额抵减增值税欠税。在企业用进项留抵税额抵减欠缴增值税时，如果增值税欠税额大于期末留抵税额，按期末留抵税额用红字借记“应交税费——应交增值税（进项税额）”账户，贷记“应交税费——未交增值税”账户；如果增值税欠税额小于期末留抵税额，按增值税欠税税额用红字借记“应交税费——应交增值税（进项税额）”账户，贷记“应交税费——未交增值税”账户。

三、增值税查补税款的会计处理

（一）查补偷税应纳税额的确定

增值税一般纳税人不报、少报销项税额或多报进项税额，均影响增值税的缴纳。编制“应交增值税明细表”时，在“本期已交款”项目反映的是偷税行为。其偷税数额应当按销项税额的不报、少报部分或进项税额的多报部分确定。如果销项、进项均查有偷税问题，其偷税数额应当为两项偷税数额之和。

一般纳税人若采取账外经营，即购销活动均不入账，而造成不缴、少缴增值税的，其偷税数额应按账外经营部分的销项税额抵扣账外经营部分中已销货物进项税额后的余额确定。此时的偷税数额为应纳税额，即：

应纳税额＝账外经营部分销项税额－账外经营部分已销货物的进项税额

已销货物的进项税额＝账外经营部分购货的进项税额－账外经营部分存货的进项税额

利润分配——未分配利润	20 060
贷：应交税费——未交增值税	9 060
——应交增值税	11 000
其他应交款——税收罚款	20 060

补缴税款及罚款时：

借：应交税费——未交增值税	9 060
其他应交款——税收罚款	20 060
贷：银行存款	29 120

从【例2－70】可见，企业的偷税数额不一定等于补税数额；罚款额是税务机关根据《征管法》作出的。

【例2－71】某商业企业为增值税一般纳税人，12月份增值税纳税资料：当期销项税额50 000元，当期进项税额35 000元，当期已纳增值税15 000元。次年年初税务机关检查时，发现如下两笔业务未作会计处理：

(1)12月2日，企业购入商品100件，取得了增值税专用发票，注明价款50 000元，税款8 500元，但未作任何会计处理。

(2)12月21日，企业又将上述购入商品出售45件，取得现金35 100元，也未作任何会计处理。

经税务人员检查核实，认定企业在搞账外经营。偷税数额如下：

已销货物进项税额＝账外经营部分购货的进项税额－账外经营部分存货的进项税额＝8 500－8 500×55%＝3 825(元)。

应纳税额＝账外经营部分销项税额－账外经营部分中已销货物的进项税额＝5 100－3 825＝1 275(元)。

由于企业当期正常的增值税税额核算已经结束，此笔应纳税额1 275元，既是偷税数额，又是补税数额。

第三章　消费税会计

第一节　消费税概述

消费税是以特定消费品的流转额为计税依据而征收的一种商品税。消费税是各国普遍开征的一个重要税种。

一般认为，消费税包括直接消费税和间接消费税两类：

(1)直接消费税是以个人的实际消费支出额为计税依据而向消费者课征的一种直接税。

(2)间接消费税是以消费品的流转额为计税依据而向消费品的生产经营者课征的一种间接税。间接消费税还可以分为一般消费税和特种消费税。

一、消费税的纳税人和纳税范围

(一)消费税的纳税人

消费税的纳税人是在中国境内生产、委托加工和进口应税消费品的单位和个人，以及国务院确定的销售应税消费品的其他单位和个人。“单位”是指企业、行政单位、事业单位、军事单位、社会团体及其他单位；“个人”是指个体工商户及其他个人。

(二)消费税的纳税范围

我国实行的是选择性的特种消费税，1993 年 12 月 13 日开征消费税时确定的税目共 11 个，2006 年 4 月 1 日，财政部、国家税务总局对消费税税目作了大幅调整，现有税目 14 个，很多税目还包括了若干子目。征收消费税的税目(以下简称应税消费品)主要包括五大类，如图 3 – 1 所示。

征收消费税的税目类型

- 一些过度消费会对人类健康、社会秩序、生态环境等方面造成危害的特殊消费品，包括烟、酒及酒精、鞭炮与烟火、木制一次性筷子、实木地板等
- 奢侈品、非生活必需品，包括贵重首饰及珠宝玉石、化妆品、高尔夫球及球具、高档手表、游艇等
- 高能耗及高档消费品，包括游艇、小汽车、摩托车等
- 使用和消耗不可再生和替代的稀缺资源的消费品，例如成品油等
- 具有特定财政意义的消费品，例如汽车轮胎等，这类消费品的税基宽广、消费普遍、征税后不影响广大居民基本生活，还可以起到增加财政收入的目的

图 3－1　征收消费税的税目类型

二、消费税的税目、税率

(一)税目

消费税共设置 14 个税目、若干个子目，征税主旨明确，课税对象清晰。

1. 烟

本税目的征收范围包括凡是以烟叶为原料加工生产的产品，无论其使用何种辅料。

(1)卷烟。卷烟的征收范围包括工业和商业批发两个子目，分别在生产环节和批发环节征收。

①甲类卷烟，是指每标准条调拨价格在 70 元(不含增值税)以上(含 70 元)的卷烟。

②乙类卷烟，是指每标准条调拨价格在 70 元(不含增值税)以下的卷烟。

(2)雪茄烟。雪茄烟的征收范围包括各种规格、型号的雪茄烟。

(3)烟丝。烟丝的征收范围包括以烟叶为原料加工生产的不经卷制的散装烟。

2. 酒及酒精

(1)白酒。白酒的征收范围包括粮食白酒、薯类白酒等。

①粮食白酒。对企业生产的白酒应按照其所用原料确定适用税率。凡是既有外购粮食、或者有自产或外购粮食白酒(包括粮食酒精)，又有自产或外购薯类和其他原料酒(包括酒精)的企业其生产的白酒凡所用原料无法分清的，一律按粮食白酒征收消费税。

对企业以白酒和酒精为酒基，加入果汁、香料、色素、药材、补品、糖、调料等配制或泡制的酒，不再按“其他酒”子目中的“复制酒”征税，一律按照酒基所用原料确定白酒的适用税率。凡酒基所用原料无法确定的，一律按粮食白酒的税率征收消费税。

②薯类白酒。用甜菜酿制的白酒，比照薯类白酒征税。

对以粮食原酒作为酒基与薯类酒精或薯类酒进行勾兑生产的白酒应按粮食白酒的税率征收消费税。白酒生产企业向商业销售单位收取的“品牌使用费”是随着应税白酒的销售而向购货方收取的，属于应税白酒销售价款的组成部分，因此，不论企业采取何种方式或以何种名义收取价款，均应并入白酒的销售额中缴纳消费税。

(2)黄酒。黄酒的征收范围包括各种原料酿制的黄酒和酒度超过12度(含12度)的土甜酒。

(3)啤酒。啤酒的征收范围包括各种包装和散装的啤酒。无醇啤酒比照啤酒征税。

对饮食业、商业、娱乐业举办的啤酒屋(啤酒坊)利用啤酒生产设备生产的啤酒，应当征收消费税。

啤酒源是以大麦或其他粮食为原料，加入啤酒花，经糖化、发酵酿制而成的含二氧化碳的酒。在产品特性、使用原料和生产工艺流程上，啤酒源与啤酒一致，只缺少过滤过程。因此，对啤酒源应按啤酒征收消费税。

菠萝啤酒是以大麦或其他粮食为原料，加入啤酒花，经糖化、发酵，并在过滤时加入菠萝精(汁)、糖酿制的含有二氧化碳的酒。其在产品特性、使用原料和生产工艺流程上与啤酒相同，只是在过滤时加上适量的菠萝精(汁)和糖，因此，对菠萝啤酒应按啤酒征收消费税。

果啤是口味介于啤酒和饮料之间的低度酒精饮料，主要成份为啤酒和果汁。尽管其口味和成份有别于普通啤酒，但从产品名称及其含啤酒的本质来看，果啤属于啤酒，应征收消费税。

对啤酒生产企业销售的啤酒，不得以向其关联企业的啤酒销售公司销售的价格作为确定消费税税额的标准，而应当以其关联企业的啤酒销售公司对外的销售价格(含包装物及包装物押金)作为确定消费税税额的标准，并依此确定该啤酒消费税单位税额。

啤酒消费税单位税额按照出厂价格(含包装物及包装物押金)划分档次，上述包装物押金不包括供重复使用的塑料周转箱的押金。

啤酒生产集团将有糖化能力而无包装能力的企业生产的啤酒液销售(调拨)给异地企业进行灌装，应由啤酒液生产企业按规定申报缴纳消费税。购入方企业应依据取得的销售方销售啤酒液所开具的增值税专用发票上记载的销售数量、销售额、销售单价确认销售方啤酒液适用的消费税单位税额，单独建立外购啤酒液购入使用台账，计算外购啤酒液已纳消费税额；购入方使用啤酒液连续灌装生产并对外销售的啤酒，应依据其销售价格确定适用单位税额计算缴纳消费税，但其外购啤酒液已纳的消费税额，可以从其当期应纳消费税税额中抵减。

(4)其他酒。其他酒的征收范围包括糠麸白酒、其他原料白酒、土甜酒、复制酒、果木酒、汽酒、药酒等。对以黄酒为酒基生产的配制或泡制酒，按其他酒的税目征收消费税。

葡萄酒，是指以葡萄为原料，经破碎(压榨)、发酵而成的酒精度在1度(含)以上的葡萄原酒和成品酒(不含以葡萄为原料的蒸馏酒)，属于其他酒税目。

(5)酒精。酒精的征收范围包括用蒸馏法和合成方法生产的各种工业酒精、医药酒精、食用酒精。

以外购酒精为原料、经蒸馏脱水处理后生产的无水乙醇，属于酒精税目征收范围。

另外，调味料酒是指以白酒、黄酒或食用酒精为主要原料，添加食盐、植物香辛料等配制加工而成的产品名称标注(在食品标签上标注)为调味料酒的液体调味品。根据国家新出台的调味品分类国家标准，调味料酒属于调味品，不属于配制酒和泡制酒，不征收消费税。

3. 成品油

(1)汽油。汽油设置了含铅汽油和无铅汽油两个子目。

含铅汽油是指含铅量每升超过0.013克的汽油。

汽油征收范围包括辛烷值不小于66的各种汽油和以汽油组分为主、辛烷值大于50的经调合可用作汽油发动机燃料的非标油。

(2)柴油。柴油征收范围包括倾点在-50号至30号的各种柴油和以柴油为主、经调和精制可用作柴油发动机的非标油。

(3)航空煤油。航空煤油征收范围包括各种航空煤油，但航空煤油暂缓征收消费税。

(4)石脑油。石脑油征收范围包括除汽油、柴油、煤油、溶剂油以外的各种轻质油。

重整生成油、拔头油、戊烷原料油、轻裂解料(减压柴油VGO和常压柴油AGO)、重裂解料、加氢裂化尾油、芳烃抽余油均属轻质油，属于石脑油征收范围。

生产企业将自产石脑油用于本企业连续生产汽油等应税消费品的，不缴纳消费税；用于连续生产乙烯等非应税消费品或其他方面的，于移送使用时缴纳消费税。

(5)溶剂油。溶剂油征收范围包括各种溶剂油。

(6)润滑油。润滑油征收范围包括以石油为原料加工的矿物性润滑油、矿物性润滑油基础油。植物性润滑油、动物性润滑油和化工原料合成润滑油不属于润滑油的征收范围。

以植物性、动物性和矿物性基础油(或矿物性润滑油)混合掺配而成的“混合性”润滑油，不论矿物性基础油(或矿物性润滑油)所占比例的高低，均属润滑油的征税范围。

单位和个人外购润滑油大包装经简单加工改成小包装或者外购润滑油不经加工只贴商标的行为，视同应税消费品的生产行为。单位和个人发生的以上行为应当申报缴纳消费税。准予扣除外购润滑油已纳的消费税税款。

(7)燃料油。燃料油征收范围包括用于电厂发电、船舶锅炉燃料、加热炉燃料、冶金和其他工业炉燃料的各类燃料油。

蜡油、船用重油、常压重油、减压重油、180CTS燃料油、7号燃料油、糠醛油、工业燃料、4~6号燃料油等油品的主要用途是作为燃料燃烧，属于燃料油征收范围。

4. 小汽车

本税目的征收范围包括含驾驶员座位在内最多不超过 9 个座位(含)的，在设计和技术特性上用于载运乘客和货物的各类乘用车和含驾驶员座位在内的座位数在 10 至 23 座(含 23 座)的在设计和技术特性上用于载运乘客和货物的各类中轻型商用客车。

用排气量小于 1.5 升(含)的乘用车底盘(车架)改装、改制的车辆属于乘用车征收范围。用排气量大于 1.5 升的乘用车底盘(车架)或用中轻型商用客车底盘(车架)改装、改制的车辆属于中轻型商用客车征收范围。

含驾驶员人数(额定载客)为区间值的(如 8 ~ 10 人；17 ~ 26 人)小汽车，按其区间值下限人数确定征收范围。

电动汽车不属于本税目的征收范围。

车身长度大于 7 米(含)，并且座位在 10 至 23 座(含)以下的商用客车，不属于中轻型商用客车的征收范围，不征收消费税。

沙滩车、雪地车、卡丁车、高尔夫车，不属于消费税的征收范围，不征收消费税。

企业购进货车或厢式货车改装生产的商务车、卫星通讯车等专用汽车不属于消费税的征收范围，不征收消费税。

有关用车辆底盘(车架)改装、改制的车辆征收消费税的规定是为了解决用不同种类车辆的底盘(车架)改装、改制的车辆应按照何种子目(乘用车或中轻型商用客车)征收消费税的问题，并非限定只对这类改装车辆征收消费税。对于购进乘用车和中轻型商用客车整车改装生产的汽车，应按规定征收消费税。

5. 其他应税消费品

(1)鞭炮与烟火。本税目的征收范围包括各种鞭炮、焰火。具体包括喷花类、旋转类、旋转升空类、火箭类、吐珠类、线香类、小礼花类、烟雾类、造型玩具类、炮竹类、摩擦炮类、组合烟花类、礼花弹类等。

体育上用的发令纸、鞭炮药引线，不按本税目征收。

(2)贵重首饰及珠宝玉石。本税目的征收范围包括各种金银珠宝首饰和经采掘、打磨、加工的各种珠宝玉石。

①金银珠宝首饰，包括凡以金、银、白金、宝石、珍珠、钻石、翡翠、珊瑚、玛瑙等高贵稀有物质以及其他金属、人造宝石等制作的各种纯金银首饰及镶嵌首饰(含人造金银、合成金银首饰)等。

②珠宝玉石，包括钻石、珍珠、松石、青金石、欧泊石、橄榄石、长石、玉、石英、玉髓、石榴石、锆石、尖晶石、黄玉、碧玺、金绿玉、绿柱石、刚玉、琥珀、珊瑚、煤玉、龟甲、合成刚玉、合成宝石、双合石以及剥离仿制品等。

宝石坯是经采掘、打磨、初级加工的珠宝玉石半成品，对宝石坯应按规定征收消费税。

对出国人员免税商店销售的金银首饰应当征收消费税。

(3)化妆品。本税目的征收范围包括各类美容、修饰类化妆品、高档护肤类化妆品和成套化妆品。

美容、修饰类化妆品是指香水、香水精、香粉、口红、指甲油、胭脂、眉笔、唇笔、蓝眼油、眼睫毛以及成套化妆品。

舞台、戏剧、影视演员化妆用的上妆油、卸妆油、油彩，不属于本税目的征收范围。

(4)摩托车。本税目按排量分为两个子目：气缸容量在250毫升(含)以下的摩托车和气缸容量在250毫升以上的摩托车。

(5)汽车轮胎。本税目的征收范围包括汽车、电车、摩托车等机动车的轮胎。

具体包括轻型乘用汽车轮胎，载重及公共汽车、无轨电车轮胎，矿山、建筑等车辆用轮胎，特种车辆用轮胎(指行驶于无路面或雪地、沙漠等高越野轮胎)，摩托车轮胎，各种挂车用轮胎，工程车轮胎，其他机动车轮胎，汽车与农用拖拉机、收割机、手扶拖拉机通用轮胎。

用于滑板车、沙滩车、卡丁车等小全地形车的轮胎，属于消费税的征收范围。此类车辆的轮胎，如果与汽车或其他机动车通用，应按规定征收消费税；如果不能与汽车或其他机动车通用，则不属于消费税征税范围。

子午线轮胎免征消费税。

(6)高尔夫球及球具。本税目的征收范围包括高尔夫球、高尔夫球杆、高尔夫球包(袋)，高尔夫球杆的杆头、杆身和握把。

(7)高档手表。本税目的征收范围包括销售价格(不含增值税)每只在10 000元(含)以上的各类手表。

(8)游艇。游艇是指长度大于8米小于90米，船体由玻璃钢、钢、铝合金、塑料等多种材料制作，可以在水上移动的水上浮载体。按照动力划分，游艇分为无动力艇、帆艇和机动艇。

本税目的征收范围包括艇身长度大于8米(含)小于90米(含)，内置发动机，主要用于水上运动和休闲娱乐等非牟利活动的各类机动艇。

(二)税率

消费税的税率包括比例税率和定额税率两类。由于针对不同税目或子目适用不同的税率，消费税的税率档次较为复杂。多数适用比例税率，成品油税目和甲类、乙类啤酒、黄酒等子目适用定额税率，甲类、乙类卷烟和白酒等同时适用比例税率和定额税率，即复合税率。

纳税人兼营不同税率的应税消费品，是指纳税人生产销售两种税率以上的应税消费品，应当分别核算不同税率应税消费品的销售额、销售数量。未分别核算销售额、销售数量的，或者将不同税率的应税消费品组成成套消费品销售的，从高适用税率。

有关消费税税率的具体规定见表3－1。

表3－1 消费税税目税率表

税　目	税　率
一、烟	
1. 卷烟	
(1)甲类卷烟	56%加0.003元/支(生产环节)
(2)乙类卷烟	36%加0.003元/支(生产环节)
(3)批发环节	5%
2. 雪茄烟	36%
3. 烟丝	30%
二、酒及酒精	
1. 白酒	20%加0.5元/500克(或者500毫升)
2. 黄酒	240元/吨

（续表）

税 目	税 率
3. 啤酒	
（1）甲类啤酒	250 元/吨
（2）乙类啤酒	220 元/吨
4. 其他酒	10%
5. 酒精	5%
三、化妆品	30%
四、贵重首饰及珠宝玉石	
1. 金银首饰、铂金首饰和钻石及钻石饰品	5%
2. 其他贵重首饰和珠宝玉石	10%
五、鞭炮、焰火	15%
六、成品油	
1. 汽油	
（1）含铅汽油	1.40 元/升
（2）无铅汽油	1.00 元/升
2. 柴油	0.80 元/升
3. 航空煤油	0.80 元/升
4. 石脑油	1.00 元/升
5. 溶剂油	1.00 元/升
6. 润滑油	1.00 元/升
7. 燃料油	0.80 元/升
七、汽车轮胎	3%
八、摩托车	
1. 气缸容量（排气量，下同）在 250 毫升（含 250 毫升）以下的	3%
2. 气缸容量在 250 毫升以上的	10%
九、小汽车	
1. 乘用车	

（续表）

税　目	税　率
(1)气缸容量(排气量，下同)在1.0升(含1.0升)以下的	1%
(2)气缸容量在1.0升以上至1.5升(含1.5升)的	3%
(3)气缸容量在1.5升以上至2.0升(含2.0升)的	5%
(4)气缸容量在2.0升以上至2.5升(含2.5升)的	9%
(5)气缸容量在2.5升以上至3.0升(含3.0升)的	12%
(6)气缸容量在3.0升以上至4.0升(含4.0升)的	25%
(7)气缸容量在4.0升以上的	40%
2. 中轻型商用客车	5%
十、高尔夫球及球具	10%
十一、高档手表	20%
十二、游艇	10%
十三、木制一次性筷子	5%
十四、实木地板	5%

三、消费税的纳税期限、纳税地点

(一)纳税义务的确认和纳税环节

消费税的纳税环节，即纳税人发生纳税义务的环节。纳税义务的确认时间见表3-2。

表 3－2 纳税义务的确认时间

纳税环节	纳税义务的确认时间	
销售应税消费品（按结算方式不同划分）	采取赊销和分期收款结算	书面合同约定的收款日期的当天，书面合同没有约定收款日期或者无书面合同的，为发出应税消费品的当天
	采取预收货款结算	发出应税消费品的当天
	采取托收承付和委托银行收款结算	发出应税消费品并办妥托收手续的当天
	采取其他结算方式	收讫销售款或者取得索取销售款凭据的当天
自产自用应税消费品	移送使用的当天	
委托加工应税消费品	纳税人提货的当天	
进口应税消费品	报关进口的当天	

(二)纳税期限

消费税的纳税期限和税款的缴纳期限，与增值税相同。

(三)纳税地点

国内消费税由税务机关征收，进口的应税消费品的消费税由海关代征。个人携带或者邮寄进境的消费品所应纳的消费税，连同关税一并征收。具体征收办法由国务院关税税则委员会会同有关部门制定。

关于消费税的纳税地点，具体规定如下。

(1)纳税人销售的应税消费品，以及自产自用的应税消费品，除国务院财政、税务主管部门另有规定外，应当向纳税人机构所在地或者居住地的主管税务机关申报纳税。

纳税人到外县(市)销售或者委托外县(市)代销自产应税消费品的，于应税消费品销售后，向机构所在地或者居住地主管税务机关申报纳税。

纳税人的总机构与分支机构不在同一县(市)的，应当分别向各自机构所在地的主管税务机关申报纳税；经财政部、国家税务总局或者其授权的财政、税务机关批准，可以由总机构汇总向总机构所在地的主管税务机关申报纳税。

(2)委托个人加工的应税消费品，由委托方向其机构所在地或者居住地主管税务机关申报纳税。

(3)进口的应税消费品，由进口人或者其代理人向报关地海关申报纳税。

四、消费税的减免与退补

(一)消费税的减免

消费税是对少数特定消费品选择征收的一种商品税，应税消费品的购买者一般都具有较高的税收负担能力。因此，除了极少数特殊情况外，消费税一般不给予减免税优惠。消费税的税收减免主要有以下两种情形：

(1)纳税人出口应税消费品，除法律另有规定外，免征消费税。出口应税消费品的免税办法，由国务院财政、税务主管部门规定。

(2)纳税人自产自用的应税消费品用于连续生产应税消费品的不纳税。

(二)消费税的退税

在消费税的退税方面，主要包括以下两种情形：

(1)纳税人销售的应税消费品，如因质量等原因由购买者退回时，经机构所在地或者居住地主管税务机关审核批准后，可退还已缴纳的消费税税款。

(2)纳税人出口按规定可以免税的应税消费品，在货物出口后，可以按照国家有关规定办理退税手续。

计算出口应税消费品应税消费税的税率或单位税额，按照《消费税税目税率(税额)表》执行。这是消费税退(免)税与增值税退(免)税的重要区别。当出口的货物是应税消费品时，其退还增值税要按规定的退税率计算，而其退还消费税则按应税消费品所适用的消费税税率计算。出口应税消费品退(免)消费税有以下三种情况：出口免税并退税、出口免税但不退税、出口不免税也不退税。外贸企业从生产企业购进货物直接出口或受其他外贸企业委托代理出口应税消费品的消费税税款，分以下情况计算。

(1)属于从价定率计征消费税的应税消费品，应按照外贸企业从工厂购进货物时征收消费税的价格计算应退税款。其计算公式为：

应退税款 = 出口货物的工厂销售额 × 税率

(2)属于从量定额计征消费税的应税消费品，应按照货物购进和报关出口的数量计算应退税款。其计算公式为：

应退税款 = 出口数量 × 单位税额

(三)消费税的补税

消费税的补税，与出口退税制度相关。

出口的应税消费品办理退税后，发生退关或者国外退货进口时予以免税的，报关出口者必须及时向其机构所在地或者居住地主管税务机关申报补缴已退的消费税税款。

纳税人直接出口的应税消费品办理免税后发生退关或者国外退货，进口时已予以免税的，经机构所在地或者居住地主管税务机关批准，可暂不办理补税，待其转为国内销售时，再申报补缴消费税。

出口应税消费品同时涉及退(免)增值税和消费税，且增值税与消费税的退(免)范围、程序、管理等方面都是较为一致的，应退消费税额应按照消费税的法定税率(税额)执行，这与应退增值税额适用比法定增值税税率更低的出口退税率是不同的。

第二节　消费税的计算

一、销售额的确定

销售额为纳税人销售应税消费品向购买方收取的全部价款和价外费用。

销售额不包括应向购货方收取的增值税税款。如果纳税人应税消费品的销售额中未扣除增值税税款或者因不得开具增值税专用发票而发生价款和增值税税款合并收取的，在计算消费税时，应当换算为不含增值税税款的销售额。

其换算公式为：

应税销售额 = 含增值税的销售额 ÷ (1 + 增值税税率或者征收率)

价外费用，是指价外向购买方收取的手续费、补贴、基金、集资费、返还利润、奖励费、违约金、滞纳金、延期付款利息、赔偿金、代收款项、代垫款项、包装费、包装物租金、储备费、优质费、运输装卸费以及其他各种性质的价外收费。但下列项目不包括在内。

(1)同时符合以下条件的代垫运输费用：

①承运部门的运输费用发票开具给购买方的；

②纳税人将该项发票转交给购买方的。

(2)同时符合以下条件代为收取的政府性基金或者行政事业性收费：

①由国务院或者财政部批准设立的政府性基金，由国务院或者省级人民政府及其财政、价格主管部门批准设立的行政事业性收费；

②收取时开具省级以上财政部门印制的财政票据；

③所收款项全额上缴财政。

应税消费品连同包装物销售的，无论包装物是否单独计价以及在会计上如何核算，均应并入应税消费品的销售额中缴纳消费税。如果包装物不作价随同产品销售，而是收取押金，此项押金则不应并入应税消费品的销售额中征税。但对因逾期未收回的包装物不再退还的或者已收取的时间超过12个月的押金，应并入应税消费品的销售额，按照应税消费品的适用税率缴纳消费税。

对既作价随同应税消费品销售，又另外收取押金的包装物，凡纳税人在规定的期限内没有退还的，均应并入应税消费品的销售额，按照应税消费品的适用税率缴纳消费税。

二、销售数量的确定

销售数量是指应税消费品的数量。其含义包括：

(1)销售应税消费品的，为应税消费品的实际销售量；

(2)自产自用应税消费品的，为应税消费品的移送使用量；

(3)委托加工应税消费品的，为纳税人收回的应税消费品量；

(4)进口的应税消费品，为海关核定的应税消费品进口征税量。

根据我国现行税法，消费税中只有黄酒、啤酒、汽油、柴油四种产品是以销售数量作为计税依据。

三、应纳税额的计算

(一)销售应税消费品应纳税额的计算

采有从价定率办法的应纳消费税税额 = 销售额 × 消费税税率

采用从量定额办法的应纳消费税税额 = 销售量 × 单位消费税额

复合计税应纳消费税额 = 销售量 × 单位税额 + 销售额 × 消费税税率

在从量定额计税时，黄酒、啤酒是以吨为税额单位，汽油、柴油是以升为税额单位。为了规范不同产品的计量单位，准确计算应纳税额，税法对吨与升两个计量单位的换算标准规定见表 3－3。

表 3－3　税法对吨与升两个计量单位的换算标准

税目 / 升 / 吨	黄酒	啤酒	汽油	柴油	石脑油	溶剂油	润滑油	燃料油	航空煤油
1	962	988	1 388	1 176	1 385	1 282	1 126	1 015	1 246

【例 3－1】某烟厂出售卷烟 20 个标准箱，每标准条调拨价格 60 元，共计 300 000 元，烟丝 45 000 元，不退包装物，采用托收承付结算方式，货已发出并办好托收手续。计算应纳消费税税额如下：

20 × 150 + 300 000 × 36% + 45 000 × 30% = 124 500(元)。

【例 3－2】某烟厂购买已税烟丝 2 000 千克，每千克 30 元，未扣增值税。加工成卷烟 200 个标准箱，每标准箱调拨价格 7 500 元，全部售出。计算应纳消费税税额如下：

烟丝不含增值税销售额 = 2 000 × 30 ÷ (1 + 17%) = 51 282(元)；

卷烟应纳消费税额 = 200 × 150 + 200 × 7 500 × 36% － 51 282 × 30% = 554 615.4(元)。

（二）自产自用应税消费品应纳税额的计算

自产自用就是纳税人生产应税消费品后，不是用于直接对外销售，而是用于连续生产应税消费品或用于其他方面。

纳税人若是用于连续生产应税消费品的（作为生产最终应税消费品的直接材料，并构成最终产品实体的应税消费品，如卷烟厂生产的烟丝，再用于本厂连续生产出最终产品—卷烟），根据税不重征的原则，不纳消费税。生产企业将自产石脑油用于本企业连续生产汽油等应税消费品的，不缴纳消费税；用于连续生产乙烯等非应税消费品或其他方面的，于移送使用时缴纳消费税。

纳税人若是用于其他方面，应于移送时缴纳消费税。“用于其他方面”是指纳税人用于生产非应税消费品和在建工程，以及用于馈赠、赞助、集资、广告、样品、职工福利、奖励等方面的应税消费品。

纳税人自产自用的应税消费品，不是用于连续生产应税消费品，而是用于其他方面，应按照纳税人生产同类消费品的销售价格为计税依据；若没有同类消费品的销售价格，则可按组成计税价格计算纳税。组成计税价格的计算公式如下：

组成计税价格 =（成本 + 利润）/（1 – 消费税税率）

纳税人自产自用的卷烟，销售的白包卷烟，按照纳税人生产的同牌号规格卷烟的销售（计税）价格确定征税类别和适用税率（白包卷烟一律按 50% 税率）。没有同牌号规格卷烟销售（计税）价格的，按照组成计税价格依 50% 的税率计算纳税。组成计税价格的计算公式如下：

组成计税价格 =（成本 + 利润）/（1 –50%）

其中：成本是应税消费品的产品生产成本；利润是按应税消费品的全国平均成本利润率计算的利润。

应税消费品的全国平均成本利润率如下：烟类消费品为 10%、5%；酒和酒精类消费品，除粮食白酒为 10% 外，其余为 5%；化妆品、鞭炮焰火、汽车轮胎等为 5%；贵重首饰及珠宝玉石、摩托车、越野汽车为 6%；乘用车为 8%；高尔夫球及球具为 10%；高档手表为 20%；游艇为 10%；木制一次性筷子为 5%；实木地板为 5%；中轻型商用客车为 5%。

“同类消费品的销售价格”是指纳税人当月销售的同类消费品的销售价格。

如果当月同类消费品各期的销售价格不同，应按销售数量加权平均计算。但销售价格明显偏低又无正当理由或无销售价格的，不得列入加权平均计算。如果当月无销售或者当月未完结，应按照同类消费品上月或最近月份的销售价格计算纳税。

自产自用应税消费品应纳消费税税额的计算公式如下：

应纳消费税税额＝纳税人生产同类消费品销售额×消费税税率

或　　＝销售数量×单位消费税额

或　　＝组成计税价格×消费税税率

纳税人用于换取生产资料和消费资料、投资入股和抵偿债务等方面的应税消费品，应以纳税人同类应税消费品的最高售价作为计税依据。如果自产自用应税消费品是复合计税，则“组成计税价格”应在原计算公式的基础上，加“视同销售数量×单位税额”。

【例3－3】某汽车制造厂将自产乘用车(汽缸容量2.0升)一辆，转作自用(固定资产)，该种汽车对外销售价格180 000元。计算应纳消费税税额如下：

应纳消费税税额＝180 000×5%＝9 000(元)。

如果该自用车没有同类消费品的销售价格，其生产成本为150 000元，则应交税额计算如下：

消费税组成计税价格＝150 000×(1＋8%)÷(1－5%)＝170 526(元)；

应交消费税税额＝170 526×5%＝8 526(元)；

增值税组成计税价格＝150 000×(1＋8%)＋8 526＝170 526(元)；

应交增值税税额＝170 526×17%＝28 989(元)。

(三)委托加工应税消费品应纳税额的计算

委托加工应税消费品是指由委托方提供原料或主要材料，受托方只收取加工费和代垫部分辅助材料进行加工的应税消费品。

如确属税法规定的委托加工行为，受托方必须严格履行代收代缴义务，正确计算和按时代缴税款(若受托方为个体经营者，一律于委托方收回后，在委托方所在地缴纳消费税)。在与委托方办理交货结算时，代收代缴消费税。

委托加工应税消费品，按照受托方的同类消费品的销售价格计算纳税。否则，按照组成计税价格计税。组成计税价格的计算公式如下：

组成计税价格 =（材料成本 + 加工费）/（1 – 消费税税率）

"同类消费品的销售价格"是指受托方（代扣代缴义务人）当月销售的同类消费品的销售价格。如果当月同类消费品各期的销售价格高低不同，应按销售数量加权平均计算。但当销售价格明显偏低又无正当理由或无销售价格的，不能列入加权平均计算。如果当月无销售或当月未完结，应按照同类消费品上月或最近月份的销售价格计算纳税。

组成计税价格中的"材料成本"，是指委托方所提供加工的材料实际成本。凡未提供材料成本或所在地主管税务机关认为不合理，税务机关有权重新核定材料成本。"加工费"是受托方加工应税消费品向委托方收取的全部费用（包括代垫的辅助材料实际成本）。

委托加工的卷烟，按照受托方同牌号规格卷烟的销售（计税）价格确定征税类别和适用税率，没有同牌号规格卷烟销售（计税）价格的，按照组成计税价格依 50% 的税率计算纳税。组成计税价格的计算公式如下：

组成计税价格 =（材料成本 + 加工费）/（1 –50%）

委托加工产品应纳税额的计算公式如下：

应纳消费税税额 = 按受托方同类消费品的销售价格计算的销售额 × 消费税税率

或 = 销售额 × 单位消费税税额

或 = 组成计税价格 × 消费税税率

【例 3 –4】 A 企业受托加工一批应税消费品，委托方提供的材料成本 9 500 元，双方协商加工费为 1 200 元，消费税税率为 10%，计算 A 企业应代收代缴的消费税税额。

组成计税价格 =（9 500 +1 200）÷（1 –10%）=11 888. 89（元）；

应纳消费税税额 =11 889 ×10% =1 189（元）。

委托方在向 A 企业付款时，除了按合同规定支付 1 200 元加工费外，还应向其支付 1 189 元的消费税税额。

（四）外购和委托加工收回的应税消费品连续生产应税消费品应纳税额的计算

(1)外购或委托加工收回下列应税消费品，用于连续生产应税消费品的，对外购应税消费品已缴纳的消费税税款或者委托加工的应税消费品(原料)，由受托方代收代缴的消费税税款，准予从应纳消费税税额中抵扣：

①以外购或委托加工收回的已税烟丝为原料生产的卷烟。

②以外购或委托加工收回的已税化妆品为原料生产的化妆品。

③以外购或委托加工收回已税珠宝玉石为原料生产的贵重首饰及珠宝玉石。

④以外购或委托加工收回已税鞭炮、焰火为原料生产的鞭炮、焰火。

⑤以外购或委托加工收回已税汽车轮胎生产的汽车轮胎。

⑥以外购或委托加工收回已税摩托车生产的摩托车。

⑦以外购或委托加工收回的已税杆头、杆身和握把为原料生产的高尔夫球杆。

⑧以外购或委托加工收回的已税木制一次性筷子为原料生产的木制一次性筷子。

⑨以外购或委托加工收回的已税实木地板为原料生产的实木地板。

⑩以外购或委托加工收回的已税石脑油为原料生产的应税消费品。

⑪以外购或委托加工收回的已税润滑油为原料生产的润滑油。

当期准予扣除外购或委托加工的应税消费品的已纳消费税税款，应按当期生产领用数量计算。

(2)外购、委托加工和进口的应税消费品，用于连续生产应税消费品的，准予从消费税应纳税额中扣除原料已纳消费税税款，按照不同行为分别规定如下。

①外购应税消费品(从价定率)连续生产应税消费品，其计算公式如下：

当期准予扣除外购应税消费品已纳税款 = 当期准予扣除外购应税消费品买价 × 外购应税消费品适用税率

当期准予扣除外购应税消费品买价 = 期初库存外购应税消费品买价 + 当期购进的外购应税消费品买价 − 期末库存的外购应税消费品买价

②外购应税消费品（从量定额）连续生产应税消费品，其计算公式如下：

当期准予扣除外购应税消费品已纳税款＝当期准予扣除外购应税消费品数量×外购应税消费品单位税额

当期准予扣除外购应税消费品数量＝期初库存外购应税消费品数量＋当期购进的外购应税消费品数量－期末库存的外购应税消费品数量

③委托加工收回应税消费品连续生产应税消费品，其计算公式如下：

当期准予扣除的委托加工应税消费品已纳税款＝期初库存的委托加工应税消费品已纳税款＋当期收回的委托加工应税消费品已纳税款－期末库存的委托加工应税消费品已纳税款

④进口应税消费品连续生产的应税消费品，其计算公式如下：

当期准予扣除的进口应税消费品已纳税款＝期初库存的进口应税消费品已纳税款＋当期进口应税消费品已纳税款－期末库存的进口应税消费品已纳税款

【例3－5】某日化厂9月份委托甲厂加工化妆品A，收回时被代扣消费税4 000元，委托乙厂加工化妆品B，收回时被代扣消费税5 000元。该厂将两者继续加工生产化妆品M出售，当月销售额440 000元。该厂期初库存的委托加工应税消费品已纳税款2 700元，期末库存的委托加工应税消费品已纳税款3 300元。根据上述公式计算如下：

当月准予扣除的委托加工应税消费品已纳税款＝2 700＋4 000＋5 000－3 300＝8 400（元）；

本月应纳消费税款＝440 000×8%－8 400＝26 800（元）。

【例3－6】某卷烟厂8月份外购烟丝价款100 000元，月初库存外购已税烟丝75 000元，月末库存外购已税烟丝36 000元；当月以外购烟丝生产卷烟的销售量为28个标准箱，每标准条调拨价格40元，共计280 000元。有关的计算公式如下：

当月准予扣除的外购应税消费品买价＝75 000＋100 000－36 000＝139 000（元）；

当月准予扣除的外购应税消费品已纳税款 = 139 000 × 30% = 41 700（元）；

当月应纳消费税税额 = 28 × 150 + 280 000 × 30% − 41 700 = 88 200 − 41 700 = 46 500（元）。

（五）进口应税消费品应纳税额的计算

进口的应税消费品于报关进口时缴纳消费税，并由海关代征。

进口应税消费品有关的计算公式如下：

应纳消费税税额 = 组成计税价格 × 消费税税率

组成计税价格 =（关税完税价格 + 关税）/（1 − 消费税税率）

实行从量定额计税的应税消费品，应纳税额的计算公式如下：

应纳消费税税额 = 应税消费品数量 × 消费品单位税额

进口环节消费税，除国务院另有规定者外，一律不得给予减税、免税。

【例 3-7】某公司进口成套化妆品一批。该成套化妆品中，CIF 价格为 400 000 元，设关税税率 40%，消费税税率 30%。有关的计算公式如下：

消费税组成计税价格 =（400 000 + 400 000 × 40%）/（1 − 30%）= 800 000（元）；

应纳消费税税额 = 800 000 × 30% = 240 000（元）；

增值税组成计税价格 = 400 000 + 400 000 × 40% + 240 000 = 800 000（元）；

应纳增值税税额 = 800 000 × 17% = 136 000（元）。

四、纳税申报

纳税人无论当期有无销售，均应在次月 1 日起至 10 日内填制“消费税纳税申报表”，并向主管税务机关进行纳税申报。纳税申报表一式两联：第一联为申报联，第二联为收执联。

第三节　消费税的会计处理

一、会计账户的设置

纳税人应在“应交税费”账户下设置“应交消费税”明细账户进行会计处理。该明细账户采用三栏式账户记账，贷方核算企业按规定应缴纳的消费税，借方核算企业实际缴纳的消费税或待扣的消费税；期末贷方余额表示尚未缴纳的消费税，借方余额表示企业多交的消费税。企业应交消费税应记入损益类账户“营业税金及附加”。

二、销售应税消费品的会计处理

因消费税是价内税，企业销售应税消费品的售价包含消费税（但不包含增值税），所以，企业缴纳的消费税应记入“营业税金及附加”，由销售收入补偿。作会计分录如下。

（1）销售实现时：

借：营业税金及附加

　　贷：应交税费——应交消费税

（2）实际缴纳消费税时：

借：应交税费——应交消费税

　　贷：银行存款

发生销货退回及退税时，作相反的会计分录。

企业出口应税消费品，如按规定不予免税或退税的，应视同国内销售，按上述规定进行会计处理。其销售的会计处理与前述增值税的会计处理密切相关，也受销售方式、结算方式的影响，是在进行增值税会计处理的基础上，进行消费税的会计处理。

【例3－8】某企业9月份销售乘用车15辆，汽缸容量为2.2升，出厂价150 000元/辆，价外收取有关费用11 000元/辆。有关的计算公式如下：

应纳消费税税额＝(150 000＋11 000)×9%×15＝217 350(元)；

应纳增值税税额＝(150 000＋11 000)×17%×15＝410 550(元)。

根据上述有关凭证和数据，作会计分录如下：

借：银行存款	2 825 550	
贷：主营业务收入		2 415 000
应交税费——应交增值税(销项税额)		410 550
借：营业税金及附加	217 350	
贷：应交税费——应交消费税		217 350

上缴税金时，作会计分录如下：

借：应交税费——应交增值税(已交税金)	410 550	
——应交消费税	217 350	
贷：银行存款		627 900

三、应税消费品视同销售的会计处理

(一)企业以生产的应税消费品作为投资的会计处理

企业以生产的应税消费品作为投资，应视同销售缴纳消费税；但在会计处理上，投资不宜作销售处理。因为投资与销售两者性质不同，投资作价与用于投资的应税消费品账面成本之间的差额应由整个投资期间的损益来承担，而不应仅由投资当期损益承担。但现行税法要求作销售处理，主要是基于不影响所得税的计算。

企业在投资时，借记“长期股权投资”“存货跌价准备”等账户，按该应税消费品的账面成本，贷记“库存商品”“自制半成品”“银行存款”等账户，按合同作价与账面成本的差额，借记或贷记“资本公积”账户，但税法规定，其金额要计入同期应税所得额。按投资应税消费品售价或组成计税价格计算的应交消费税，贷记“应交税费——应交消费税”账户。

【例3-9】某企业7月份以20辆乘用车(2.0升)向市出租汽车公司投资。双方协议，税务机关认可的每辆汽车售价为150 000元，每辆车的实际成本为120 000元。有关的计算公式如下：

应交增值税税额 = 150 000 × 17% × 20 = 510 000(元)；

应交消费税税额 = 150 000 × 5% × 20 = 150 000(元)。

根据上述有关凭证和数据，作会计分录如下：

借：长期股权投资　2 400 000

　贷：库存商品　2 400 000

借：长期股权投资　660 000

　贷：应交税费——应交增值税　510 000

　　　　　——应交消费税　150 000

(二)企业以生产的应税消费品换取生产资料、消费资料或抵偿债务的会计处理

企业以生产的应税消费品换取生产资料、消费资料或抵偿债务、支付代购手续费等，应视同销售行为，在会计上作销售处理。

以应税消费品换取生产资料和消费资料的，应按售价(若有不同售价，计算增值税时按加权平均售价，计算消费税时，应按最高售价)借记"材料采购"等账户，贷记"主营业务收入"账户；以应税消费品抵偿债务，按售价借记"应付账款"等账户，贷记"主营业务收入"账户；以应税消费品支付代购手续费，按售价借记"应付账款""材料采购"等账户，贷记"主营业务收入"账户。同时，按售价计算应交消费税，借记"营业税金及附加"账户，贷记"应交税费——应交消费税"账户，并结转销售成本。

【例3-10】某白酒厂1月份用粮食白酒10吨，抵偿胜利农场大米款50 000元。该粮食白酒每吨本月售价在4 800～5 200元之间浮动，平均销售价格5 000元/吨。计算应交消费税税额并作会计处理。

(1)以物抵债属销售货物的范畴。计算应纳增值税的销项税额如下：

5 000 × 10 × 17% = 8 500(元)。

(2)纳税人用于换取生产资料和消费资料、投资入股和抵偿债务等方面的应税消费品，应当以纳税人同类应税消费品的最高销售价格作为计税依据计算消费税。该粮食白酒的最高销售价格为5 200元/吨。计算应纳消费税税额并作会计分录如下：

应交消费税税额 = 10 × 1 000 × 1 + 5 200 × 10 × 20% = 20 400(元)。

借：应付账款——胜利农场　　50 000
　　贷：主营业务收入　　41 500
　　　　应交税费——应交增值税(销项税额)　　8 500
借：营业税金及附加　　20 400
　　贷：应交税费——应交消费税　　20 400
借：应交税费——应交消费税　　20 400
　　贷：银行存款　　20 400

(三)企业以自产应税消费品用于在建工程、职工福利的会计处理

企业将自产的产品自用是一种内部结转关系，不存在销售行为，企业并没有因此而增加现金流量，因此，应按产品成本转账，并据其用途记入相应账户。但也有一种意见是：将其视为销售进行会计处理，这样会使企业凭空增加一部分利润，于企业不利。本书按前一种意见，当企业将应税消费品移送自用时，按其成本结转。即：借记"在建工程""营业外支出""销售费用"等账户，贷记"库存商品""自制半成品"等账户。

按自用产品的销售价格或组成计税价格计算应交消费税时，则借记"在建工程""营业外支出""销售费用"等账户(不通过"营业税金及附加"账户)，贷记"应交税费——应交消费税"账户。

【例3-11】某啤酒厂将自己生产的啤酒20吨发给职工作为福利，10吨用于广告宣传，让客户及顾客免费品尝。该啤酒每吨成本2 000元，出厂价格2 600元/吨。计算应交增值税、消费税税额并作会计分录。

应交消费税税额 = 30 × 220 = 6 600(元)；

应交增值税税额 = 2 600 × 30 × 17% = 13 260(元)。

(1)结转税金及成本时：

借：应付职工薪酬——福利费　53 240

　　销售费用　26 620

　　贷：应交税费——应交消费税　6 600

　　　　　　　——应交增值税(销项税额)　13 260

　　　　库存商品　60 000

(2)实际缴纳消费税时：

借：应交税费——应交消费税　6 600

　　贷：银行存款　6 600

四、应税消费品包装物应交消费税的会计处理

实行从价定率计征消费税的消费品连同包装物销售的，无论包装物是否单独计价，均应并入应税消费品的销售额中缴纳消费税。对出租、出借包装物收取的押金和包装物已作价随同应税消费品销售，又另外加收的押金，因逾期未收回包装物而没收的部分，也应并入应税消费品的销售额中缴纳消费税。

(一)随同产品销售而不单独计价

因为其收入已包括在产品销售收入中，其应纳消费税与产品销售一并进行会计处理。

(二)随同产品销售而单独计价

因为其收入记入“其他业务收入”账户，其应纳消费税则应记入“其他业务成本”账户。

【例3-12】某酒厂异地销售粮食白酒，包装物单独计价，收取包装费700元(不含税)。计算应纳增值税和消费税税额并作会计分录。

包装物应交的消费税税额 $=700\times20\%=140$(元)；

包装物应交的增值税税额 $=700\times17\%=119$(元)。

借：应收账款　819

贷：其他业务收入　　700

　　应交税费——应交增值税(销项税额)　　119

借：其他业务成本　　140

　　贷：应交税费——应交消费税　　140

(三)出租、出借包装物逾期未收回而没收的押金

没收的押金应借记“其他应付款”账户，因没收的押金而应交的税金，贷记“应交税费”账户，其差额贷记“营业外收入”账户。

【例3-13】某企业销售化妆品，出借包装物收取押金1 500元，包装物逾期未还，没收押金。计算应纳增值税和消费税税额并作会计分录。

应纳增值税税额 = 1 500 ÷ (1 + 17%) × 17% = 217.95(元)；

应纳消费税税额 = 1 500 ÷ (1 + 17%) × 30% = 384.62(元)。

借：其他应付款　　1 500.00

　　贷：营业外收入　　897.43

　　　　应交税费——应交增值税　　217.95

　　　　　　　　——应交消费税　　384.62

(四)包装物已作价随同产品销售，另外又加收押金，逾期未收回而没收的押金

为促使购货方将包装物退回，即使包装物已作价销售，还可以另外加收押金。若包装物逾期未收回，没收的押金应缴纳消费税，该项消费税可直接冲抵“其他应付款”账户，冲抵后的余额再转入“营业外收入”账户。

【例3-14】某企业销售木制一次性筷子一批，包装物不单独计价，在销售价款之外，另加收押金800元，包装物逾期未收回。计算应纳消费税税额并作会计分录。

应交增值税税额 = 800 ÷ (1 + 17%) × 17% = 116.24(元)；

应交消费税税额 = 800 ÷ (1 + 17%) × 5% = 34.19(元)。

借：其他应付款　　150.43
　　贷：应交税费——应交消费税　　34.19
　　　　　　　　——应交增值税　　116.24
借：其他应付款　　649.57
　　贷：营业外收入　　649.57

五、委托加工应税消费品的会计处理

（一）委托方的会计处理

1. 收回后直接用于销售的

委托加工的应税消费品收回后直接用于销售的，在销售时不再缴纳消费税。因此，委托方应将受托方代收代缴的消费税随同应支付的加工费一并计入委托加工的应税消费品成本。

委托方根据受托方代收代缴的消费税、向受托方支付的加工费等有关凭证，借记“委托加工物资”“生产成本”“自制半成品”等账户，贷记“应付账款”“银行存款”等账户。

【例3－15】某卷烟厂委托A厂加工烟丝，卷烟厂和A厂均为一般纳税人。卷烟厂提供烟叶55 000元，A厂收取加工费20 000元，增值税3 400元。某卷烟厂的会计处理如下。

(1)发出材料时：

借：委托加工物资　　55 000
　　贷：原材料　　55 000

(2)支付加工费时：

借：委托加工物资　　20 000
　　应交税费——应交增值税(进项税额)　　3 400
　　贷：银行存款　　23 400

(3)支付代扣代缴消费税时：

代扣代缴消费税税额＝(55 000＋20 000)÷(1－30%)×30%＝32 143(元)。

借：委托加工物资　　32 143

　　贷：银行存款　　32 143

(4)加工烟丝入库时：

借：库存商品　　107 143

　　贷：委托加工物资　　107 143

(5)产品销售时，不再缴纳消费税。

2. 收回后连续生产应税消费品的

收回后连续生产应税消费品时，已纳消费税款准予抵扣。因此，委托方应将受托方代扣代缴的消费税，借记"应交税费——应交消费税"账户，待最终应税消费品销售时，允许从应缴纳的消费税中抵扣。

(二)受托方的会计处理

受托方可按本企业同类消费品的销售价格计算代收代缴消费税；若没有同类消费品销售价格的，按照组成计税价格计算。

【例3－16】接【例3－15】上例，按组成计税价格计算，税率为30%，则：

组成计税价格＝(55 000＋20 000)÷(1－30%)＝107 143(元)；

应纳消费税税额＝107 143×30%＝32 143(元)。

A厂作会计分录如下。

(1)收取加工费时：

借：银行存款　　23 400

　　贷：主营业务收入　　20 000

　　　　应交税费——应交增值税(销项税额)　　3 400

(2)收取代扣代缴消费税时：

借：银行存款　　32 143

　　贷：应交税费——应代交消费税　　32 143

(3)上交代扣税金时：

借：应交税费——应代交消费税　　32 143

　　贷：银行存款　　32 143

贷：主营业务收入　　7 381 880.34

　　应交税费——应交增值税（销项税额）　　1 254 919.70

（2）计提金银首饰消费税（不计算附加税）时：

借：营业税金及附加　　255 931.62

　　贷：应交税费——应交消费税　　255 931.62

（3）随金银首饰销售包装物作为收入时：

借：银行存款　　314 500.00

　　贷：其他业务收入　　268 803.42

　　　　应交税费——应交增值税（销项税额）　　45 696.58

（4）计提包装物收入的消费税时：

借：其他业务成本　　13 440.17

　　贷：应交税费——应交消费税　　13 440.17

（二）受托代销

企业受托代销金银首饰时，消费税由受托方负担，即受托方是消费税的纳税义务人。

如果是以收取手续费的方式代销金银首饰，收取的手续费计入代购代销收入，根据销售价格计算的应交消费税，相应冲减代购代销收入，销售实现时，借记“代购代销收入”账户，贷记“应交税费——应交消费税”账户。

不采用收取手续费方式代销的，通常是由双方签订首饰的协议价，委托方按协议价收取代销货款，受托方实际销售的货款与协议价之间的差额归己所有。在这种情况下，受托方缴纳消费税的会计处理与自购自销相同。

第四章　营业税会计

第一节　营业税概述

一、营业税的征税范围

营业税条例规定，在中华人民共和国境内提供应税劳务、转让无形资产或销售不动产的行为，均为营业税的纳税范围。

提供应税劳务、转让无形资产或销售不动产的行为必须具有以下情况之一者，才能视为“境内”：所提供的应税劳务发生在境内、所销售的不动产在境内、所转让的无形资产在境内使用，否则就不属于营业税的纳税范围。但在我国境内载运旅客或货物出境、在境内组织游客出境旅游、境内保险机构提供的保险劳务（为出口货物提供的保险除外）、境外保险机构以在境内物品为标的提供的保险劳务，皆属于在我国境内提供的应税劳务。

提供应税劳务、转让无形资产或销售不动产，是有偿提供应税劳务、有偿转让无形资产或转让不动产所有权的行为。“有偿”包括取得货币、货物或其他经济利益。以从受让方（购买方）取得货币、货物或其他经济利益为条件提供劳务、转让无形资产或销售不动产所有权的行为，单位或个人自己建房后的销售行为，单位将不动产无偿赠与他人的行为，均视同提供应税劳务、销售不动产。

营业税征税范围的特殊规定如下。

（一）混合销售行为

一项销售行为如果既涉及应税劳务又涉及货物的，为混合销售行为。从事货物的生产、批发或零售的企业、企业性单位及个体经营者的混合销售行为视为销售货物，不征收营业税；其他单位和个人的混合销售行为视为提供应税劳务，应当征收营业税。如电视机厂在销售电视机时发生混合销售行为，应当征收增值税；歌厅在提供娱乐服务时发生混合销售行为，应当征收营业税。

以上所述的货物是指有形动产，包括电力、热力、气体在内。上述从事货物的生产、批发或零售的企业、企业性单位及个体经营者，包括以从事货物的生产、批发或零售为主，并兼营应税劳务的企业、企业性单位及个体经营者在内。

混合销售行为应当征收营业税的，营业额为应税劳务营业额与货物销售额的合计。

纳税人的下列混合销售行为，应当分别核算应税劳务的营业额和货物的销售额，其应税劳务的营业额缴纳营业税，货物销售额不缴纳营业税；未分别核算的，由主管税务机关核定其应税劳务的营业额：

(1)提供建筑业劳务的同时销售自产货物的行为；

(2)财政部、国家税务总局规定的其他情形。

纳税人的销售行为是否属于混合销售行为，由国家税务总局所属征收机关确定。

(二)兼营行为

纳税人兼营应税劳务与货物或非应税劳务行为的，应分别核算应税劳务的营业额与货物或非应税劳务的销售额。不分别核算或者不能准确核算的，其应税劳务与货物或非应税劳务一并征收增值税，不征收营业税。

纳税人兼营的应税劳务是否应当一并征收增值税，由国家税务总局所属征收机关确定。

纳税人兼有不同税目的应税劳务、转让无形资产或者销售不动产，应当分别核算不同税目的营业额、转让额、销售额(统称营业额)；未分别核算营业额的，从高适用税率。

纳税人兼营免税、减税项目的，应当单独核算免税、减税项目的营业额；未单独核算营业额的，不得免税、减税。

(三)混合销售行为与兼营行为的区分

纳税人发生的混合销售行为与兼营行为既有相同点，又有不同之处。它们的相同之处是：纳税人在生产经营活动中都涉及了营业税应税劳务和增值税货物销售两类业务。不同之处是：混合销售行为是在同一项(次)销售业务中同时涉及营业税应税劳务和增值税货物销售，劳务价款和货物销售款同时从同一个客户收取，这两种款项在财务上难以分别核算。如某商店销售一台电视机，售价5 500元，同时提供送货服务收取送货费50元，则该商店的经营活动属于混合销售行为。兼营行为是纳税人兼有营业税应税劳务和增值税货物销售两类业务，并且这种经营活动并不发生在同一项(次)业务中，收取的两种款项在财务上分别核算。如某酒店主要经营餐饮和住宿业务，又在店内大堂开设了独立核算的商品部，则该酒店的经营活动属于兼营行为。

(四)视同发生应税行为

纳税人有下列情形之一的，视同发生应税行为：

(1)单位或者个人将不动产或者土地使用权无偿赠送给其他单位或者个人；

(2)单位或者个人自己新建建筑物后销售，其所发生的自建行为；

(3)财政部、国家税务总局规定的其他情形。

(五)特殊业务的征税规定

(1)水利工程单位向用户收取的水利工程水费，属于其向用户提供天然水供应服务取得的收入，应按“服务业”税目征收营业税，不征收增值税。

(2)邮政部门、集邮公司销售集邮商品，一律征收营业税；集邮商品的生产、调拨以及邮政部门以外的其他单位和个人销售集邮商品，征收增值税。集邮是指收集和保存各种邮票以及与邮政相联系的其他邮品的活动。

集邮商品是指邮票、小型张、小本票、明信片、首日封、邮折、集邮簿、邮盘、邮票目录、护邮袋、贴片等。

(3)邮政部门发行报刊，征收营业税；其他单位和个人发行报刊，征收增值税。报刊发行是指邮政部门代出版单位收订、投递和销售各种报纸、杂志的业务。

(4)电信单位自己销售电信物品，并为客户提供有关的电信劳务服务的，征收营业税；对单纯销售无线寻呼机、移动电话，而不提供有关的电信劳务服务的，征收增值税。电信物品是指电信业务专用或通用的物品，如无线寻呼机、移动电话、电话机及其他电信器材等。

(5)纳税人销售林木以及销售林木的同时提供林木管护劳务的行为，属于增值税征收范围，应征收增值税。纳税人单独提供林木管护劳务行为属于营业税征收范围，其取得的收入中，属于提供农业机耕、排灌、病虫害防治、植保劳务取得的收入，免征营业税；属于其他收入的，应照章征收营业税。

(6)随汽车销售提供的汽车按揭服务和代办服务业务征收增值税。纳税人单独提供按揭、代办服务业务，不销售汽车的，应征收营业税。

(7)自 2004 年 7 月 1 日起，对商业企业向供货方收取的与商品销售量、销售额无必然联系，且商业企业向供货方提供一定劳务的收入，例如，进场费、广告促销费、上架费、展示费、管理费等，不属于平销返利，不冲减当期增值税进项税额，应按营业税的适用税目税率征收营业税。商业企业向供货方收取的各种收入，一律不得开具增值税专用发票。

二、营业税的纳税人

营业税的纳税义务人是指在中华人民共和国境内提供应税劳务、转让无形资产或销售不动产的单位和个人。

单位是指国有企业、集体企业、私有企业、股份制企业、其他企业和行政单位、事业单位、军事单位、社会团体及其他单位，还包括在我国境内的外商投资企业和外国企业；个人是指个体工商户和其他个人。

营业税纳税人的特殊规定：

(1)铁路运输的纳税人：①中央铁路运营业务的纳税人为中国铁路总公司；②合资铁路运营业务的纳税人为合资铁路公司；③地方铁路运营业务的纳税人为地方铁路管理机构；④基建临管线铁路运营业务的纳税人为基建临管线管理机构。

(2)单位以承包、承租、挂靠方式经营的，承包人、承租人、挂靠人发生应税行为，承包人以发包人、出租人、被挂靠人名义对外经营并由发包人承担相关法律责任的，以发包人为纳税人；否则以承包人为纳税人。

(3)在中国境内承包工程作业和提供应税劳务的非居民也是营业税的纳税人。

非居民，包括非居民企业和非居民个人。非居民企业是指依照外国（地区）法律成立且实际管理机构不在中国境内，但在中国境内设立机构、场所的，或者在中国境内未设立机构、场所，但有来源于中国境内所得的企业。非居民个人是指在中国境内无住所又不居住或者无住所而在境内居住不满一年的个人。

（4）负有营业税纳税义务的单位为发生应税行为并收取货币、货物或者其他经济利益的单位，但不包括单位依法不需要办理税务登记的内设机构。

三、营业税的扣缴义务人

（1）境外的单位或者个人在境内提供应税劳务、转让无形资产或者销售不动产，在境内未设有经营机构的，以其境内代理人为扣缴义务人；在境内没有代理人的，以受让方或者购买方为扣缴义务人。

（2）非居民在中国境内发生营业税应税行为而在境内未设立经营机构的，以代理人为营业税的扣缴义务人；没有代理人的，以发包方、劳务受让方为扣缴义务人。工程作业发包方、劳务受让方，在项目合同签订之日起 30 日内，未能向其所在地主管税务机关提供相关证明资料的，应履行营业税扣缴义务。

（3）国务院财政、税务主管部门规定的其他扣缴义务人。

四、营业税的税目、税率

营业税按照不同的经营业务分行业划分纳税项目。营业税共设置 9 个纳税项目，即交通运输业、建筑业、金融保险业、邮电通信业、文化体育业、娱乐业、服务业、转让无形资产、销售不动产。

（一）交通运输业

交通运输业，是指使用运输工具或者人力、畜力将货物或旅客送达目的地，使其空间位置得到转移的业务活动，具体分类如图 4－1 所示。

交通运输业的分类

- 陆路运输，是指通过陆路（地上或地下）运送货物或旅客的运输业务，包括铁路运输、公路运输、缆车运输、索道运输及其他陆路运输
- 水路运输，是指通过江、河、湖、川等天然、人工水道或海洋航道运送货物或旅客的运输业务。尽管打捞不是运输业务，但与水路运输有着密切的关系，所以，打捞也可以比照水路运输的办法征税
- 航空运输，是指通过空中航线运送货物或旅客的运输业务。与航空直接有关的通用航空业务、航空地面服务业务也按照航空运输业务征税
- 管道运输，是指通过管道设施输送气体、液体、固体物资的运输业务
- 装卸搬运，是指使用装卸搬运工具或人力、畜力将货物在运输工具之间、装卸现场之间或运输工具与装卸现场之间进行装卸和搬运的业务

图 4－1 交通运输业的分类

(二) 建筑业

建筑业是指建筑安装工程作业等，包括建筑工程、安装工程、修缮工程、装饰工程和其他工程作业等内容，具体介绍如图 4－2 所示。

建筑业主要内容

- 建筑工程是指新建、改建、扩建各种建筑物、构筑物的工程作业，包括与建筑物相连的各种设备或支柱、操作平台的安装或装设的工程作业，以及各种窑炉和金属结构工程作业在内。但自建自用建筑物，其自建行为不是建筑业的征税范围。出租或投资入股的自建建筑物，也不是建筑业的征税范围
- 安装工程是指生产设备、动力设备、起重设备、运输设备、传动设备、医疗实验设备及其他各种设备的装配、安置工程作业，包括与设备相连的工作台、梯子、栏杆的装设工程作业和被安装设备的绝缘、防腐、保温、油漆等工程作业
- 修缮工程是指对建筑物、构筑物进行修补、加固、养护、改善，使之恢复原来的使用价值或延长其使用期限的工程作业
- 装饰工程是指对建筑物、构筑物进行修饰，使之美观或具有特定用途的工程作业
- 其他工程作业是指除建筑、安装、修缮、装饰工程作业以外的各种工程作业，如代办电信工程、水利工程、道路修建、疏浚、钻井（打井）、拆除建筑物、平整土地、搭脚手架、爆破等工程作业
- 管道煤气集资费（初装费）业务应按“建筑业”税目征收营业税

图 4－2 建筑业主要内容

(三)金融保险业

金融保险业包括金融业和保险业。

1. 金融业

金融是指经营货币和信用融通的业务，包括贷款、融资租赁、金融商品转让、金融经纪业和其他金融业务。

(1)贷款是指以有偿使用和到期归还为前提，将资金借与他人使用的行为，包括一般贷款和转贷外汇。

一般贷款是指除转贷外汇以外的其他贷款，如自有资金贷款、信托贷款、典当、票据贴现等。转贷外汇是指将直接从境外借来的外汇资金借与境内单位或个人使用的行为，包括金融企业直接向境外借入外汇资金，然后再贷给国内企业或其他单位和个人使用，以及各银行总行向境外借入外汇资金后，通过下属分支机构贷给境内单位或个人使用两类。

(2)融资租赁是指具有融资性质和所有权转移特点的设备租赁业务。即出租人根据承租人所要求的规格、型号、性能等条件购入设备租赁给承租人，合同期内设备所有权属于出租人，承租人只拥有使用权，合同期满付清租金后，承租人有权按残值购入设备，以拥有设备的所有权。

(3)金融商品转让是指转让外汇、有价证券或非货物期货所有权的行为，包括股票转让、债券转让、外汇转让、其他金融商品转让等。

非金融机构和个人的金融商品转让不征收营业税。

(4)金融经纪业务是指受托代他人经营金融活动的业务，包括委托业务、代理业务、咨询业务等。

(5)其他金融业务是指上述业务以外的各项金融业务，如银行结算、买入返售证券等。

存款或购入金融商品行为，以及金银买卖业务，不征收营业税。

外国银行分行改制过程中发生的向其改制后的外商独资银行(或其分行)转让企业产权和股权的行为，不征收营业税。

人民银行对金融机构的贷款业务，不征收营业税。人民银行对企业贷款或委托金融机构贷款的业务应当征收营业税。

金融机构往来是指金融企业联行、金融企业与人民银行及同业之间的资金往来业务取得的利息收入，不包括相互之间提供的服务。金融机构往来业务暂不征收营业税。

对金融机构的出纳长款收入，不征收营业税。

2. 保险业

保险是指将通过契约形式集中起来的资金，用以补偿被保险人的经济利益的业务，它包括各种保险业务。

保险企业取得的追偿款不征收营业税。所谓追偿款是指发生保险事故后，保险公司按照保险合同的约定向被保险人支付赔款，并从被保险人处取得对保险标的价款进行追偿的权利而追回的价款。

保险公司的摊回分保费用不征收营业税。

（四）邮电通信业

邮电通信业，是指专门办理信息传递的业务活动的总称，包括邮政、电信及与邮政、电信相关的业务。单位和个人从事快递业务按此税目征收营业税。

（1）邮政业务，包括经营各种信函、包裹、汇兑、邮票发行、集邮和邮件运输、报刊发行等邮政业务活动。

（2）电信业务，包括经营电话、电报、移动通信、无线寻呼、数据传输、图文传真、卫星通信等电信业务和电信传输活动（如服务、微波总站系统单位等）。

电信单位（指电信企业和经电信行政管理部门批准以后从事电信业务的单位）提供的电信业务（包括基础电信业务和增值电信业务）按“邮电通信业”税目征收营业税。

（3）其他邮政电信业务。

①销售邮务物品是指邮政部门在提供劳务的同时附带销售与邮政业务相关的各种物品（如信封、信纸、汇款单、邮件包装用品等）的业务。

②电话安装是指为用户安装或移动电话机的业务。

③销售电信物品是指在提供电信业务的同时附带销售专用和通用的电信物品（如电报纸、电话号码簿、电报签收簿、电信器材、电话机等）的业务。

④其他邮政电信业务是指上述业务以外的各项邮政电信业务。

（五）文化体育业

文化体育业，是指经营文化、体育活动的业务，包括文化业和体育业。

（1）文化业是指从事文化活动的业务，包括表演、播映、其他文化业等。

①表演是指进行戏剧、歌舞、时装、健美、杂技、民间艺术、武术、体育等表演活动的业务。

②播映是指通过电台、电视台、音响系统、闭路电视、卫星通信等无线或有线装置传播作品以及在电影院、影剧院、录像厅及其他场所放映各种节目的业务。

有线电视台收取的“初装费”，属于“建筑业”税目的征税范围；广告的播映属于“服务业——广告业”税目的征税范围。

广播电视有线数字付费频道业务按“文化体育业——播映”税目征收营业税。

③其他文化业。是指从事上述活动以外的文化活动的业务，如各种展览、培训活动，文学、艺术、科技讲座及演讲、报告会，图书、杂志、报纸及其他资料的借阅业务等。

④经营游览场所的业务。是指公园、动(植)物园及其他各种游览场所销售门票的业务。出租文化场所属于“服务业——租赁业”税目的征税范围。

(2)体育业是指举办各种体育比赛和为体育比赛或体育活动提供场所的业务。

以租赁方式为体育比赛提供场所的业务，属于“服务业——租赁业”税目的征税范围。

(六)娱乐业

娱乐业是指为娱乐活动提供场所和服务的业务，包括经营歌厅、舞厅、卡拉OK歌舞厅、音乐茶座、台球、高尔夫球、保龄球场、网吧、游艺场等娱乐场所，以及娱乐场所为顾客进行娱乐活动提供服务的业务。

(七)服务业

服务业是指利用设备、工具、场所、信息或技能为社会提供服务的业务，包括代理业、旅店业、饮食业、旅游业、仓储业、租赁业、广告业和其他服务业。

(1)代理业是指代委托人办理受托范围内的业务，包括代销货物、代办进出口、介绍服务、其他代理服务。

①代理报关业务应按照“服务业——代理业”税目征收营业税。

②金融经纪业不按本税目征税，属于“金融保险业”税目的征税范围。

③服务性单位将委托方预付的餐费转付给餐饮企业，并向委托方和餐饮企业收取服务费的属于餐饮中介服务，应按照“服务业——代理业”税目征收营业税。

④无船承运业务是指无船承运业务经营者以承运人身份接受托运人的货

载，签发自己的提单或其他运输单证，向托运人收取运费，通过国际船舶运输经营者完成国际海上货物运输，承担承运人责任的国际海上运输经营活动，应按照“服务业——代理业”税目征收营业税。

⑤单位和个人受托种植植物、饲养动物的行为，按“服务业——代理业”税目征收营业税。

(2)旅店业是指提供住宿服务的业务。

(3)饮食业是指经营饮食服务的业务。

(4)旅游业是指为旅游者安排食宿、交通工具和提供导游等旅游服务的业务。

单位和个人在旅游景区经营索道、旅游游船、观光电梯、观光电车、景区环保客运车取得的收入按“服务业——旅游业”税目征收营业税。

(5)仓储业是指利用仓库、货场或其他场所代客贮放、保管货物的业务。

(6)租赁业是指出租人将场地、房屋、物品、设备或设施等租给承租人使用的业务。

①单位和个人将承租的场地、物品、设备等转租给他人的行为属于租赁行为，按“服务业——租赁业”税目征收营业税。

②对远洋运输企业从事光租业务和航空运输企业从事干租业务取得的收入，应按“服务业——租赁业”税目征收营业税。

光租业务，是指远洋运输企业将船舶在约定的时间内出租给他人使用，不配备操作人员，不承担运输过程中发生的各种费用，只收取固定租赁费的业务。

干租业务，是指航空运输企业将飞机在约定的时间内出租给他人使用，不配备机组人员，不承担运输过程中发生的各种费用，只收取固定租赁费的业务。

③酒店产权式经营业主(以下简称业主)在约定的时间内提供房产使用权与酒店进行合作经营，如房产产权并未归属新的经济实体，业主按照约定取得的固定收入和分红收入均应视为租金收入，根据有关税收法律及行政法规的规定，应按照“服务业——租赁业”税目征收营业税。

④交通部门有偿转让高速公路收费权的行为属于营业税的征收范围，应按“服务业——租赁业”税目征收营业税。

(7)广告业是指利用图书、报纸、杂志、广播、电视、电影、幻灯、路牌、招贴、橱窗、霓虹灯、灯箱等形式为介绍商品、经营服务项目、文体节目或通告、声明等事项进行宣传和提供相关服务的业务。

广告代理业务按“服务业——广告业”税目征收营业税。

(8)其他服务业是指上述业务以外的服务业务。如沐浴、理发、洗染、照相、美术、裱画、誊写、打字、镌刻、计算、测试、试验、化验、录音、录像、复印、晒图、设计、制图、测绘、勘探、打包、咨询等。

航空勘探、钻井(打井)勘探、爆破勘探，不按本税目征税，属于“建筑业”税目的征税范围。

(八)转让无形资产

转让无形资产是指转让无形资产的所有权或使用权的行为，包括转让土地使用权、转让商标权、转让专利权、转让非专利技术、出租电影拷贝、转让著作权和转让商誉。

(1)转让土地使用权是指土地使用者转让土地使用权的行为。

①土地所有者出让土地使用权和土地使用者将土地使用权还给土地所有者的行为，不征收营业税。

②纳税人将土地使用权归还给土地所有者时，只要出具县级(含)以上地方人民政府收回土地使用权的正式文件，无论支付征地补偿费的资金来源是否为政府财政资金，均不征收营业税。

③土地使用者转让、抵押或置换土地，无论其是否取得了该土地的使用权属证书，无论其在转让、抵押或置换土地过程中是否与对方当事人办理了土地使用权属证书变更登记手续，只要土地使用者享有占有、使用、收益或处分该土地的权利，且有合同等证据表明其实质转让、抵押或置换了土地并取得了相应的经济利益，土地使用者及其对方当事人就应当依照税法规定缴纳营业税。

④土地整理储备供应中心(包括土地交易中心)转让土地使用权取得的收入按“无形资产——土地使用权”税目征收营业税。

⑤以无形资产投资入股，参与接受投资方的利润分配、共同承担投资风险的行为，不征收营业税。在投资后转让其股权的也不征收营业税。

⑥单位和个人转让在建项目时，不管是否办理立项人和土地使用人的更名手续，其实质是发生了转让不动产所有权或土地使用权的行为，对于转让在建项目的行为应按以下办法征收营业税：1)转让已完成土地前期开发或正在进行土地前期开发，但尚未进入施工阶段的在建项目，按“无形资产——土地使用权”税目征收营业税。2)转让已进入建筑物施工阶段的在建项目，按“销售不动产”税目征收营业税。在建项目是指立项建设但尚未完工的房地产项目或其他建设项目。

土地租赁，不按转让无形资产税目征税，属于“服务业——租赁业”税目的征税范围。

(2)转让商标权是指转让商标的所有权或使用权的行为。

(3)转让专利权是指转让专利技术的所有权或使用权的行为。

(4)转让非专利技术是指转让非专利技术的所有权或使用权的行为。

非专利技术是相对于专利技术而言，非专利技术的所有者不受国家法律的保护，靠自身保密来保护自己的利益。对提供无所有权技术的行为不按转让无形资产征税，而应视为一般性的技术服务。无所有权技术，是指一经转让，转让方就不再对受让方拥有任何支配权的技术，而不是指除了经注册的专利以外的所有非专利技术。如果一项技术在转让后，转让方仍能对该项技术拥有某些权限，就说明该项技术并不是无所有权的。

(5)转让著作权是指转让著作所有权或使用权的行为。

著作权是指作者依法对其创作的文学、艺术和科学作品享有的某些专有权。著作权属于作者。作者包括自然人和拥有所有权的法人。著作权包括人身权和财产权两部分。人身权部分不能转让，财产权部分可以转让给他人。

(6)转让商誉是指转让商誉的使用权的行为。

商誉是指企业或其他单位由于种种原因，如地理条件优越、知名度高、信誉好、管理水平高、技术先进等，而形成的无形价值。这种无形价值具体表现在一个单位的获利能力超过了一般的获利水平。

(九)销售不动产

销售不动产是指有偿转让不动产所有权的行为，包括销售建筑物或构筑物和销售其他土地附着物。在销售不动产时连同不动产所占土地的使用权一并转让的行为，比照销售不动产征收营业税。

(1)销售建筑物或构筑物是指有偿转让建筑物或构筑物的所有权的行为。以转让有限产权或永久使用权方式销售建筑物或构筑物，视同销售建筑物或构筑物。

(2)销售其他土地附着物是指有偿转让其他土地附着物的所有权的行为。其他土地附着物是指除建筑物、构筑物以外的其他附着于土地的不动产，如树木、庄稼、花草等。

以不动产投资入股，参与接受投资方利润分配、共同承担投资风险的行为，不征收营业税。在投资后转让股权的，也不征收营业税。

转让企业产权是整体转让企业资产、债权、债务及劳动力的行为，其转让价格不仅仅是由资产价值决定的，与企业销售不动产、转让无形资产的行为完全不同。因此，转让企业产权的行为不应征收营业税。

营业税按照行业、类别的不同分别采用不同的比例税率，具体规定为：

(1)交通运输业、建筑业、邮电通信业、文化体育业，税率为3%。

(2)金融保险业、服务业、销售不动产、转让无形资产，税率为5%。

(3)娱乐业执行5%~20%的幅度税率，具体适用的税率，由各省、自治区、直辖市人民政府根据当地的实际情况在税法规定的幅度内决定。

五、营业税纳税义务的确认

营业税纳税义务的发生的时间为纳税人提供应税劳务、转让无形资产或者销售不动产并收讫营业收入款项或者取得索取营业收入款项凭据的当天。取得索取营业收入款项凭据的当天，为书面合同确定的付款日期的当天；未签订书面合同或者书面合同未确定付款日期的，为应税行为完成的当天。收讫营业收入款项，是指纳税人应税行为发生过程中或者完成后收取的款项。国务院财政、税务主管部门另有规定的，从其规定。

纳税义务发生时间的特殊规定：

(1)纳税人转让土地使用权或者销售不动产，采取预收款方式的，其纳税义务发生时间为收到预收款的当天。

(2)纳税人提供建筑业或者租赁业劳务，采取预收款方式的，其纳税义务发生时间为收到预收款的当天。

(3)纳税人将不动产或者土地使用权无偿赠送其他单位或者个人的，其纳税义务发生时间为不动产所有权、土地使用权转移的当天。

(4)纳税人自己新建建筑物后销售的，其纳税义务发生时间为销售自建建筑物的纳税义务发生时间。

(5)营业税扣缴义务发生时间为扣缴义务人代纳税人收讫营业收入款项或者取得索取营业收入款项凭据的当天。

六、营业税纳税期限与纳税地点

(一)营业税纳税期限

(1)营业税的纳税期限分别为 5 日、10 日、15 日、1 个月或者 1 个季度。纳税人的具体纳税期限，由主管税务机关根据纳税人应纳税额的大小分别核定；不能按照固定期限纳税的，可以按次纳税。纳税人以 1 个月或者 1 个季度为 1 个纳税期的，自期满之日起 15 日内申报纳税；以 5 日、10 日或者 15 日为 1 个纳税期的，自期满之日起 5 日内预缴税款，于次月 1 日起 15 日内申报纳税并结清上月应纳税款。

(2)银行、财务公司、信托投资公司、信用社、外国企业常驻代表机构的纳税期限为 1 个季度。

(3)保险公司的纳税期限为 1 个月，其他纳税人的纳税期限由主管税务机关核定。

(4)扣缴义务人解缴税款的期限，依照营业税纳税期限的规定执行。

(二)纳税地点的一般规定

(1)纳税人提供应税劳务应当向其机构所在地或者居住地的主管税务机关申报纳税。但是，纳税人提供的建筑业劳务以及国务院财政、税务主管部门规定的其他应税劳务，应当向应税劳务发生地的主管税务机关申报纳税。

(2)纳税人转让无形资产应当向其机构所在地或者居住地的主管税务机关申报纳税。但是，纳税人转让、出租土地使用权，应当向土地所在地的主管税务机关申报纳税。

(3)纳税人销售、出租不动产应当向不动产所在地的主管税务机关申报纳税。

(4)扣缴义务人应当向其机构所在地或者居住地的主管税务机关申报缴纳其扣缴的税款。

(5)纳税人应当向应税劳务发生地、土地或者不动产所在地的主管税务机关申报纳税而自应当申报纳税之月起超过6个月没有申报纳税的，由其机构所在地或者居住地的主管税务机关补征税款。

(6)纳税人在本省、自治区、直辖市范围内发生应税行为，其纳税地点需要调整的，由省、自治区、直辖市人民政府所属税务机关确定。

七、营业税的减免

(一)免征营业税项目

根据《营业税暂行条例》的规定，下列项目免征营业税：

(1)托儿所、幼儿园、养老院、残疾人福利机构提供的育养服务，婚姻介绍、殡葬服务。

(2)残疾人员个人提供的劳务。这里所称的残疾人员个人提供的劳务，是指残疾人员本人为社会提供的劳务。

(3)医院、诊所和其他医疗机构提供的医疗服务。

(4)学校和其他教育机构提供的教育劳务，学生勤工俭学提供的劳务。这里所称的学校和其他教育机构，是指普通学校以及经地、市级以上人民政府或者同级政府的教育行政部门批准成立、国家承认其学员学历的各类学校。

(5)农业机耕、排灌、病虫害防治、植物保护、农牧保险以及相关技术培训业务，家禽、牲畜、水生动物的配种和疾病防治。这里所称的农业机耕，是指在农业、林业、牧业中使用农业机械进行耕作(包括耕耘、种植、收割、脱粒、植物保护等)的业务；排灌，是指对农田进行灌溉或排涝的业务；病虫害防治，是指从事农业、林业、牧业、渔业的病虫害测报和防治的业务；农牧保险，是指为种植业、养殖业、牧业种植和饲养的动植物提供保险的业务；相关技术培训，是指与农业机耕、排灌、病虫害防治、植物保护业务相关以及为使农民获得农牧保险知识的技术培训业务；家禽、牲畜、水生动物的配种和疾病防治业务的免税范围，包括与该项劳务有关的提供药品和医疗用具的业务。

(6)纪念馆、博物馆、文化馆、文物保护单位管理机构、美术馆、展览馆、书画院、图书馆举办文化活动的门票收入，宗教场所举办文化、宗教活动的门票收入。这里所称的纪念馆、博物馆、文化馆、文物保护单位管理机构、美术馆、展览馆、书画院、图书馆举办文化活动，是指这些单位在自己的场所举办的属于文化体育业税目征税范围的文化活动。其门票收入，是指销售第一道门票的收入。宗教场所举办文化、宗教活动的门票收入，是指寺院、宫观、清真寺和教堂举办文化、宗教活动销售门票的收入。

(7)境内保险机构为出口货物提供的保险产品。这里所称为出口货物提供的保险产品，包括出口货物保险和出口信用保险。

除上述规定外，营业税的免税、减税项目由国务院规定。任何地区、部门均不得规定免税、减税项目。

(二)其他减免营业税项目

根据国家税务总局、财政部或国务院的其他规定，下列项目减征或免征营业税。

1. 金融保险类

(1)保险公司开展的1年期以上返还性人身保险业务的保费收入免征营业税。所谓1年期以上返还性人身保险业务，是指1年期以上，到期返还本利的普通人寿保险、养老年金保险、健康保险。

(2)对保险公司开办的个人投资分红保险业务取得的保费收入免征营业税。所谓个人投资分红保险，是指保险人向投资人提供的具有死亡、伤残等高度保障的长期人寿保险业务，保险期满后，保险人还应向投保人提供投资收益分红。

(3)对外汇管理部门在从事国家外汇储备经营过程中，委托金融机构发放的外汇贷款利息收入免征营业税。

(4)国有独资商业银行、国家开发银行购买金融资产管理公司发行的专项债券利息收入免征营业税。

(5)对社保基金理事会、社保基金投资管理人运用社保基金买卖证券投资基金、股票、债券的差价收入，暂免征收营业税。

(6)经国务院批准，对地方商业银行转贷用于清偿农村合作基金会债务的专项贷款利息收入免征营业税。

(7)对1998年及以后年度专项国债转贷取得的利息收入免征营业税。

(8)对被撤销金融机构用财产来清偿债务时，免征被撤销金融机构转让货物、不动产、无形资产、有价证券、票据等应缴纳的增值税、营业税、城市维护建设税、教育费附加和土地增值税。

(9)对住房公积金管理中心用住房公积金在指定的委托银行发放个人住房贷款取得的利息收入，免征营业税。

(10)对QFII委托境内公司在我国从事证券买卖业务取得的差价收入，免征营业税。

2. 科技信息类

(1)对单位和个人(包括外商投资企业、外商投资设立的研究开发中心、外国企业和外籍个人)从事技术转让、技术开发业务和与之相关的技术咨询、技术服务业务取得的收入，免征营业税。技术转让是指转让者将其拥有的专利和非专利技术的所有权或使用权有偿转让给他人的行为；技术开发是指开发者接受他人委托，就新技术、新产品、新工艺或者新材料及其系统进行研究开发的行为；技术咨询是指就特定技术项目提供可行性论证、技术预测、专题技术调查、分析评价报告等；与技术转让、技术开发相关的技术咨询、技术服务业务是指转让方(或受托方)根据技术转让或开发合同的规定，为帮助受让方(或委托方)掌握所转让(或委托开发)的技术，而提供的技术咨询、技术服务业务。

(2)科研单位承担以国家财政资金设立的科技项目而取得的收入(包括科研经费)，属于技术开发而取得的收入，免征营业税。

(3)对科普单位的门票收入，以及县及县以上(包括县级市、区、旗)党政部门和科协开展科普活动的门票收入免征营业税。对科普单位进口自用科普影视作品播映权，免征其应为境外转让播映权单位代扣(缴)的营业税。

这里所称的科普单位，是指科技馆、自然博物馆、对公众开放的天文馆(站、台)、气象台(站)、地震台(站)，以及高等院校、科研机构对公众开放的科普基地。

(4)国家大学科技园是以具有较强科研实力的大学为依托，将大学的综合智力资源优势与其他社会优势资源相结合，为高等学校科技成果转化、高新技术企业孵化、创新创业人才培养、产学研结合提供支撑的平台和服务的机构。自2008年1月1日至2010年12月31日，对符合条件的科技园自用以及无偿或通过出租等方式提供给孵化企业使用的房产、土地，免征房产税和城镇土地使用税；对其向孵化企业出租场地、房屋以及提供孵化服务的收入，免征营业税。

（5）科技企业孵化器（也称高新技术创业服务中心，以下简称孵化器）是以促进科技成果转化、培养高新技术企业和企业家为宗旨的科技创业服务机构。自2008年1月1日至2010年12月31日，对符合条件的孵化器自用以及无偿或通过出租等方式提供给孵化企业使用的房产、土地，免征房产税和城镇土地使用税；对其向孵化企业出租场地、房屋以及提供孵化服务的收入，免征营业税。

（6）对中国航天科技集团公司和中国航天机电集团公司及其所属科研单位为研制用于发射国外卫星的火箭提供设计、实验、检测等服务所取得的收入免征营业税。

3. 文化教育类

（1）从事学历教育的学校提供教育劳务取得的收入，免征营业税。

（2）对学生勤工俭学提供劳务取得的收入，免征营业税。

（3）对学校从事技术开发、技术转让业务和与之相关的技术咨询、技术服务业务取得的收入，免征营业税。

（4）对托儿所、幼儿园提供育养服务取得的收入，免征营业税。

（5）对政府举办的高等、中等和初等学校（不含下属单位）举办进修班、培训班取得的收入，收入全部归该学校所有的，免征营业税和企业所得税。对政府举办的职业学校设立的主要为在校学生提供实习场所、并由学校出资自办、由学校负责经营管理、经营收入归学校所有的企业，其从事营业税暂行条例“服务业”税目规定的服务项目（广告业、桑拿、按摩、氧吧等除外）所取得的收入，免征营业税。

（6）广播电影电视行政主管部门（包括中央、省、地市及县级）按照各自职能权限批准从事电影制片、发行、放映的电影集团公司（含成员企业）、电影制片厂及其他电影企业取得的销售电影拷贝收入、转让电影版权收入、电影发行收入以及在农村取得的电影放映收入免征增值税和营业税。

（7）文化企业在境外演出从境外取得的收入免征营业税。

(8)个人转让著作权，免征营业税。

4. 军转、残疾和下岗再就业类

(1)为安置自主择业的军队转业干部就业而新开办的企业，凡安置自主择业的军队转业干部占企业总人数60%(含60%)以上的，经主管税务机关批准，自领取税务登记证之日起，3年内免征营业税。

(2)对为安置自谋职业的城镇退役士兵就业而新办的服务型企业(除广告业、桑拿、按摩、网吧、氧吧外)，当年新安置自谋职业的城镇退役士兵达到职工总数30%以上，并与其签订3年以上期限劳动合同的，经县级以上民政部门认定，税务机关审核，3年内免征营业税及其附征的城市维护建设税、教育费附加。

(3)从2000年1月1日起，对安置随军家属人数占企业总人数60%(含60%)以上的新开办的企业，自领取税务登记证之日起，3年内免征营业税。

(4)自主择业的军队转业干部申请从事个体经营或者创办企业，符合条件的，凭有关转业证件，由工商行政管理部门核发营业执照。从事个体经营的，经主管税务机关批准，自领取税务登记证之日起，3年内免征营业税和个人所得税。

(5)对安置残疾人的单位，实行由税务机关按单位实际安置残疾人的人数减征营业税的办法。实际安置的每位残疾人每年可减征的营业税的具体限额，由县级以上税务机关根据单位所在区县(含县级市、旗)适用的经省级(含自治区、直辖市、计划单列市)人民政府批准的最低工资标准的6倍确定，但最高不得超过每人每年3.5万元。

主管地税机关应按月减征营业税，本月应缴营业税不足减征的，可结转本年度内以后月份减征，但不得从以前月份已缴营业税中退还。上述营业税优惠政策仅适用于提供“服务业”税目(广告业除外)取得的收入占增值税业务和营业税业务收入之和达到50%的单位，但不适用于上述单位提供广告业劳务以及不属于“服务业”税目的营业税应税劳务取得的收入。

既适用促进残疾人就业税收优惠政策，又适用下岗再就业、军转干部、随军家属等支持就业的税收优惠政策的单位可选择适用最优惠的政策，但不能累加执行。

(6)对商贸企业、服务型企业(除广告业、房屋中介、典当、桑拿、按摩、氧吧外)、劳动就业服务企业中的加工型企业和街道社区具有加工性质的小型企业实体，在新增加的岗位中，当年新招用持《再就业优惠证》人员，与其签订1年以上期限劳动合同并依法缴纳社会保险费的，按实际招用人数予以定额依次扣减营业税、城市维护建设税、教育费附加和企业所得税优惠。定额标准为每人每年4 000元，可上下浮动20%，由各省、自治区、直辖市人民政府根据本地区实际情况在此幅度内确定具体定额标准，并报财政部和国家税务总局备案。

按上述标准计算的税收扣减额应在企业当年实际应缴纳的营业税、城市维护建设税、教育费附加和企业所得税税额中扣减，当年扣减不足的，不得结转下年使用。对2005年底前核准享受再就业减免税政策的企业，在剩余期限内仍按原优惠方式继续享受减免税政策至期满。

(7)对持《再就业优惠证》人员从事个体经营的(除建筑业、娱乐业以及销售不动产、转让土地使用权、广告业、房屋中介、桑拿、按摩、网吧、氧吧外)，按每户每年8 000元为限额依次扣减其当年实际应缴纳的营业税、城市维护建设税、教育费附加和个人所得税。纳税人年度应缴纳税款小于上述扣减限额的，以其实际缴纳的税款为限；大于上述扣减限额的，应以上述扣减限额为限。

5. 医疗卫生类

(1)对非营利性医疗机构按照国家规定的价格取得的医疗服务收入，免征营业税。不按照国家规定价格取得的医疗服务收入不得享受此政策。医疗机构具体包括：各级各类医院、门诊部(所)、社区卫生服务中心(站)、急救中心(站)、城乡卫生院、护理院(所)、疗养院、临床检验中心等。医疗服务是指医疗服务机构对患者进行检查、诊断、治疗、康复和提供预防保健、接生、计划生育方面的服务，以及与这些服务有关的提供药品、医用材料器具、救护车、病房住宿和伙食的业务。

(2)对营利性医疗机构取得的直接用于改善医疗卫生条件的收入，自取得执业登记之日起3年内，经主管税务机关审核批准后免征营业税。

(3)对疾病控制机构和妇幼保健机构等卫生机构按照国家规定的价格取得的卫生服务收入，免征营业税。不按照国家规定的价格取得的卫生服务收入不得享受此政策。

6. 其他业务类

(1)担保机构从事中小企业信用担保或再担保业务取得的收入(不含信用评级、咨询、培训等收入)三年内免征营业税，免税时间自担保机构向主管税务机关办理免税手续之日起计算。享受三年营业税减免政策期限已满的担保机构，仍符合以下条件的，可继续申请。

①经政府授权部门(中小企业管理部门)同意，依法登记注册为企(事)业法人，且主要从事为中小企业提供担保服务的机构，实收资本超过2 000万元。

②不以营利为主要目的，担保业务收费不高于同期贷款利率的50%。

③有两年以上的可持续发展经历，资金主要用于担保业务，具备健全的内部管理制度和为中小企业提供担保的能力，经营业绩突出，对受保项目具有完善的事前评估、事中监控、事后追偿与处置机制。

④为工业、农业、商贸中小企业提供的累计担保贷款额占其两年累计担保业务总额的80%以上，单笔800万元以下的累计担保贷款额占其累计担保业务总额的50%以上。

⑤已对单个受保企业提供的担保余额不超过担保机构实收资本总额的10%，且平均单笔担保责任金额最多不超过3 000万元人民币。

⑥担保资金与担保贷款放大比例不低于3倍，且代偿额占担保资金比例不超过2%。

⑦接受所在地政府中小企业管理部门的监管，按要求向中小企业管理部门报送担保业务情况和财务会计报表。

(2)自2008年1月1日起至2010年12月31日，对航空公司经批准收取的燃油附加费免征营业税。对于本通知到达之日前已缴纳的应予免征的营业税，从以后应缴纳的营业税税款中抵减，一个年度内抵减不完的营业税由税务机关按照现行有关规定退还给航空公司。

(3)自2004年8月1日起，对军队空余房产租赁收入暂免征收营业税、房产税；此前已征税款不予退还，未征税款不再补征。暂免征收营业税、房产税的军队空余房产，在出租时必须悬挂《军队房地产租赁许可证》，以备查验。

(4)住房专项维修基金是属于全体业主共同所有的一项代管基金，专项用于物业保修期满后物业共用部位、共用设施设备的维修和更新、改造。鉴于住房专项维修基金资金所有权及使用的特殊性，对房地产主管部门或其指定机构、公积金管理中心、开发企业以及物业管理单位代收的住房专项维修基金，不计征营业税。

(5)单位和个人提供的垃圾处置劳务不属于营业税应税劳务，对其处置垃圾取得的垃圾处置费，不征收营业税。

(6)凡经中央及省级财政部门批准纳入预算管理或财政专户管理的行政事业性收费、基金，无论是行政单位收取的，还是由事业单位收取的，均不征收营业税。

(7)立法机关、司法机关、行政机关的收费，同时具备下列条件的，不征收营业税：一是国务院、省级人民政府或其所属财政、物价部门以正式文件允许收费，而且收费标准符合文件规定的；二是所收费用由立法机关、司法机关、行政机关自己直接收取的。

(8)社会团体按财政部门或民政部门规定标准收取的会费不征收营业税。社会团体是指在中华人民共和国境内经国家社团主管部门批准成立的非营利性的协会、学会、联合会、研究会、基金会、联谊会、促进会、商会等民间群众性社会组织。社会团体会费是指社会团体在国家法规、政策许可的范围内，依照社团章程的规定收取的个人会员和团体会员的款额。

各党派、共青团、工会、妇联、中科协、青联、台联、侨联收取的党费、会费，比照上述规定执行。

(9)对在京外国商会按财政部门或民政部门规定标准收取的会费，不征收营业税。对其会费以外各种名目的收入，凡属于营业税应税范围的，一律照章征收营业税。

(10)自 2006 年 7 月 1 日起对青藏铁路公司取得的运输收入、其他业务收入免征营业税、城市维护建设税、教育费附加。

(11)将土地使用权转让给农业生产者用于农业生产，免征营业税。

(12)自 2009 年 1 月 1 日至 12 月 31 日，个人将购买不足 2 年的非普通住房对外销售的，全额征收营业税；个人将购买超过 2 年(含 2 年)的非普通住房或者不足 2 年的普通住房对外销售的，按照其销售收入减去购买房屋的价款后的差额征收营业税；个人将购买超过 2 年(含 2 年)的普通住房对外销售的，免征营业税。

(13)对按政府规定价格出租的公有住房和廉租住房暂免征收营业税。

(14)对企业、事业单位按房改成本价、标准价出售职工住房取得的收入，暂免征收营业税。

(15)个人向他人无偿赠与不动产，包括继承、遗产处分及其他无偿赠与不动产等三种情况可以免征营业税。但在办理营业税免税申请手续时，纳税人应区分不同情况向税务机关提交相关证明材料。

(16)对国家邮政局及其所属邮政单位提供邮政普通服务和特殊服务业务(具体为函件、包裹、汇票、机要通信、党报党刊发行)取得的收入免征营业税。享受免税的党报党刊发行收入按邮政企业报刊发行收入的70%计算。

(17)自2008年12月15日起，对中国台湾航运公司从事海峡两岸海上直航业务在大陆取得的运输收入，免征营业税。

(18)自2005年6月1日起，对公路经营企业收取的高速公路车辆通行费收入统一减按3%的税率征收营业税。

八、营业税的起征点

营业税起征点的幅度规定如下：

(1)按期纳税的，为月营业额5 000～20 000元；

(2)按次纳税的，为每次(日)营业额300～500元。

省、自治区、直辖市财政厅(局)、税务局应当在规定的幅度内，根据实际情况确定本地区适用的起征点，并报财政部、国家税务总局备案。

第二节　营业税的计算

营业税的应纳税额是按照营业额(计税依据)和规定的税率进行计算的。其计算公式如下：

$$应纳营业税税额=营业额\times营业税税率$$

一、应纳营业税额的计算

营业税的计税依据是提供应税劳务的营业额、转让无形资产或销售不动产的销售额，统称为营业额。它是纳税人向对方收取的全部价款和价外费用。价外费用是向对方收取的手续费、服务费、基金、集资费、代垫代收款项及其他各种性质的价外收费。价外费用应并入营业额计算纳税。

【例4－1】某汽车运输公司6月份客运收入15 000元，价外收取费用5 000元；货运收入20 000元，价外收取费用3 000元。该公司6月份应纳营业税额计算如下：

应纳营业税税额＝(15 000＋5 000＋20 000＋3 000)×3%＝1 290(元)。

【例4－2】某房屋开发公司出售一幢住房，价款为2 900 000元，住房占地价款230 000元，当月成交付款。该公司本月应纳营业税额如下：

应纳营业税税额＝(2 900 000＋230 000)×5%＝156 500(元)。

二、对价格明显偏低的营业额的确定

在实际经济活动中，从事营业税应税项目的，其价格往往是双方商定的，纳税人可能借机以较低价格申报纳税，以求少缴税款。如果主管税务机关认为价格明显偏低而纳税人又提不出正当理由时，主管税务机关有权按以下顺序核定其营业额：

(1)按纳税人当月提供的同类应税劳务或销售的同类不动产的平均价格核定；

(2)按纳税人最近时期提供的同类应税劳务或销售的同类不动产的平均价格核定。

计税价格的计算公式如下：

计税价格＝营业成本或工程成本×(1＋成本利润率)/(1－营业税税率)

公式中的成本利润率，由省、自治区、直辖市人民政府所属税务机关确定。

三、特定业务营业税额的计算

对某些特殊行业或特定经营业务，需要按税法的规定，专门确定其计税依据。

（一）运输企业营业税的计算

运输企业实际取得的客运收入、货运收入、装卸搬运收入以及其他运输业务收入和运输票价中包含的保险费收入等营业收入，均为营业额。运输企业自中华人民共和国境内运输旅客或货物出境，在境外改由其他运输企业承运的，以全程运费减去付给承运企业的运费后的余额为应税营业额。

【例4-3】我国某大型汽车货运公司，载运货物自我国境内运往A国，全程运费为500 000元，在境外由该国的运输公司运到目的地，向其支付180 000元。

该公司本月应纳营业税税额=(500 000-180 000)×3%=9 600(元)。

（二）旅游企业营业税的计算

旅游企业组织旅游团到中华人民共和国境外旅游，在境外改由其他旅游企业接团，以全程旅游费减去付给该接团企业的旅游费后的余额为营业额。在境内的旅游，以收费减去替旅游者支付给其他单位的食、宿、交通、门票和其他代付费用后的余额为营业额。

【例4-4】某旅游公司组团到青岛旅游，获得旅游收入80 000元，其中代旅游者代付交通费30 000元，支付食宿费25 000元。

该公司本月应纳营业税税额=(80 000-30 000-25 000)×5%=1 250(元)。

（三）建筑企业营业税的计算

纳税人从事建筑、修缮、装饰工程作业的原材料以及其他物资和动力的价款包括在应税营业额内。从事安装工程作业的安装设备价值计入安装工程产值的，设备价款列为应税营业额。建筑业的总承包人将工程分包或转包给他人的，以全部价款减去付给分包人或转包人的价款后的余额为应税营业额。

【例4-5】某市建筑安装公司承建写字楼一幢，该公司将土建工程转包给某工程队，并付给转包费311 000元，其他工程自己施工。该工程竣工验收合格后，取得工程总造价收入1 000 000元。

该公司应纳营业税税额 =(1 000 000 -311 000)×3% =20 670(元)。

应代扣代缴营业税税额 =311 000×3% =9 330(元)。

(四)金融保险业营业税的计算

金融保险业作为营业税的主要纳税范围，其业务类型比较复杂，各类业务营业额的确定如下。

1. 金融机构贷款业务

一般贷款业务的营业额为贷款利息收入(包括基准利率计算的利息及加息)。外汇转贷业务是指金融企业直接向境外借入外汇资金，然后再贷给国内企业或其他单位、个人。它可分为：

(1)中国银行系统从事的外汇转贷业务，如上级行借入外汇资金后转给下级行贷给国内用户，在下级行以其向借款方收取的全部利息收入全额为营业额(利息及加息)；借入外汇的上级行以贷款利息收入和其他应纳营业税的收入减去支付给境外的借款利息后的余额为营业额。

(2)其他银行从事的外汇转贷业务，如上级行借入外汇资金后转给下级行贷给国内用户的，下级行以其向借款方收取的全部利息收入减去上级行核定的借款利息支出额后的余额为营业额计算纳税。上级行核定的借款利息支出额与实际支出额不符的，由上级行从其应纳营业税中抵补。

【例4-6】2013年第一季度，某市工商银行某分理处发生外汇转贷业务，向借款方发放的转贷资金折合人民币4 000万元，年利率5.5%，上级行核定的年利率为5%，营业税率5%，则该笔贷款应纳营业税税额计算如下：

本季利息收入额 =4 000×5.5% ÷4 =55(万元)；

本季利息支出额 =4 000×5% ÷4 =50(万元)；

应纳营业税额 =(55 -50)×5% =0.25(万元)。

2. 融资租赁业务

以其向承租者收取的全部价款和价外费用(含残值)减去出租方承担的出租货物的实际成本后的余额，以直线法计算出本期营业额。其计算公式如下：

本期营业额 =(应收取的全部价款和价外费用 − 实际成本)÷总天数 × 本期天数

实际成本 = 货物购入原价 + 关税 + 增值税 + 消费税 + 运杂费 + 安装费 + 保险费 + 贷款利息(外汇借款和人民币借款利息)

3. 金融商品转让

每类金融商品的不同品种买卖出现的正负差，可在同一纳税年度相抵。不属于同一类的金融商品、不属于同一个纳税年度的正负差不得相抵。金融商品的买入价，原则上按加权平均价核算，也可选用会计制度中的其他方法；选定后，一年内不得变更。

4. 金融经纪业务和其他金融业务

营业额为手续费(佣金)类的全部收入，包括价外收取的代垫、代付、加价等，不得作任何扣除。

5. 非金融机构统借统还贷款业务

企业集团或集团内的核心企业委托企业集团所属的财务公司代理统借统还贷款业务，从财务公司取得的用于归还金融机构的利息不交营业税，财务公司承担此项统借统还委托贷款业务，从贷款企业收取贷款利息不代扣代缴营业税。按支付给金融机构的借款利率向企业集团或其下属企业收取用于归还金融机构借款的利息，再转付企业集团，由企业集团统一归还金融机构。

6. 保险

办理初保业务向保户收取的保费：营业额为纳税人经营保险业务向对方收取的全部价款。实行分保险的，按初保人向投保人收取的保费收入全额计税(即不扣除分保费支出)，分保人取得的分保费收入不再计缴营业税。

储金业务：采用收取储金方式确定经济利益的(以被保险人所交保险资金的利息收入为保费收入，保险期满后将保险资金本金返还给被保险人)，其营业额为纳税人在纳税期内的储金平均余额(期初余额与期末余额之和的1/2)乘以人民银行公布的一年期存款利率折算的月利率计算。

趸交保费以当年实际计入损益部分计算缴纳营业税。

【例4－7】 某保险公司2012年收取企财险保费1 000万元，收取5年期抵押贷款房屋保险500万元，出口信用保险200万元，团体人身意外伤害保险300万元，个人养老金保险200万元，储金年初余额1 200万元，期末余额800万元，人民银行一年期定期存款利率假定为10%；当年营业税率为5%。该公司2012年应缴纳的营业税计算如下：

企财险保费收入＝1 000(万元)；

抵押贷款房屋保险收入＝500÷5＝100(万元)；

出口信用险收入(免税)＝0(万元)；

团体人身意外伤害保险收入＝300(万元)；

个人养老金保险收入(免税)＝0(万元)；

储金业务计入保费收入部分＝(1 200＋800)÷2×10%＝100(万元)；

应纳税营业额合计＝1 000＋100＋0＋300＋0＋100＝1 500(万元)；

该公司2012年度应纳营业税税额＝1 500×5%＝75(万元)。

7. 外币折算

金融保险企业以外汇结算营业额的，应将外币折合为人民币计算营业税。金融业按收到外汇的当日或当季季末人民银行公布的基准汇价折合营业额，保险业按收到外汇的当日或当月月末人民银行公布的基准汇价折合营业额。

【例4－8】 某保险公司2012年度取得经营涉外直接保险业务收入24万美元，当年前11个月已按上年决算报表确定的汇率计算缴纳营业税7.5万元。2012年决算日的外汇牌价US＄1＝RMB 8.10。

当年应纳营业税税额＝24×8.10×5%－7.5＝2.22(万元)。

(五)邮电通信业营业税的计算

邮政部门销售集邮商品、发行报刊应为混合销售，视为提供应税劳务，应计征营业税；电信部门销售无线寻呼机、移动电话等应计征营业税。若是邮政、电信部门以外的单位、个人从事上述业务，则应计征增值税。电信局提供上网服务而取得的收入，应按邮电通信业的税率(3%)计征营业税，而上网培训、饮料消费收入，则应分别按文化体育业和服务业计征营业税，非邮电部门经营时，则均应按服务业税率计征营业税。

(六)文化娱乐业营业税的计算

单位和个人进行演出以全部票价收入或包场收入减去付给提供演出场所的单位、演出公司或经纪人的费用后的余额为营业额。单位和个人进行演出由他人售票，其应纳税额以售票者为扣缴人；演出经纪人为个人的，其办理演出业务的，应纳税额也以售票者为扣缴人。

【例4-9】某歌舞厅7月份取得门票收入4 500元，点歌、自唱收入3 100元，台位收入1 800元，饮料收入1 100元，该地娱乐业营业税税率为16%。

该歌舞厅7月份应纳营业税税额=(4 500+3 100+1 800+1 100)×16%=1 680(元)。

(七)租赁业务营业税的计算

经营租赁业务，出租方取得的租金收入按“服务业”税目计算应纳营业税。融资租赁业务，出租方应对取得的租赁费及出租设备的残值，扣除设备价款后的余额，按“金融保险业”税目计算应纳营业税。

【例4-10】某公司以经营租赁方式出租设备，年收租金12 000元；又以融资租赁方式出租设备，收取租赁费95 000元，该设备残值15 000元，设备价款及相关税费合计80 000元。该单位应纳营业税额计算如下：

经营租赁应纳营业税税额=12 000×5%=600(元)；

融资租赁应纳营业税税额=(95 000+15 000-80 000)×8%=2 400(元)。

四、纳税申报

纳税人不论当期有无营业额，均应按期填制“营业税纳税申报表”，并于次月1日起至10日内向主管税务机关进行纳税申报。纳税申报表一式两联：第一联为申报联；第二联为收执联，纳税人申报时交税务机关签章后收回作申报凭证。

第三节　营业税的会计处理

一、会计账户的设置

企业缴纳的营业税应通过"应交税费——应交营业税"账户进行核算。企业应缴的营业税记入"营业税金及附加"账户。若应税行为在企业属其他业务（非主营业务），则应记入"其他业务成本"账户，若属因固定资产处置应交营业税，应记入"固定资产清理"账户，代购、代销商品手续费收入应交营业税，则应记入"代购代销收入"账户的借方。

二、营业税的基本会计处理

（一）应交营业税的会计处理

1. 由企业主营业务收入负担的营业税

借：营业税金及附加

　　贷：应交税费——应交营业税

2. 由其他业务收入负担的营业税

借：其他业务成本

　　贷：应交税费——应交营业税

3. 销售不动产（不含房地产开发企业经营房地产）应交的营业税

借：固定资产清理

　　贷：应交税费——应交营业税

4. 企业代购代销收入应交的营业税

借：代购代销收入

　　贷：应交税费——应交营业税

5. 企业按规定代扣的营业税

借：应付账款

贷：应交税费——应交营业税

（二）营业税缴纳的会计处理

借：应交税费——应交营业税

贷：银行存款或库存现金

（三）营业税年终清算的会计处理

年终，企业按规定与税务部门清算。属于多缴和享受减免税优惠的营业税，由税务部门退回；属于少缴的，由企业补缴。

1. 冲回多计的营业税

借：应交税费——应交营业税

贷：营业税金及附加

也可用红字记相反方向会计分录。

2. 退回多缴或减免的营业税

借：银行存款

贷：营业税金及附加

3. 补计少计的营业税

借：营业税金及附加

贷：应交税费——应交营业税

4. 补缴营业税

借：应交税费——应交营业税

贷：银行存款

三、建筑业营业税的会计处理

从事建筑安装、装修业务，无论与对方如何结算，其营业额均应包括工程所用原材料物资的价款。即使由对方（甲方）提供材料，在工程结算收入中未包括材料成本，但计算时材料成本仍应包括在营业额中。如果实行转包或分包形式，由总承包人代扣代缴营业税。总承包人收到承包款项时，借记“银行存款”账户，扣除应付给分承包人或转包人的部分，贷记“主营业务收入”账户，应付给分包人或转包人的部分，贷记“应付账款”账户。根据扣除后的主营业务收入计算的应交税费，以及应付给分包人或转包人的部分计算的代扣营业税金，分别借记“营业税金及附加”和“应付账款——应付分包款项”账户，贷记“应交税费——应交营业税”账户。

【例4-11】某建筑工程公司5月份工程承包收入2 000 000元，其中支付给某工程队分包工程价款100 000元，对方(甲方)提供材料200 000元；另外，取得机械作业收入150 000元。

(1)收入实现时：

借：银行存款	2 150 000	
贷：主营业务收入		1 900 000
应付账款——应付分包款项		100 000
其他业务收入		150 000

(2)公司应交营业税时：

应交营业税税额=(2 000 000-100 000+200 000)×3%=63 000(元)；

由其他业务成本承担的营业税税额=150 000×3%=4 500(元)。

借：营业税金及附加	63 000	
其他业务成本	4 500	
贷：应交税费——应交营业税		67 500

(3)代扣营业税时：

代扣营业税税额=100 000×3%=3 000(元)。

借：应付账款——应付分包款项	3 000	
贷：应交税费——应交营业税		3 000

(4)将扣除代扣营业税后的分包款划给工程队时：

借：应付账款——应付分包款项	97 000	
贷：银行存款		97 000

四、房地产开发企业营业税的会计处理

房地产开发企业是经营房地产买卖业务的企业，其从事房地产开发、销售及提供劳务而取得的经营收入，应计算缴纳营业税。房地产开发企业自建自售建筑物时，其自建行为按建筑业3%税率计算营业额，出售建筑物时，按

5%的税率（“销售不动产”税目）计算营业额。

【例4－12】某房地产公司8月份商品房销售收入1 100 000元，配套设施销售收入260 000元，代建工程结算收入200 000元，租金收入140 000元。上月营业税税款为48 000元，纳税期限为10天。作会计分录如下。

(1)平时预缴税款时：

借：应交税费——应交营业税　　16 000

　　贷：银行存款　　16 000

(2)月末计算税款时：

商品房销售、配套设施销售，因属“销售不动产”，应按5%的税率计算应纳营业税额如下：

(1 100 000＋260 000)×5%＝68 000(元)。

代建工程结算收入属“建筑业”，应按3%税率计算应纳营业税额如下：

200 000×3%＝6 000(元)。

出租产品收入属“服务业”，按5%的税率计算应纳营业税额如下：

140 000×5%＝7 000(元)。

本月以上三项合计应纳营业税＝68 000＋6 000＋7 000＝81 000(元)。

借：营业税金及附加　　81 000

　　贷：应交税费——应交营业税　　81 000

(3)下月初结清上月税款时：

应补缴税款＝81 000－48 000＝33 000(元)。

借：应交税费——应交营业税　　33 000

　　贷：银行存款　　33 000

五、金融企业营业税的会计处理

金融企业的贷款利息收入和借款利息支出是分别核算的，即按应税应收利息的全额计税；由于税法对逾期贷款应收未收利息的规定与会计制度不同，企业既要按会计制度规定正确记录，又要按税法规定正确计税。因此，企业还应设置“应收利息”备查簿，详细记录各项贷款应收利息的发生时间、金额、收到时间及金额等。金融企业接受其他企业委托发放贷款，收到委托贷款利息时，记入“应付账款——应付委托贷款利息”账户，并根据收到的贷款利息减去委托贷款的手续费，计算代扣营业税，借记“应付账款——应付委托贷款利息”账户，贷记“应交税费——应交营业税”账户；实际代交营业税与自己上交营业税时，均是借记“应交税费——应交营业税”账户，贷记“银行存款”账户。

【例4-13】某银行分理处2013年第一季度结息时，本季度贷款利息收入资料如下：

(1)前期已交营业税的应收未收利息6 500元，90天后仍未收回；

(2)本期按时收到的贷款利息收入28 000元；

(3)逾期未满90天(含)的应收未收利息22 000元；

(4)已逾期90天以上的应收未收利息13 000元；

(5)本期实际收到逾期90天以上的贷款利息8 800元。

同期，发生金融机构拆借资金业务收入33 000元，转贷款外汇业务利息收入200 000元，转贷款外汇业务利息支出88 000元，手续费收入70 000元。

应交营业税计算如下：

贷款业务应税利息收入额＝28 000＋22 000＋8 800－6 500＝52 300(元)；

转贷外汇业务应税营业额＝200 000－88 000＝112 000(元)；

利息收入应交营业税＝(52 300＋112 000)×5%＝8 215(元)；

手续费收入应交营业税＝70 000×5%＝3 500(元)。

作会计分录如下：

(1)收到贷款利息和应收未收利息。

对逾期90天以上的应收未收利息，应作备查登记(即表外核算)，不作正式会计处理。

对本期按时收到的贷款利息收入：

借：活期存款　　28 000

贷：利息收入	28 000

逾期未满 90 天的应收未收利息：

借：应收利息	22 000	
贷：利息收入		22 000

超过 90 天的应收未收利息应冲减利息收入，并作备查登记：

借：应收利息	6 500	
贷：利息收入		6 500

本期实际收到逾期 90 天以上的贷款利息：

借：活期存款	8 800	
贷：利息收入		8 800

(2) 拆借资金业务收入、转贷业务利息收支、手续费收入。

借：银行存款等	33 000	
贷：金融企业往来收入		33 000
借：活期存款	200 000	
贷：利息收入		200 000
借：利息支出	88 000	
贷：应付账款等		88 000
借：银行存款等	70 000	
贷：手续费收入		70 000

(3) 本期应交营业税。

借：营业税金及附加	11 715	
贷：应交税费——应交营业税		11 715

金融企业买卖外汇、有价证券、期货买卖等业务，采用收支分别核算办法，其收益通过“汇兑收益”账户，其损失通过“汇兑损失”账户。当发生收益时，借记“外汇买卖”或“外币兑换”等账户；贷记“汇兑收益”账户；当发生损失时，借记“汇兑损失”账户，贷记“外汇买卖”或“外币兑换”等账户；计算企业应缴纳的营业税时，将“汇兑收益”账户的余额减去“汇兑损失”账户余额后的差额作为计税依据。

金融企业自营证券业务的销售收入和销售成本均通过“证券销售”账户，

收入记贷方，成本记借方，其余额为买卖差价。买入证券时，借记“自营库存证券”账户，贷记“银行存款”账户，卖出证券时，借记“银行存款”账户，贷记“自营库存证券”账户。期末，根据“证券销售”账户余额，计算应交营业税，借记“营业税金及附加”账户，贷记“应交税费——应交营业税”账户。

【例4-14】某金融机构2013年2月份“证券销售”贷方余额50 000元，“证券发行”贷方余额35 000元，“汇兑收益”余额63 000元，“汇兑损失”余额32 000元。计算应交营业税并作会计分录。

应交营业税税额 = (50 000 + 35 000 + 63 000 - 32 000) × 5% = 5 800（元）。

借：营业税金及附加　　5 800

　　贷：应交税费——应交营业税　　5 800

六、旅游、饮食服务业营业税的会计处理

根据旅游、饮食服务业的营业特点，营业税会计处理也有所不同。

按照税法规定，旅游企业的营业额中属于企业旅游业务的营业收入都属于“服务业”税目，按规定应按5%税率征收营业税。旅游企业组织旅游者在中国境内旅游的，以收取的旅游费减除替旅游者支付给其他单位的房费、餐费、交通、门票和其他代付费用后的余额为营业额；旅游企业组织旅游团在境外或境内旅游改由其他旅游企业接团的，应以全程旅游费减去付给接团企业的旅游费后的余额为营业额。饮食业以收到货款或取得了货款凭据时确认营业收入。

【例4-15】某国际旅游公司组团到境外旅游，收取成员全程旅游费35 000元，出境后改由外国旅游公司组织观光，该公司付给外国旅游公司17 000元的费用，作会计分录如下。

应纳营业税税额 = (35 000 - 17 000) × 5% = 900（元）。

借：营业税金及附加　　900

　　贷：应交税费——应交营业税　　900

【例 4-16】某公园营业收入 16 000 元，其中门票收入 6 000 元、卡拉 OK 歌舞厅收入 10 000 元，娱乐营业税率 13%。作会计分录如下。

门票收入营业税税额 = 6 000 × 3% = 180(元)；

歌舞厅收入营业税税额 = 10 000 × 13% = 1 300(元)；

本月合计应纳营业税税额 = 180 + 1 300 = 1 480(元)。

借：营业税金及附加	1 480	
贷：应交税费——应交营业税		1 480

七、转让无形资产应交营业税的会计处理

无形资产转让分为现金转让和非现金转让(非货币性交易)，均应按其转让收入计算缴纳营业税。对一般企业而言，无形资产转让净收入属于企业利得，应按转让价格减去转让无形资产应交营业税额和账面价值的差额确认。

【例 4-17】某公司 3 月份将其拥有的某项专利权转让，取得转让收入 100 000 元，转让时支付营业税 5 000 元。该专利权的账面余额为 90 000 元，已计提减值准备 10 000 元。作会计分录如下：

借：银行存款	100 000	
无形资产减值准备	10 000	
贷：无形资产		100 000
应交税费——应交营业税		5 000
营业外收入		5 000

八、销售不动产应交营业税的会计处理

房地产开发企业之外的企业销售不动产是其非主营业务，不是商品出售，而是财产出售，如企业销售已作为固定资产的房屋建筑物。

【例 4-18】AB 公司有一项逾期应收账款 200 万元，通过债务重组收到房屋 1 栋，该房屋账面价值 240 万元，已提折旧 50 万元。在债务重组过程

中，支付印花税、契税、过户费等有关税费 11 万元。债务重组后，AB 公司很快将房屋转让，转让所得 220 万元，支付印花税 1 100 元。作会计分录如下。

(1)将债务重组后的房屋入账时：

借：固定资产　　2 110 000

　贷：应收账款——××企业　　2 000 000

　　　银行存款　　110 000

(2)房屋转让时：

借：固定资产清理　　2 110 000

　贷：固定资产　　2 110 000

(3)取得转让收入时：

借：银行存款　　2 200 000

　贷：固定资产清理　　2 200 000

(4)应交税费时：

借：固定资产清理　　12 100

　贷：应交税费——应交营业税　　10 000

　　　　　　　——应交城市维护建设税　　700

　　　　　　　——应交印花税　　1 100

　　　其他应交款——应交教育费附加　　300

(5)结转转让净损益时：

借：固定资产清理　　77 900

　贷：营业外收入　　77 900

九、减免营业税的会计处理

企业对法定直接减免的营业税，国家未指定特定用途的，不作会计处理。指定特定用途的，在作出应交税费的会计处理后，再借记“应交税费”账户，贷记“实收资本”等账户。

实行即征即退营业税的，其会计处理与应交和上交营业税方向相反，即：借记“银行存款”账户，贷记“应交税费——应交营业税”账户；同时，借记

“应交税费——应交营业税”账户，贷记“营业税金及附加”账户。

实行先征后退营业税的，对应退税款，借记“应收补贴款”账户，贷记“补贴收入”账户；收到退税款时，借记“银行存款”账户，贷记“应收补贴款”账户。

如果消费税有减免的情况，其会计处理比照营业税。

第五章　企业所得税会计

第一节　企业所得税概述

企业所得税是以企业的生产经营所得和其他所得为计税依据而征收的一种所得税。企业所得税是各个国家普遍开征的重要税种，是国家参与企业利润分配、正确处理国家与企业分配关系的一个重要税种。

一、企业所得税的纳税人

企业所得税的纳税人，是依据企业所得税法负有纳税义务的企业和其他取得收入的组织。在中国境内，企业和其他取得收入的组织（统称企业）为企业所得税的纳税人，依照《企业所得税法》的规定缴纳企业所得税。同时，考虑到个人独资企业、合伙企业属于自然人性质的企业，没有法人资格，股东承担无限责任，《企业所得税法》及其《实施条例》规定：依照中国法律、行政法规成立的个人独资企业、合伙企业，不适用《企业所得税法》。企业所得税的纳税人包括各类企业、事业单位、社会团体、民办非企业单位和从事经营活动的其他组织。

《企业所得税法》按照登记注册地标准和实际管理机构标准，把企业分为居民企业和非居民企业，分别确定不同的纳税义务。居民企业承担无限纳税义务，就来源于中国境内、境外的全部所得纳税；非居民企业承担有限纳税义务，一般只就来源于我国境内的所得纳税。

（一）居民企业

《企业所得税法》规定：“居民企业，是指依法在中国境内成立，或者依照外国（地区）法律成立但实际管理机构在中国境内的企业。居民企业应当就其来源于中国境内、境外的所得缴纳企业所得税。”

在香港特别行政区、澳门特别行政区和台湾地区成立的企业，参照适用上述规定。

(1)企业登记注册地，是指企业依照国家有关规定登记注册的住所地。

①依法在中国境内成立的企业，包括依照中国法律、行政法规在中国境内成立的企业、事业单位、社会团体以及其他取得收入的组织。

②依照外国(地区)法律成立的企业，包括依照外国(地区)法律成立的企业和其他取得收入的组织。

(2)实际管理机构，是指对企业的生产经营、人员、账务、财产等实施实质性全面管理和控制的机构。对于实际管理机构的判断，应当遵循实质重于形式的原则。

(二)非居民企业

《企业所得税法》规定："非居民企业，是指依照外国(地区)法律成立且实际管理机构不在中国境内，但在中国境内设立机构、场所的，或者在中国境内未设立机构、场所，但有来源于中国境内所得的企业。非居民企业在中国境内设立机构、场所的，应当就其所设机构、场所取得的来源于中国境内的所得，以及发生在中国境外但与其所设机构、场所有实际联系的所得，缴纳企业所得税。非居民企业在中国境内未设立机构、场所的，或者虽设立机构、场所但取得的所得与其所设机构、场所没有实际联系的，应当就其来源于中国境内的所得缴纳企业所得税。"

在香港特别行政区、澳门特别行政区和台湾地区成立的企业，参照适用上述规定。

(1)机构、场所，是指在中国境内从事生产经营活动的机构、场所，包括：

①管理机构、营业机构、办事机构；

②工厂、农场、开采自然资源的场所；

③提供劳务的场所；

④从事建筑、安装、装配、修理、勘探等工程作业的场所；

⑤其他从事生产经营活动的机构、场所。

非居民企业委托营业代理人在中国境内从事生产经营活动的，包括委托单位或者个人经常代其签订合同，或者储存、交付货物等，该营业代理人视为非居民企业在中国境内设立的机构、场所。

(2)来源于中国境内、境外的所得，按照以下原则确定：

①销售货物所得，按照交易活动发生地确定；

②提供劳务所得，按照劳务发生地确定；

③转让财产所得，不动产转让所得按照不动产所在地确定，动产转让所得按照转让动产的企业或者机构、场所所在地确定，权益性投资资产转让所得按照被投资企业所在地确定；

④股息、红利等权益性投资所得，按照分配所得的企业所在地确定；

⑤利息所得、租金所得、特许权使用费所得，按照负担、支付所得的企业或者机构、场所所在地确定，或者按照负担、支付所得的个人的住所地确定；

⑥其他所得，由国务院财政、税务主管部门确定。

(3)实际联系，是指非居民企业在中国境内设立的机构、场所拥有据以取得所得的股权、债权，以及拥有、管理、控制据以取得所得的财产等。

(4)在中国境内未设立机构、场所的，或者虽设立机构、场所但取得的所得与其所设机构、场所没有实际联系的非居民企业，就其取得的来源于中国境内的所得应缴纳的所得税，实行源泉扣缴，以支付人为扣缴义务人。税款由扣缴义务人在每次支付或者到期应支付时，从支付或者到期应支付的款项中扣缴。

对非居民企业在中国境内取得工程作业和劳务所得应缴纳的所得税，税务机关可以指定工程价款或者劳务费的支付人为扣缴义务人。

二、企业所得税的征收范围

企业所得税的征收范围，是符合《企业所得税法》规定的纳税人所取得的应纳税所得。所得包括销售货物所得、提供劳务所得、转让财产所得、股息红利等权益性投资所得、利息所得、租金所得、特许权使用费所得、接受捐赠所得和其他所得。

(一)所得的类型

根据不同的标准，所得可以分为不同的类型。

1. 生产经营所得和其他所得

(1)生产经营所得，是指从事物质生产、交通运输、商品流通、劳务服务以及经国家主管部门确认的其他盈利事业取得的合法所得，还包括卫生、物资、供销、城市公用和其他行业的企业，以及一些社会团体、事业单位、民办非企业单位开展多种经营和有偿服务活动取得的合法经营所得。

(2)其他所得，是指股息、利息、租金、特许权使用费和营业外收益等所得以及企业解散或破产后的清算所得。

2. 在业经营所得和清算所得

(1)在业经营所得，是指纳税人在开业经营时账册上所记载的生产、经营所得和其他所得。

(2)清算所得，是指企业的全部资产可变现价值或交易价格减除资产净值、清算费用以及相关税费等后的余额。

投资方企业从被清算企业分得的剩余财产，其中相当于从被清算企业累计未分配利润和累计盈余公积中应当分得的部分，应当确认为股息所得；剩余资产减除上述股息所得后的余额，超过或者低于投资成本的部分，应当确认为投资资产转让所得或者损失。

(二)所得来源的确定

所得包括我国居民企业来源于境内和境外的各项所得，以及非居民企业来源于境内的应税所得。行使收入来源地税收管辖权，不但要对在我国境内从事经济活动和来源于我国境内的所得行使征税权，而且还要对本国居民来源于各国的全部所得行使征税权。内资企业是中国企业，国家对其行使居民税收管辖权。因此，内资企业应就其来源于境内和境外的所得扣除为取得这些所得而发生的成本费用支出后的余额，作为应纳税所得额。为避免重复征税，对本国企业在境外缴纳的所得税税款，准予在总机构汇总纳税时，从其应纳税额中予以抵免。

来源于中国境内、境外的所得，按照以下原则确定：

(1)销售货物所得，按照交易活动发生地确定；

(2)提供劳务所得，按照劳务发生地确定；

(3)转让财产所得，不动产转让所得按照不动产所在地确定，动产转让所得按照转让动产的企业或者机构、场所所在地确定，权益性投资资产转让所得按照被投资企业所在地确定；

(4)股息、红利等权益性投资所得，按照分配所得的企业所在地确定；

(5)利息所得、租金所得、特许权使用费所得，按照负担、支付所得的企业或者机构、场所所在地确定，或者按照负担、支付所得的个人的住所地确定；

(6)其他所得，由国务院财政、税务主管部门确定。

三、企业所得税的税率

(一)标准税率

居民企业以及在中国境内设立机构、场所且取得的所得与其所设机构、场所有实际联系的非居民企业，应当就其来源于中国境内、境外的所得缴纳企业所得税，适用税率为25%。

非居民企业在中国境内未设立机构、场所的，或者虽设立机构、场所但取得的所得与其所设机构、场所没有实际联系的，应当就其来源于中国境内的所得缴纳企业所得税，适用税率为20%。

(二)优惠税率

对于居民企业和在中国境内设立机构、场所且取得的所得与其所设机构、场所有实际联系的非居民企业，《企业所得税法》规定了20%和15%两档优惠税率；对于在中国境内未设立机构、场所的，或者虽设立机构、场所但取得的所得与其所设机构、场所没有实际联系的非居民企业，《企业所得税法》规定了10%的优惠税率。

1. 20%的优惠税率

符合条件的小型微利企业，减按20%的税率征收企业所得税。

符合条件的小型微利企业，是指从事国家非限制和禁止行业，并符合下列条件的企业：

(1)工业企业，年度应纳税所得额不超过30万元，从业人数不超过100人，资产总额不超过3 000万元；

(2)其他企业，年度应纳税所得额不超过30万元，从业人数不超过80

人，资产总额不超过 1 000 万元。

2. 15% 的优惠税率

国家需要重点扶持的高新技术企业，减按 15% 的税率征收企业所得税。

国家需要重点扶持的高新技术企业，是指拥有核心自主知识产权，并同时符合下列条件的企业：

（1）产品（服务）属于《国家重点支持的高新技术领域》（2009）规定的范围；

（2）研究开发费用占销售收入的比例不低于规定比例；

（3）高新技术产品（服务）收入占企业总收入的比例不低于规定比例；

（4）科技人员占企业职工总数的比例不低于规定比例；

（5）高新技术企业认定管理办法规定的其他条件。

3. 10% 的优惠税率

（1）在中国境内未设立机构、场所的，或者虽设立机构、场所但取得的与其所设机构、场所没有实际联系的，应当就其来源于中国境内的所得，减按 10% 的税率征收企业所得税。

（2）中国居民企业向境外 H 股非居民企业股东派发 2008 年及以后年度股息时，统一按 10% 的税率代扣代缴企业所得税。

非居民企业股东在获得股息之后，可以自行或通过委托代理人或代扣代缴义务人，向主管税务机关提出享受税收协定（安排）待遇的申请，提供证明自己为符合税收协定（安排）规定的实际收益所有人的资料。主管税务机关审核无误后，应就已征税款和根据税收协定（安排）规定税率计算的应纳税款的差额予以退税。

（3）合格境外机构投资者取得来源于中国境内的股息、红利和利息收入，应当按照企业所得税法规定缴纳 10% 的企业所得税。

第二节　企业资产的税务处理

企业资产是指企业拥有或者控制的、用于经营管理活动且与取得应税收入有关的资产。企业的各项资产包括固定资产、生产性生物资产、无形资产、长期待摊费用、投资资产、存货等，以历史成本为计税基础。历史成本是指企业取得该项资产时实际发生的支出。企业持有各项资产期间资产增值或者减值，除国务院财政、税务主管部门规定可以确认损益外，不得调整该资产的计税基础。企业转让资产，该项资产的净值准予在计算应纳税所得额时扣除。资产的净值是指有关资产、财产的计税基础减除已经按照规定扣除的折旧、折耗、摊销、准备金等后的余额。除另有规定外，企业在重组过程中，应当在交易发生时确认有关资产的转让所得或者损失，相关资产应当按照交易价格重新确定计税基础。

一、固定资产

在计算应纳税所得额时，企业按照规定计算的固定资产折旧，准予扣除。

(1)固定资产，是指企业为生产产品、提供劳务、出租或者经营管理而持有的、使用时间超过12个月的非货币性资产，包括房屋、建筑物、机器、机械、运输工具以及其他与生产经营活动有关的设备、器具、工具等。

(2)下列固定资产不得计算折旧扣除：

①房屋、建筑物以外未投入使用的固定资产；

②以经营租赁方式租入的固定资产；

③以融资租赁方式租出的固定资产；

④已足额提取折旧仍继续使用的固定资产；

⑤与经营活动无关的固定资产；

⑥单独估价作为固定资产入账的土地；

⑦其他不得计算折旧扣除的固定资产。

(3)固定资产按照以下方法确定计税基础：

①外购的固定资产，以购买价款和支付的相关税费以及直接归属于使该资产达到预定用途发生的其他支出为计税基础；

②自行建造的固定资产，以竣工结算前发生的支出为计税基础；

③融资租入的固定资产，以租赁合同约定的付款总额和承租人在签订租赁合同过程中发生的相关费用为计税基础，租赁合同未约定付款总额的，以该资产的公允价值和承租人在签订租赁合同过程中发生的相关费用为计税基础；

④盘盈的固定资产，以同类固定资产的重置完全价值为计税基础；

⑤通过捐赠、投资、非货币性资产交换、债务重组等方式取得的固定资产，以该资产的公允价值和支付的相关税费为计税基础；

⑥改建的固定资产，除法定的支出外，以改建过程中发生的改建支出增加计税基础。

(4)固定资产按照直线法计算的折旧，准予扣除。企业应当自固定资产投入使用月份的次月起计算折旧；停止使用的固定资产，应当自停止使用月份的次月起停止计算折旧。企业应当根据固定资产的性质和使用情况，合理确定固定资产的预计净残值。固定资产的预计净残值一经确定，不得变更。

(5)除国务院财政、税务主管部门另有规定外，固定资产计算折旧的最低年限如下：

①房屋、建筑物，为 20 年；

②飞机、火车、轮船、机器、机械和其他生产设备，为 10 年；

③与生产经营活动有关的器具、工具、家具等，为 5 年；

④飞机、火车、轮船以外的运输工具，为 4 年；

⑤电子设备，为 3 年。

(6)从事开采石油、天然气等矿产资源的企业，在开始商业性生产前发生的费用和有关固定资产的折耗、折旧方法，由国务院财政、税务主管部门另行规定。

二、生产性生物资产

(1)生产性生物资产，是指企业为生产农产品、提供劳务或者出租等而持有的生物资产，包括经济林、薪炭林、产畜和役畜等。

(2)生产性生物资产按照以下方法确定计税基础：

①外购的生产性生物资产，以购买价款和支付的相关税费为计税基础；

②通过捐赠、投资、非货币性资产交换、债务重组等方式取得的生产性生物资产，以该资产的公允价值和支付的相关税费为计税基础。

(3)生产性生物资产按照直线法计算的折旧准予扣除。企业应当自生产性生物资产投入使用月份的次月起计算折旧；停止使用的生产性生物资产，应当自停止使用月份的次月起停止计算折旧。企业应当根据生产性生物资产的性质和使用情况，合理确定生产性生物资产的预计净残值。生产性生物资产的预计净残值一经确定，不得变更。

(4)生产性生物资产计算折旧的最低年限如下：

①林木类生产性生物资产，为10年；

②畜类生产性生物资产，为3年。

三、无形资产

在计算应纳税所得额时，企业按照规定计算的无形资产摊销费用，准予扣除。

(1)无形资产，是指企业为生产产品、提供劳务、出租或者经营管理而持有的、没有实物形态的非货币性长期资产，包括专利权、商标权、著作权、土地使用权、非专利技术、商誉等。

(2)下列无形资产不得计算摊销费用扣除：

①自行开发的支出已在计算应纳税所得额时扣除的无形资产；

②自创商誉；

③与经营活动无关的无形资产；

④其他不得计算摊销费用扣除的无形资产。

(3)无形资产按照以下方法确定计税基础：

①外购的无形资产，以购买价款和支付的相关税费以及直接归属于使该资产达到预定用途发生的其他支出为计税基础；

②自行开发的无形资产，以开发过程中该资产符合资本化条件后至达到预定用途前发生的支出为计税基础；

③通过捐赠、投资、非货币性资产交换、债务重组等方式取得的无形资产，以该资产的公允价值和支付的相关税费为计税基础。

(4)无形资产按照直线法计算的摊销费用，准予扣除。外购商誉的支出，在企业整体转让或者清算时，准予扣除。

(5)无形资产的摊销年限不得低于10年。作为投资或者受让的无形资产，有关法律规定或者合同约定了使用年限的，可以按照规定或者约定的使用年限分期摊销。

四、长期待摊费用

在计算应纳税所得额时，企业发生的下列支出作为长期待摊费用，按照规定摊销的，准予扣除：

(1)已足额提取折旧的固定资产的改建支出，按照固定资产预计尚可使用年限分期摊销。

(2)租入固定资产的改建支出，按照合同约定的剩余租赁期限分期摊销。

(3)固定资产的大修理支出，按照固定资产尚可使用年限分期摊销，是指同时符合下列条件的支出：

①修理支出达到取得固定资产时的计税基础50%以上；

②修理后固定资产的使用年限延长2年以上。

(4)其他应当作为长期待摊费用的支出，自支出发生月份的次月起分期摊销，摊销年限不得低于3年。

五、投资资产

企业对外投资期间，投资资产的成本在计算应纳税所得额时不得扣除。

投资资产，是指企业对外进行权益性投资和债权性投资形成的资产。企业在转让或者处置投资资产时，投资资产的成本准予扣除。投资资产按照以下方式确定成本：

(1)通过支付现金方式取得的投资资产，以购买价款为成本；

(2)通过支付现金以外的方式取得的投资资产，以该资产的公允价值和支付的相关税费为成本。

六、存货

企业使用或者销售存货，按照规定计算的存货成本，准予在计算应纳税所得额时扣除。

存货是指企业持有以备出售的产品或者商品、处在生产过程中的在产品、在生产或者提供劳务过程中耗用的材料和物料等。存货按照以下方法确定成本：

(1)通过支付现金方式取得的存货，以购买价款和支付的相关税费为成本；

（2）通过支付现金以外的方式取得的存货，以该存货的公允价值和支付的相关税费为成本；

（3）生产性生物资产收获的农产品，以产出或者采收过程中发生的材料费、人工费和分摊的间接费用等必要支出为成本。

企业使用或者销售的存货的成本计算方法，可以在先进先出法、加权平均法、个别计价法中选用一种。计价方法一经选用，不得随意变更。

七、资产损失

资产损失，是指企业在生产经营活动中实际发生的、与取得应税收入有关的资产损失，包括现金损失，存款损失，坏账损失，贷款损失，股权投资损失，固定资产和存货的盘亏、毁损、报废、被盗损失，自然灾害等不可抗力因素造成的损失以及其他损失。企业发生上述资产损失，应在按税法规定实际确认或者实际发生的当年申报扣除，不得提前或延后扣除。

（1）企业实际发生的资产损失按税务管理方式可分为自行计算扣除的资产损失和须经税务机关审理后才能扣除的资产损失。下列资产损失属于由企业自行计算扣除的资产损失：

①企业在正常经营管理活动中因销售、转让、变卖固定资产、生产性生物资产、存货发生的资产损失；

②企业各项存货发生的正常损耗；

③企业固定资产达到或超过使用年限而正常报废清理的损失；

④企业生产性生物资产达到或超过使用年限而正常死亡发生的资产损失；

⑤企业按照有关规定通过证券交易所、银行间市场买卖债券、股票、基金以及金融衍生产品等发生的损失；

⑥其他经国家税务总局确认不需经税务机关审批的资产损失。

（2）企业发生的资产损失，凡无法准确辨别是否属于自行计算扣除的资产损失，可向税务机关提出审批申请。税务机关对企业资产损失税前扣除的审批是对纳税人按规定提供的申报材料与法定条件进行符合性审查。企业资产损失税前扣除不实行层层审批，企业可直接向有权审批的税务机关申请。负责审批的税务机关应对企业资产损失税前扣除审批申请即报即批。

(3)企业发生属于由企业自行计算扣除的资产损失，应按照企业内部管理控制的要求，做好资产损失的确认工作，并保留好有关资产会计核算资料和原始凭证及内部审批证明等证据。

企业按规定向税务机关报送资产损失税前扣除申请时，均应提供能够证明资产损失确属已实际发生的合法证据，包括具有法律效力的外部证据和特定事项的企业内部证据。

(4)企业货币资产损失包括现金损失、银行存款损失和应收(预付)账款损失等。

①企业清查出的现金短缺扣除责任人赔偿后的余额，确认为现金损失；

②企业将货币性资金存入法定具有吸收存款职能的机构，因该机构依法破产、清算，或者政府责令停业、关闭等原因，确实不能收回的部分，确认为存款损失；

③逾期不能收回的应收款项中，单笔数额较小、不足以弥补清收成本的，由企业作出专项说明，对确实不能收回的部分，认定为损失；

④逾期3年以上的应收款项，企业有依法催收磋商记录，确认债务人已资不抵债、连续3年亏损或连续停止经营3年以上的，并能认定3年内没有任何业务往来，可以认定为损失。

(5)企业非货币资产损失包括存货损失、固定资产损失、在建工程损失、生物资产损失等。

①存货盘亏损失，其盘亏金额扣除责任人赔偿后的余额部分，存货报废、毁损和变质损失，其账面价值扣除残值及保险赔偿或责任赔偿后的余额部分，以及存货被盗损失，其账面价值扣除保险理赔以及责任赔偿后的余额部分，依据相关证据认定损失。

②固定资产盘亏、丢失损失，其账面净值扣除责任人赔偿后的余额部分；固定资产报废、毁损损失，其账面净值扣除残值、保险赔偿和责任人赔偿后的余额部分；以及固定资产被盗损失，其账面净值扣除保险理赔以及责任赔偿后的余额部分，依据相关证据认定损失。

③在建工程停建、废弃和报废、拆除损失，其账面价值扣除残值后的余额部分；在建工程自然灾害和意外事故毁损损失，其账面价值扣除残值、保险赔偿及责任赔偿后的余额部分，依据相关证据认定损失。工程物资发生损

失的，比照存货损失的规定进行认定。

④生产性生物资产盘亏损失，其账面净值扣除责任人赔偿后的余额部分；因森林病虫害、疫情、死亡而产生的生产性生物资产损失，其账面净值扣除残值、保险赔偿和责任人赔偿后的余额部分；对被盗伐、被盗、丢失而产生的生产性生物资产损失，其账面净值扣除保险理赔以及责任赔偿后的余额部分，依据相关证据认定损失。

⑤企业由于未能按期赎回抵押资产，使抵押资产被拍卖或变卖，其账面净值大于变卖价值的差额部分，依据拍卖或变卖证明认定为资产损失。

(6)企业投资损失包括债权性投资损失和股权(权益)性投资损失。

①各类符合坏账损失条件的债权投资，依据相关证据认定损失；

②金融企业符合坏账条件的银行卡透支款项以及相关的已计入应纳税所得额的其他应收款项，依据相关证据认定损失；

③金融企业符合坏账条件的助学贷款，依据相关证据认定损失；

④企业符合条件的股权(权益)性投资损失，应依据相关证据认定损失；

⑤企业的股权(权益)投资当有确凿证据表明已形成资产损失时，应扣除责任人和保险赔款、变价收入或可收回金额后，再确认发生的资产损失。

第三节　企业所得税的税收优惠政策

税收优惠政策，是指为了照顾某些纳税人的特殊情况而给予减征或免征所得税款的规定。它是税法原则性和灵活性相结合的体现，是发挥税收特殊调节作用的重要手段，有利于更好地贯彻税收政策，促进社会生产力的发展。根据有关法规，我国企业所得税的减免优惠政策主要有以下几项。

一、从事农、林、牧、渔业项目的所得

企业从事农、林、牧、渔业项目的所得，可以免征、减征企业所得税。免税项目包括：

(1)蔬菜、谷物、薯类、油料、豆类、棉花、麻类、糖料、水果、坚果的种植；

(3)经国务院批准的其他所得。

按照国际惯例，来源国对汇出境外的利润有优先征税权，一般征收预提所得税，税率多在10%以上。如果税收协定规定减免的，可以按照协定规定减免。《企业所得税法》及其《实施条例》借鉴国际惯例，规定对汇出境外利润减按10%的税率征收企业所得税，没有给予普遍的免税政策，有利于通过双边互惠维护我国税收权益和对将利润汇出境外的企业的利益。

六、开发新技术、新产品、新工艺发生的研究开发费用加计扣除

研究开发费用的加计扣除，是指企业为开发新技术、新产品、新工艺发生的研究开发费用，未形成无形资产计入当期损益的，在按照规定据实扣除的基础上，按照研究开发费用的50%加计扣除；形成无形资产的，按照无形资产成本的150%摊销。

企业从事规定项目的研究开发活动，其在一个纳税年度中实际发生的下列费用支出，允许在计算应纳税所得额时按照规定实行加计扣除。

(1)新产品设计费、新工艺规程制定费以及与研发活动直接相关的技术图书资料费、资料翻译费；

(2)从事研发活动直接消耗的材料、燃料和动力费用；

(3)在职直接从事研发活动人员的工资、薪金、奖金、津贴、补贴；

(4)专门用于研发活动的仪器、设备的折旧费或租赁费；

(5)专门用于研发活动的软件、专利权、非专利技术等无形资产的摊销费用；

(6)专门用于中间试验和产品试制的模具、工艺装备开发及制造费用；

(7)勘探开发技术的现场试验费；

(8)研发成果的论证、评审、验收费用。

对企业共同合作开发的项目，凡符合上述条件的，由合作各方就自身承担的研发费用分别按照规定计算加计扣除。

对企业委托给外单位进行开发的研发费用，凡符合上述条件的，由委托方按照规定计算加计扣除，受托方不得再进行加计扣除。对委托开发的项目，受托方应向委托方提供该研发项目的费用支出明细情况，否则，该委托开发项目的费用支出不得实行加计扣除。

企业根据财务会计核算和研发项目的实际情况，对发生的研发费用进行收益化或资本化处理的，可按下述规定计算加计扣除：

(1)研发费用计入当期损益未形成无形资产的，允许再按当年研发费用实际发生额的50%，直接抵扣当年的应纳税所得额；

(2)研发费用形成无形资产的，按照无形资产成本的150%在税前摊销。除法律另有规定外，摊销年限不得低于10年。

法律、行政法规和国家税务总局规定不允许企业所得税前扣除的费用和支出项目，均不允许计入研究开发费用。企业未设立专门的研发机构或企业研发机构同时承担生产经营任务的，应对研发费用和生产经营费用分开进行核算，准确、合理的计算各项研究开发费用支出，对划分不清的，不得实行加计扣除。

七、安置残疾人员及国家鼓励安置的其他就业人员所支付的工资

企业安置残疾人员所支付的工资的加计扣除，是指企业安置残疾人员的，在按照支付给残疾职工工资据实扣除的基础上，按照支付给残疾职工工资的100%加计扣除。企业安置国家鼓励安置的其他就业人员所支付的工资的加计扣除办法，由国务院另行规定。

八、创业投资企业从事国家需要重点扶持和鼓励的创业投资，可以按投资额的一定比例抵扣应纳税所得额

抵扣应纳税所得额，是指创业投资企业采取股权投资方式投资于未上市的中小高新技术企业两年以上的，可以按照其投资额的70%在股权持有满两年的当年抵扣该创业投资企业的应纳税所得额；当年不足抵扣的，可以在以后纳税年度结转抵扣。

九、加速折旧

企业的固定资产由于技术进步等原因，确需加速折旧的，可以缩短折旧年限或者采取加速折旧的方法。可以采取缩短折旧年限或者采取加速折旧的方法的固定资产，包括：

(1)由于技术进步，产品更新换代较快的固定资产；

(2)常年处于强震动、高腐蚀状态的固定资产。

采取缩短折旧年限方法的，最低折旧年限不得低于法定折旧年限的60%；采取加速折旧方法的，可以采取双倍余额递减法或者年数总和法。

十、减计收入

企业综合利用资源，生产符合国家产业政策规定的产品所取得的收入，可以在计算应纳税所得额时减计收入。

减计收入，是指企业以《资源综合利用企业所得税优惠目录》规定的资源作为主要原材料，生产国家非限制和禁止并符合国家和行业相关标准的产品取得的收入，减按90%计入收入总额。前述所称原材料占生产产品材料的比例不得低于前述优惠目录规定的标准。

十一、抵免应纳税额

企业购置用于环境保护、节能节水、安全生产等专用设备的投资额，可以按一定比例实行税额抵免。

税额抵免，是指企业购置并实际使用《环境保护专用设备企业所得税优惠目录》、《节能节水专用设备企业所得税优惠目录》和《安全生产专用设备企业所得税优惠目录》规定的环境保护、节能节水、安全生产等专用设备的，该专用设备投资额的10%可以从企业当年的应纳税额中抵免；当年不足抵免的，可以在以后5个纳税年度结转抵免。享受上述规定的企业所得税优惠的企业，应当实际购置并自身实际投入使用上述规定的专用设备；企业购置上述专用设备在5年内转让、出租的，应当停止享受企业所得税优惠，并补缴已经抵免的企业所得税税款。

购置并实际使用的环境保护、节能节水和安全生产专用设备，包括承租方企业以融资租赁方式租入的、并在融资租赁合同中约定租赁期届满时租赁设备所有权转移给承租方企业，且符合规定条件的上述专用设备。凡融资租赁期届满后租赁设备所有权未转移至承租方企业的，承租方企业应停止享受抵免企业所得税优惠，并补缴已经抵免的企业所得税税款。

十二、鼓励软件产业和集成电路产业发展的优惠政策

《财政部、国家税务总局关于执行企业所得税优惠政策若干问题的通知》

(财税[2009]68号)的规定如下:

(1)软件生产企业实行增值税即征即退政策所退还的税款,由企业用于研究开发软件产品和扩大再生产,不作为企业所得税应税收入,不予征收企业所得税。

(2)我国境内新办软件生产企业经认定后,自获利年度起,第1年和第2年免征企业所得税,第3年至第5年减半征收企业所得税。

(3)国家规划布局内的重点软件生产企业,如当年未享受免税优惠的,减按10%的税率征收企业所得税。

(4)软件生产企业的职工培训费用,可按实际发生额在计算应纳税所得额时扣除。

(5)企事业单位购进软件,凡符合固定资产或无形资产确认条件的,可以按照固定资产或无形资产进行核算,经主管税务机关核准,其折旧或摊销年限可以适当缩短,最短可为2年。

(6)集成电路设计企业视同软件企业,享受上述软件企业的有关企业所得税政策。

(7)集成电路生产企业的生产性设备,经主管税务机关核准,其折旧年限可以适当缩短,最短可为3年。

(8)投资额超过80亿元人民币或集成电路线宽小于0.25微米的集成电路生产企业,可以减按15%的税率缴纳企业所得税,其中经营期在15年以上的,从开始获利的年度起,第1年至第5年免征企业所得税,第6年至第10年减半征收企业所得税。

(9)对生产线宽小于0.8微米(含)集成电路产品的生产企业,经认定后,自获利年度起,第1年和第2年免征企业所得税,第3年至第5年减半征收企业所得税。已经享受自获利年度起企业所得税"两免三减半"政策的企业,不再重复执行本条规定。

(10)自2008年1月1日起至2010年年底止,对集成电路生产企业、封装企业的投资者,以其取得的缴纳企业所得税后的利润,直接投资于本企业增加注册资本,或作为资本投资开办其他集成电路生产企业、封装企业,经营期不少于5年的,按40%的比例退还其再投资部分已缴纳的企业所得税税款。再投资不满5年撤出该项投资的,追缴已退的企业所得税税款。

(11)2007年年底前设立的软件生产企业和集成电路生产企业，经认定后可以按《财政部、国家税务总局关于企业所得税若干优惠政策的通知》(财税[2008]1号)的规定享受企业所得税定期减免税优惠政策。在2007年度或以前年度已获利并开始享受定期减免税优惠政策的，可自2008年度起继续享受至期满为止。

(12)自2008年1月1日起至2010年底止，对国内外经济组织作为投资者，以其在境内取得的缴纳企业所得税后的利润，作为资本投资于西部地区开办集成电路生产企业、封装企业或软件产品生产企业，经营期不少于5年的，按80%的比例退还其再投资部分已缴纳的企业所得税税款。再投资不满5年撤出该项投资的，追缴已退的企业所得税税款。

十三、鼓励证券投资基金发展的优惠政策

《财政部、国家税务总局关于企业所得税若干优惠政策的通知》(财税[2008]1号)规定如下：

(1)对证券投资基金从证券市场中取得的收入，包括买卖股票、债券的差价收入，股权的股息、红利收入，债券的利息收入及其他收入，暂不征收企业所得税。

(2)对投资者从证券投资基金分配中取得的收入，暂不征收企业所得税。

(3)对证券投资基金管理人运用基金买卖股票、债券的差价收入，暂不征收企业所得税。

十四、清洁基金和CDM项目实施企业的优惠政策

《财政部、国家税务总局关于中国清洁发展机制基金及清洁发展机制项目实施企业有关企业所得税政策问题的通知》(财税[2009]30号)规定了中国清洁发展机制基金(以下简称清洁基金)和清洁发展机制项目(以下简称CDM项目)实施企业的优惠政策。

(1)对清洁基金取得的下列收入，免征企业所得税：

①清洁发展机制项目温室气体减排量转让收入上缴国家的部分；

②国际金融组织捐款收入；

③基金资金的存款利息收入、购买国债的利息收入；

④国内外机构、组织和个人的捐赠收入。

（2）根据 CDM 项目实施企业按照《清洁发展机制项目运行管理办法》（国家发改委、科技部、外交部、财政部令第 37 号）的规定，将温室气体减排量的转让收入，按照以下比例上缴给国家的部分，准予在计算应纳税所得额时扣除：

①氢氟碳化物（HFC）和全氟碳化物（PFC）类项目，为温室气体减排量转让收入的 65%；

②氧化亚氮（N_2O）类项目，为温室气体减排量转让收入的 30%；

③《清洁发展机制项目运行管理办法》第 4 条规定的重点领域以及植树造林项目等类清洁发展机制项目，为温室气体减排量转让收入的 2%。

（3）对企业实施的将温室气体减排量转让收入的 65% 上缴给国家的 HFC 和 PFC 类 CDM 项目，以及将温室气体减排量转让收入的 30% 上缴给国家的 N_2O 类 CDM 项目，其实施该类 CDM 项目的所得，自项目取得第 1 笔减排量转让收入所属纳税年度起，第 1 年至第 3 年免征企业所得税，第 4 年至第 6 年减半征收企业所得税。

企业实施 CDM 项目的所得，是指企业实施 CDM 项目取得的温室气体减排量转让收入扣除上缴国家的部分，再扣除企业实施 CDM 项目发生的相关成本、费用后的净所得。

企业应单独核算其享受优惠的 CDM 项目的所得，并合理分摊有关期间费用，没有单独核算的，不得享受上述企业所得税优惠政策。

十五、经营性文化事业单位转制为企业的优惠政策

根据《财政部、国家税务总局关于文化体制改革中经营性文化事业单位转制为企业的若干税收优惠政策的通知》（财税［2009］34 号）规定，自 2009 年 1 月 1 日起至 2013 年 12 月 31 日止，经营性文化事业单位转制为企业，自转制注册之日起免征企业所得税。

经营性文化事业单位，是指从事新闻出版、广播影视和文化艺术的事业单位；转制包括文化事业单位整体转为企业和文化事业单位中经营部分剥离转为企业。

十六、台湾航运公司海峡两岸海上直航的优惠政策

根据《财政部、国家税务总局关于海峡两岸海上直航营业税和企业所得税政策的通知》(财税[2009]4号)规定，自2008年12月15日起，对台湾航空公司从事海峡两岸海上直航业务取得的来源于大陆的所得，免征企业所得税。

(1)台湾航空公司，是指取得交通运输部颁发的“台湾海峡两岸间水路运输许可证”且上述许可证注明的公司登记地址在台湾的航运公司。

(2)享受企业所得税免税政策的台湾航运公司应当按照《实施条例》的有关规定，单独核算其从事上述业务在大陆取得的收入和发生的成本、费用；未单独核算的，不得享受免征企业所得税政策。

十七、关于其他有关行业、企业的优惠政策

《企业所得税法》施行后，为保证部分行业、企业税收优惠政策执行的连续性，对下列定期企业所得税优惠政策，继续按原优惠政策规定的办法和时间执行到期：(1)就业再就业；(2)奥运会和世博会；(3)社会公益；(4)债转股；(5)清产核资、重组、改制、转制等企业改革；(5)涉农和国家储备；(6)其他单项优惠政策，等等。

第四节 企业所得税的计算

一、应纳税所得额的确定

应纳税所得额的计算公式如下：

应纳税所得额＝法定收入总额－税法准予扣除项目金额

(一)收入总额

企业以货币形式和非货币形式从各种来源取得的收入，为收入总额。包括销售货物收入，提供劳务收入，转让财产收入，股息、红利等权益性投资收益，利息收入，租金收入，特许权使用费收入，接受捐赠收入以及其他收入。

1. 销售货物收入

销售货物收入，是指企业销售商品、产品、原材料、包装物、低值易耗品以及其他存货取得的收入。除法律法规另有规定外，企业销售货物收入的确认，必须遵循权责发生制原则和实质重于形式原则。

2. 提供劳务收入

提供劳务收入，是指企业从事建筑安装、修理修配、交通运输、仓储租赁、金融保险、邮电通信、咨询经纪、文化体育、科学研究、技术服务、教育培训、餐饮住宿、中介代理、卫生保健、社区服务、旅游、娱乐、加工以及其他劳务服务活动取得的收入。

企业在各个纳税期末，提供劳务交易的结果能够可靠估计的，应采用完工进度(百分比)法确认提供劳务收入。

3. 其他收入

(1)转让财产收入。转让财产收入，是指企业转让固定资产、生物资产、无形资产、股权、债权等财产取得的收入。

(2)股息、红利等权益性投资收益。股息、红利等权益性投资收益，是指企业因权益性投资从被投资方取得的收入。股息、红利等权益性投资收益，除国务院财政、税务主管部门另有规定外，按照被投资方作出利润分配决定的日期确认收入的实现。

(3)利息收入。利息收入，是指企业将资金提供给他人使用但不构成权益性投资，或者因他人占用本企业资金取得的收入，包括存款利息、贷款利息、债券利息、欠款利息等收入。利息收入，按照合同约定的债务人应付利息的日期确认收入的实现。

(4)租金收入。租金收入，是指企业提供固定资产、包装物或者其他有形资产的使用权取得的收入。租金收入，按照合同约定的承租人应付租金的日期确认收入的实现。

(5)特许权使用费收入。特许权使用费收入，是指企业提供专利权、非专利技术、商标权、著作权以及其他特许权的使用权取得的收入。特许权使用费收入，按照合同约定的特许权使用人应付特许权使用费的日期确认收入的实现。

(6)接受捐赠收入。接受捐赠收入，是指企业接受的来自其他企业、组织或者个人无偿给予的货币性资产、非货币性资产。接受捐赠收入，按照实际收到捐赠资产的日期确认收入的实现。

企业以买一赠一等方式组合销售本企业商品的，不属于捐赠，应将总的销售金额按各项商品的公允价值的比例来分摊确认各项的销售收入。

(7)其他收入。其他收入，是指企业取得《企业所得税法》具体列举的收入外的其他收入，包括企业资产溢余收入、逾期未退包装物押金收入、确实无法偿付的应付款项、已作坏账损失处理后又收回的应收款项、债务重组收入、补贴收入、违约金收入、汇兑收益等。

(二)税前扣除原则及准予扣除的项目

《企业所得税法》规定了对企业实际发生的与取得收入有关的、合理的支出允许税前扣除的一般扣除项目，同时明确不得税前扣除的禁止扣除项目，又规定了允许税前扣除的特殊扣除项目。

相关性和合理性是企业所得税税前扣除的基本要求和重要条件：(1)相关性是指与取得收入直接相关的支出。对相关性的判断一般从支出发生的根源和性质进行分析，而不是看费用支出的结果。相关性要求为限制取得的不征税收入所形成的支出不得扣除提供了依据。(2)合理性是指符合生产经营活动常规，应当计入当期损益或者有关资产成本的必要和正常的支出。对合理性的判断主要是发生的支出的计算和分配方法是否符合一般经营常规。

在符合各项扣除原则的前提下，允许在所得税税前扣除以下各项。

1. 成本

成本是指企业在生产经营活动中发生的销售成本、销货成本、业务支出以及其他耗费。

2. 费用

费用是指企业在生产经营活动中发生的销售费用、管理费用和财务费用，已经计入成本的有关费用除外。

(1)企业发生的与生产经营活动有关的业务招待费支出，按照发生的60%扣除，但最高不得超过当年销售(营业)收入的5‰。

(2)企业发生的符合条件的广告费和业务宣传费支出，除国务院财政、税务主管部门另有规定外，不超过当年销售（营业）收入 15% 的部分，准予扣除；超过部分，准予在以后纳税年度结转扣除。

企业在计算业务招待费、广告费和业务宣传费等费用扣除限额时，其销售（营业）收入额应包括企业发生非货币性资产交换，以及将货物、财产、劳务用于捐赠、偿债、赞助、集资、广告、样品、职工福利或者利润分配等用途时应当视同销售（营业）的收入额。

（3）企业根据生产经营活动的需要租入固定资产支付的租赁费，按照以下方式扣除：

①以经营租赁方式租入固定资产发生的租赁费支出，按照租赁期限均匀扣除；

②以融资租赁方式租入固定资产发生的租赁费支出，按照规定构成融资租入固定资产价值的部分应当提取折旧费用，分期扣除。

（4）非居民企业在中国境内设立的机构、场所，就其中国境外总机构发生的与该机构、场所生产经营有关的费用，能够提供总机构出具的费用汇集范围、定额、分配依据和方法等证明文件，并合理分摊的，准予扣除。

3. 税金

企业发生的除企业所得税和允许抵扣的增值税以外的各项税金及其附加，即纳税人按照规定缴纳的消费税、营业税、资源税、土地增值税、关税、城市维护建设税、教育费附加，以及发生的房产税、车船税、土地使用税、印花税等税金及附加。企业缴纳的房产税、车船税、土地使用税、印花税等，已经计入管理费用中扣除的，不再作为税金单独扣除。企业缴纳的增值税属于价外税，故不在扣除之列。

4. 损失

损失是指企业在生产经营活动中发生的固定资产和存货的盘亏、毁损、报废损失，转让财产损失，呆账损失，坏账损失，自然灾害等不可抗力因素造成的损失以及其他损失。

企业发生的损失，减除责任人赔偿和保险赔款后的余额，依照国务院财政、税务主管部门的规定扣除。企业已经作为损失处理的资产，在以后纳税年度又全部收回或者部分收回时，应当计入当期收入。

出版、发行企业库存呆滞出版物，纸质图书超过5年(包括出版当年)，音像制品、电子出版物和投影片(含缩微制品)超过2年，纸质期刊和挂历年画等超过1年的，可以作为财产损失在税前据实扣除。已作为财产损失税前扣除的呆滞出版物，以后年度处置的，其处置收入应纳入处置当年的应税收入。

5. 其他支出

其他支出是指除成本、费用、税金、损失外，企业在生产经营活动中发生的与生产经营活动有关的、合理的支出。

(1)企业在生产经营活动中发生的合理的不需要资本化的借款费用，准予扣除。

企业为购置、建造固定资产、无形资产和经过12个月以上的建造才能达到预定可销售状态的存货发生借款的，在有关购置、建造期间发生的合理的借款费用，应当作为资本性支出计入有关资产的成本，并依照《中华人民共和国企业所得税实施条例》的规定扣除。

(2)企业在生产经营活动中发生的下列利息支出，准予扣除：

①非金融企业向金融企业借款的利息支出、金融企业的各项存款利息支出和同业拆借利息支出、企业经批准发行债券的利息支出；

②非金融企业向非金融企业借款的利息支出，不超过按照金融企业同期同类贷款利率计算的数额部分。

(3)企业在货币交易中，以及纳税年度终了时将人民币以外的货币性资产、负债按照期末即期人民币汇率中间价折算为人民币时产生的汇兑损失，除已经计入有关资产成本以及与向所有者进行利润分配相关的部分外，准予扣除。

(4)企业参加财产保险，按照有关规定缴纳的保险费，准予扣除。

(5)企业依照法律、行政法规有关规定提取的用于环境保护、生态恢复等方面的专项资金，准予扣除。上述专项资金提取后改变用途的，不得扣除。

(6)企业发生的合理的劳动保护支出，准予扣除。

(7)企业发生与生产经营有关的手续费及佣金支出，不超过以下规定计算限额以内的部分，准予扣除；超过部分，不得扣除。

①保险企业：财产保险企业按照全部保费收入扣除退保金等后余额的

15%计算限额；人身保险企业按当年全部保费收入扣除退保金等后余额的10%计算限额。

②其他企业：按与具有合法经营资格中介服务机构或个人（不含交易双方及其雇员、代理人和代表人等）所签订服务协议或合同确认的收入金额的5%计算限额。

（三）准予扣除项目的调整

纳税人的财务、会计处理与税收规定不一致的，应依照税收规定予以调整，按税收规定允许扣除的金额准予扣除。

1. 公益性捐赠的税前扣除

企业发生的公益性捐赠支出，在年度利润总额12%以内的部分，准予在计算应纳税所得额时扣除。

年度利润总额，是指企业依照国家统一会计制度的规定计算的年度会计利润。允许公益性捐赠支出在税前按比例扣除，主要是为了鼓励企业支持社会公益事业，促进我国社会公益事业的发展。

公益性捐赠，是指企业通过公益性社会团体或者县级以上人民政府及其部门，用于《公益事业捐赠法》规定的公益事业的捐赠。用于公益事业的捐赠支出，是指《公益事业捐赠法》规定的向公益事业的捐赠支出，具体范围包括：

（1）救助灾害、救济贫困、扶助残疾人等困难的社会群体和个人的活动；

（2）教育、科学、文化、卫生、体育事业；

（3）环境保护、社会公共设施建设；

（4）促进社会发展和进步的其他社会公共和福利事业。

公益性社会团体和县级以上人民政府及其组成部门和直属机构在接受捐赠时，捐赠资产的价值，按以下原则确认：

（1）接受捐赠的货币性资产，应当按照实际收到的金额计算；

（2）接受捐赠的非货币性资产，应当以其公允价值计算。

2. 工资薪金支出的税前扣除

企业发生的合理的工资薪金支出，准予扣除。工资薪金，是指企业每一纳税年度支付给在本企业任职或者受雇的员工的所有现金形式或者非现金形式的劳动报酬，包括基本工资、奖金、津贴、补贴、年终加薪、加班工资，以及与员工任职或者受雇有关的其他支出。

工资薪金总额，是指企业按照有关合理工资薪金的规定实际发放的工资薪金总和，不包括企业的职工福利费、职工教育经费、工会经费以及养老保险费、医疗保险费、失业保险费、工伤保险费、生育保险费等社会保险费和住房公积金。属于国有性质的企业，其工资薪金不得超过政府有关部门给予的限定数额；超过部分，不得计入企业工资薪金总额，也不得在计算企业应纳税所得额时扣除。对工资支出合理性的判断，主要包括两个方面：

(1)雇员实际提供了服务；

(2)报酬总额在数量上是合理的。

实践中，主要考虑雇员的职责、过去的报酬情况，以及雇员的业务量和复杂程度等相关因素。同时，还要考虑当地同行业职工平均工资水平。

3. 社会保险费的税前扣除

企业依照国务院有关主管部门或者省级人民政府规定的范围和标准为职工缴纳的基本养老保险费、基本医疗保险费、失业保险费、工伤保险费、生育保险费等基本社会保险费和住房公积金，准予扣除。企业为投资者或者职工支付的补充养老保险费、补充医疗保险费，在国务院财政、税务主管部门规定的范围和标准内，准予扣除。

自2008年1月1日起，企业为在本企业任职或者受雇的全体员工支付的补充养老保险费、补充医疗保险费，分别在不超过职工工资总额的5%标准内的部分，在计算应纳税所得额时准予扣除；超过的部分，不予扣除。除企业依照国家有关规定为特殊工种职工支付的人身安全保险费和国务院财政、税务主管部门规定可以扣除的其他商业保险费外，企业为投资者或者职工支付的商业保险费，不得扣除。

4. 职工福利费等的税前扣除

(1)企业发生的职工福利费支出，不超过工资薪金总额14%的部分，准予扣除。

(2)企业拨缴的工会经费，不超过工资薪金总额2%的部分，准予扣除。

(3)除国务院财政、税务主管部门另有规定外，企业发生的职工教育经费支出，不超过工资薪金总额的2.5%的部分准予扣除；超过部分，准予在以后纳税年度结转扣除。

5. 证券行业准备金支出的税前扣除

根据《财政部、国家税务总局关于证券行业准备金支出企业所得税税前扣除有关问题的通知》(财税[2009]33号)规定，自2008年1月1日起至2010年12月31日止，证券行业准备金支出(包括证券类准备金和期货类准备金)企业所得税税前扣除有关政策如下：

(1)证券交易所风险基金。上海、深圳证券交易所按证券交易所交易收取经手费的20%、会员年费的10%提取的证券交易所风险基金，在各基金净资产不超过10亿元的额度内，准予在企业所得税税前扣除。

(2)证券结算风险基金。中国证券登记结算公司所属上海分公司、深圳分公司按证券登记结算公司业务收入的20%提取的证券结算风险基金，在各基金净资产不超过30亿元的额度内，准予在企业所得税税前扣除。

证券公司作为结算会员按人民币普通股和基金成交金额的0.003%、国债现货成交金额的0.001%、1天期国债回购成交金额的0.00005%、2天期国债回购成交额的0.0001%、3天期国债回购成交额的0.00015%、4天期国债回购成交额的0.0002%、7天期国债回购成交额的0.0005%、14天期国债回购成交额的0.001%、28天期国债回购成交额的0.002%、91天期国债回购成交额的0.006%、182天期国债回购成交额的0.012%逐日交纳的证券结算风险基金，准予在企业所得税税前扣除。

(3)证券投资者保护基金。上海、深圳证券交易所在风险基金分别达到规定的上限后，按交易经手费的20%缴纳的证券投资者保护基金，准予在企业所得税税前扣除；证券公司按其营业收入0.5%~5%缴纳的证券投资者保护基金，准予在企业所得税税前扣除。

(4)期货交易所风险准备金。上海期货交易所、大连商品交易所、郑州商品交易所和中国金融期货交易所分别按向会员收取手续费收入的20%计提的风险准备金，在风险准备金余额达到有关规定的额度内，准予在企业所得税税前扣除。

(5)期货公司风险准备金。期货公司从其收取的交易手续费收入减去应付期货交易所手续费后的净收入的5%提取的期货公司风险准备金，准予在企业所得税税前扣除。

(6)期货投资者保障基金。上海期货交易所、大连商品交易所、郑州商品交易所和中国金融期货交易所按其向期货公司会员收取的交易手续费的3%缴纳的期货投资者保障基金，在基金总额达到有关规定的额度内，准予在企业所得税税前扣除；期货公司从其收取的交易手续费中按照代理交易额的0.00005%至0.0001%的比例缴纳的期货投资者保障基金，在基金总额达到有关规定的额度内，准予在企业所得税税前扣除。

6. 保险公司准备金支出的税前扣除

根据《财政部、国家税务总局关于保险公司准备金支出企业所得税税前扣除有关问题的通知》(财税[2009]48号)规定，自2008年1月1日起至2010年12月31日止，保险公司准备金支出企业所得税税前扣除有关政策如下。

(1)保险公司按下列规定缴纳的保险保障基金，准予据实税前扣除。

①非投资型财产保险业务，不得超过保费收入的0.8%；投资型财产保险业务，有保证收益的，不得超过业务收入的0.08%，无保证收益的，不得超过业务收入的0.05%。保费收入，是指投保人按照保险合同约定，向保险公司支付的保险费。

②有保证收益的人寿保险业务，不得超过业务收入的0.15%；无保证收益的人寿保险业务，不得超过业务收入的0.05%。业务收入，是指投保人按照保险合同约定，为购买相应的保险产品支付给保险公司的全部金额。

③短期健康保险业务，不得超过保费收入的0.8%；长期健康保险业务，不得超出保费收入的0.15%。

④非投资型意外伤害保险业务，不得超过保费收入的0.8%；投资型意外伤害保险业务，有保证收益的，不得超过业务收入的0.08%，无保证收益的，不得超过业务收入的0.05%。

(2)保险公司有下列情形之一的，其缴纳的保险保障基金不得在税前扣除。

①财产保险公司的保险保障基金余额达到公司总资产6%的；

②人身保险公司的保险保障基金余额达到公司总资产1%的。

(3)保险公司按规定提取的未到期责任准备金、寿险责任准备金、长期健康险责任准备金、未决赔偿准备金，准予在税前扣除。

①未到期责任准备金、寿险责任准备金、长期健康险责任准备金依据精

算师和出具专项审计报告的中介机构确定的金额提取。

②未决赔偿准备金分已发生已报案未决赔偿准备金、已发生未报案未决赔偿准备金和理赔费用准备金。已发生已报案未决赔偿准备金，按最高不超过当期已经提出的保险赔款或者给付金额的100%提取；已发生未报案未决赔偿准备金按不超过当年实际赔款支出额的8%提取。

(4)保险公司实际发生的各种保险赔款、给付，应首先冲抵按规定提取的准备金，不足冲抵部分，准予在当年税前扣除。

除了上述税前扣除规定外，还有如下规则：

(1)保险公司退保业务发生之前已实际支付的与退保业务相关的佣金，准予在企业所得税前扣除；投保业务发生之后再支付与该退保业务相关的佣金，不得在企业所得税前扣除。

(2)保险企业非寿险业务在本期依据保险精算结果计算提取的未到期责任准备金，大于上期提取的未到期责任准备金的余额部分，准予在所得税前扣除；小于上期提取的未到期责任准备金的差额部分，应计入当期应纳税所得额。

(3)从事再保险业务的保险公司发生的再保险业务赔款支出，按照权责发生制的原则，应在收到从事直保业务公司再保险业务赔款账单时，作为企业当期成本费用扣除。为便于再保险公司再保险业务的核算，凡在次年企业所得税汇算清缴前，再保险公司收到直保公司再保险业务赔款账单中属于上年度的赔款，准予调整作为上年度的成本费用扣除，同时调整已计提的未决赔款准备金；次年汇算清缴后收到直保公司再保险业务赔款账单的，按该赔款账单上发生的赔款支出，在收单年度作为成本费用扣除。

7. 金融企业贷款损失准备金的税前扣除

根据《财政部、国家税务总局关于金融企业贷款损失准备金企业所得税税前扣除有关问题的通知》(财税[2009]64号)规定，自2008年1月1日起至2010年12月31日止，政策性银行、商业银行、财务公司和城乡信用社等国家允许从事贷款业务的金融企业提取的贷款损失准备金税前扣除政策如下。

准予提取贷款损失准备的贷款资产范围包括：

(1)贷款(含抵押、质押、担保等贷款)；

(2)银行卡透支、贴现、信用垫款(含银行承兑汇票垫款、信用证垫款、

担保垫款等)、进出口押汇、同业拆出等各项具有贷款特征的风险资产;

(3)由金融企业转贷并承担对外还款责任的国外贷款，包括国际金融组织贷款、外国买方信贷、外国政府贷款、日本国际协力银行不附条件贷款和外国政府混合贷款等资产。

金融企业准予当年税前扣除的贷款损失准备计算公式如下:

准予当年税前扣除的贷款损失准备 = 本年末准予提取贷款损失准备的贷款资产余额 ×1% − 截至上年末已在税前扣除的贷款损失准备余额

8. 中小企业信用担保机构准备金的税前扣除

根据《财政部、国家税务总局关于中小企业信用担保机构有关准备金税前扣除问题的通知》(财税[2009]62 号)规定，中小企业信用担保机构，是指以中小企业为服务对象的信用担保机构。自 2008 年 1 月 1 日起至 2010 年 12 月 31 日止，该类机构有关税前扣除政策如下。

(1)中小企业信用担保机构可按照不超过当年年末担保责任余额 1% 的比例计提担保赔偿准备，允许在企业所得税税前扣除。

(2)中小企业信用担保机构可按照不超过当年担保费收入 50% 的比例计提未到期责任准备，允许在企业所得税税前扣除，同时将上年度计提的未到期责任准备余额转为当期收入。

(3)中小企业信用担保机构实际发生的代偿损失，应依次冲减已在税前扣除的担保赔偿准备和在税后利润中提取的一般风险准备，不足冲减部分据实在企业所得税税前扣除。

(四)不得扣除的项目

在计算应纳税所得额时，下列项目不得从收入总额中扣除:

(1)向投资者支付的股息、红利等权益性投资收益款项。

(2)企业所得税税款。

(3)税收滞纳金。

(4)罚金、罚款和被没收财务的损失。

(5)年度利润总额 12% 以外的公益性捐赠支出。

(6)赞助支出。是指企业发生的与生产经营活动无关的各种非广告性质支出。

(7)未经核定的准备金支出。是指不符合国务院财政、税务主管部门规定的各项资产减值准备、风险准备等准备金支出。

除财政部和国家税务总局核准计提的准备金可以税前扣除外，其他行业、企业计提的各项资产减值准备、风险准备等准备金均不得税前扣除。2008 年 1 月 1 日前按照原企业所得税法规定计提的各类准备金，2008 年 1 月 1 日后，未经财政部和国家税务总局核准的，企业以后年度实际发生的相应损失，应先冲减各项准备金余额。

(8)与取得收入无关的其他支出。

企业之间支付的管理费、企业内营业机构之间支付的租金和特许权使用费，以及非银行企业内营业机构之间支付的利息，不得扣除。

(五)免税的收入

1. 国债利息收入

国债利息收入，是指企业持有国务院财政部门发行的国债取得的利息收入。

2. 符合条件的居民企业之间的股息、红利等权益性投资收益

符合条件的居民企业之间的股息、红利等权益性投资收益，是指居民企业直接投资于其他居民企业取得的投资收益。

鉴于股息、红利是税后利润分配形成的，对居民企业之间的股息、红利收入免征企业所得税，是消除法律性重复征税的国际通行做法。为了更好地体现税收优惠政策，保证企业投资充分享受到高新技术企业、小型微利企业和西部大开发政策等实行低税率的税收待遇，《实施条例》明确规定，不要求纳税人补交税率差。

2008 年 1 月 1 日后，居民企业之间分配属于 2007 年度及以前的累积未分配利润而形成的股息、红利等权益性投资收益，均应按照上述规定办理。

3. 不在中国境内设立机构、场所的非居民企业从居民企业取得与该机构、场所有实际联系的股息、红利等权益性投资收益

股息、红利等权益性投资收益，不包括连续持有居民企业公开发行并上市流通的股票不足 12 个月取得的投资收益。

4. 符合条件的非营利组织的收入

符合条件的非营利组织的收入，是指同时符合下列条件的组织：

(1)依法履行非营利组织登记手续；

(2)从事公益性或者非营利性活动；

(3)取得的收入除用于与该组织有关的、合理的支出外，全部用于登记核定或者章程规定的公益性或者非营利性事业；

(4)财产及其孳息不用于分配；

(5)按照登记核定或者章程规定，该组织注销后的剩余财产用于公益性或者非营利性目的，或者由登记管理机关转增给与该组织性质、宗旨相同的组织，并向社会公告；

(6)投入人对投入该组织的财产不保留或者享有任何财产权利；

(7)工作人员工资福利开支控制在规定的比例内，不变相分配该组织的财产。

非营利组织的认定管理办法由国务院财政、税务主管部门会同国务院有关部门制定。符合条件的非营利组织的收入，不包括非营利组织从事营利性活动取得的收入，但国务院财政、税务主管部门另有规定的除外。各国一般区分营利性收入和非营利性收入，给非营利组织提供不同的税收待遇。虽然我国的非营利组织一般不能从事营利性活动，为了规范非营利组织的活动，《实施条例》规定，对非营利组织从事非营利性活动取得的收入给予免税，但从事营利性活动取得的收入则要征税。

(六)亏损弥补

税法规定，纳税人发生年度亏损的，可以用下一纳税年度的所得弥补；下一纳税年度的所得不足弥补的，可以逐年延续弥补，但是延续弥补期最长不得超过五年。

(七)关联企业应纳税所得额的调整

根据《税收征管法》的规定，存在下列关系之一的企业、公司和其他组织为关联企业：

(1)在资金、经营、购销等方面存在直接或者间接的拥有或者控制关系；

(2)直接或者间接地同为第三者所拥有或者控制；

(3)在利益上具有相关联的其他关系。

纳税人与关联企业的业务往来，应按独立企业之间的业务往来收取或支付价款、费用。如果未按独立企业之间的业务往来收取或支付价款、费用而减少其应税收入或应税所得的，税务机关有权进行合理调整。调整的方法和顺序是：①按照独立企业之间进行相同或类似业务活动的价格；②按照再销售给无关联方的第三者的价格所应取得的收入和利润水平；③按照成本加合理的费用和利润；④按照其他合理的方法。

二、企业所得税已纳所得税额的抵扣

企业取得的下列所得已在境外缴纳的所得税税额，可以从其当期应纳税额中抵免，抵免限额为该项所得依照本法规定计算的应纳税额；超过抵免限额的部分，可以在以后 5 个年度内，用每年抵免限额抵免当年应抵税额后的余额进行抵补：居民企业来源于中国境外的应税所得；非居民企业在中国境内设立机构、场所，取得发生在中国境外但与该机构、场所有实际联系的应税所得。

(1)已在境外缴纳的所得税税额，是指企业来源于中国境外的所得依照中国境外税收法律以及相关规定应当缴纳并已经实际缴纳的企业所得税性质的税款。

(2)抵免限额，是指企业来源于中国境外的所得，依照《企业所得税法》及其《实施条例》的规定计算的应纳税额。除国务院财政、税务主管部门另有规定外，该抵免限额应当分国(地区)不分项计算，计算公式如下：

抵免限额 = 中国境内、境外所得依照《企业所得税法》及其《实施条例》的规定计算的应纳税总额 × 来源于某国(地区)的应纳税所得额 ÷ 中国境内、境外应纳税所得总额

(3)所谓 5 个年度，是指从企业取得的来源于中国境外的所得，已经在中国境外缴纳的企业所得税性质的税额超过抵免限额的当年的次年起连续 5 个纳税年度。

《企业所得税法》规定：居民企业从其直接或间接控制的外国企业分得的来源于中国境外的股息、红利等权益性投资收益，外国企业在境外实际缴纳的所得税税额中属于该项所得负担的部分，可以作为该居民企业的可抵免境外所得税税额，在该法规定的抵免限额内抵免。

(1)直接控制，是指居民企业直接持有外国企业 20% 以上股份。

(2)间接控制，是指居民企业以间接持股方式持有外国企业20%以上股份，具体认定办法由国务院财政、税务主管部门另行制定。

(3)企业依照《企业所得税法》规定抵免企业所得税税额时，应当提供中国境外税务机关出具的税款所属年度的有关纳税凭证。

三、企业所得税的预缴和汇算清缴

企业所得税分月或者分季预缴，由税务机关具体核定。

企业应当自月份或者季度终了之日起15日内，向税务机关报送预缴企业所得税纳税申报表，预缴税款。企业分月或者分季预缴企业所得税时，应当按照月度或者季度的实际利润额预缴；按照月度或者季度的实际利润额预缴有困难的，可以按照上一纳税年度应纳税所得额的月度或者季度平均额预缴，或者按照经税务机关认可的其他方法预缴。预缴方法一经确定，该纳税年度内不得随意变更。

企业在纳税年度内无论盈利或者亏损，都应当依照规定期限，向税务机关报送预缴企业所得税纳税申报表、年度企业所得税纳税申报表、财务会计报告和税务机关规定应当报送的其他有关资料。企业应当自年度终了之日起5个月内，向税务机关报送年度企业所得税纳税申报表，并汇算清缴，结清应缴应退税款。

四、企业所得税的计算与纳税申报

(一)所得税的计算

企业在实际计算应纳所得税额时，是在财务会计计算出利润总额后，再根据现行所得税法的要求，凡是与税法确认的收支项目和金额有悖的，应予调整。其计算公式如下：

应纳税所得额 = 利润总额 ± 税收调整项目金额

应纳所得税额 = 应纳税所得额 × 适用所得税税率

【例5-1】某企业在汇算清缴时，查出上年收益中的投资收益有45 000元是税后利润分红，费用支出中有超过计税工资总额的工资支出50 000元，为此而多提的“三项经费”8 750元，税款滞纳金及罚款26 000元。上年预缴所得税的利润总额850万元。计算应补缴所得税额如下：

全年应纳税所得额 = 8 500 000 − 45 000 + 50 000 + 8 750 + 26 000 = 8 539 750（元）；

应纳所得税额 = 8 539 750 × 25% = 2 134 937.50（元）；

应补缴所得税额 = 2 134 937.50 − 8 500 000 × 25% = 9 937.50（元）。

（二）企业所得税的纳税申报

（1）企业所得税按纳税年度计算。纳税年度自公历1月1日起至12月31日止。

（2）企业在一个纳税年度中间开业，或者终止经营活动，使该纳税年度的实际经营期不足12个月的，应当以其实际经营期为1个纳税年度。

（3）企业依法清算时，应当以清算期间作为1个纳税年度。企业应当在办理注销登记前，就其清算所得向税务机关申报并依法缴纳企业所得税。

第五节 企业所得税会计基础

一、企业所得税会计概述

我国1994年的税制改革和从1997年起陆续颁布的具体会计准则，使会计与税法在确认收益、费用和损失方面的差异逐步扩大，为了真实反映企业的财务状况和经营成果，财政部发布了《企业所得税会计处理暂行规定》，规定中对所得税会计处理作了如下调整：

（1）明确企业可以选择采用"应付税款法"或"纳税影响会计法"进行所得税会计核算。采用"纳税影响会计法"核算的企业，可以在递延法和债务法两种方法中选择其一。

（2）确认所得税作为一项费用，在利润表净利润前扣除。

（3）采用纳税影响会计法核算时，确认时间性差异对未来所得税的影响，并将其金额反映在资产负债表的递延借项或递延贷项项目内。

二、企业所得税会计的理论基础

（一）当期计列法与跨期所得税分摊

在进行所得税会计处理时，对税前会计利润与应税所得之间的差异，是按照应税所得与现行所得税率计算的所得税金额作为本期所得税费用，还是按照收益与费用配比原则计算的所得税作为本期所得税费用；企业发生的暂时性差异，是否需要在会计报表上作为一项要素予以确认和计量。即所得税费用是采用当期计列法，还是采用跨期所得税分摊法。这两种方法从不同角度分析了所得税费用与税前会计利润或应税所得之间的关系，以及暂时性差异的所得税影响是否构成资产或负债的定义，从而形成了所得税会计理论中争论不休的主要问题。

1. 当期计列法(应付税款法)

当期计列法是以企业纳税申报表上所列示的本期应付所得税作为本期所得税费用，列入利润表。采用这种方法，会计准则与税法之间产生的各种差异均于本期确认所得税费用，本期所得税费用等于本期应交所得税。当期计列法的基本观点是：所得税与应税所得存在着必然的联系。所得税只来源于应税所得，即只有当经济事项的所得与确定该期的应税所得结合起来时，才产生所得税。会计核算的重点放在当发生应税所得时，对当期所得税费用才予以确认，而不必将所得税与企业的税前会计利润联系起来。跨期所得税分摊得出的净利润是虚设的，使其人为地均衡各期收益，掩盖了管理者试图减轻税负的行为。

2. 跨期所得税分摊

跨期所得税分摊是将暂时性差异所产生的未来所得税影响数分别确认为负债或资产，并将此所得税影响数递延至以后期间分别确认为所得税费用(或利益)。采用这种方法，本期发生的暂时性差异在资产负债表上确认为一项负债或一项资产，同时确认本期所得税费用(或利益)。跨期所得税分摊的基本观点是：在交易或事项影响会计报表收益的期间，应当确认同期对所得税费用的纳税影响。所得税是由交易或事项引起的，一个时期的经营成果与所得税有密切的联系，因此，当交易或事项产生会计收益时，应于同期间确认所得税费用，以遵循配比原则。跨期所得税分摊所计算的本期所得税费用直接与本期税前会计利润相联系，能真实反映企业各期的净利润，避免采用当期计列法时造成各期间净利润忽高忽低。

（二）企业所得税的性质

确定所得税的性质是确定采用当期计列法还是采用跨期所得税分摊进行所得税会计处理的前提。

1. 企业所得税作为收益的分配

主张所得税作为收益的分配者认为，企业本期利润中负担的所得税是企业纯收入的一部分，其性质是利润的分配，而不是费用，它的性质与利润计算公式的中“营业收入 - 费用（或成本）= 利润”中的费用是不一样的，所得税与股利性质相同，股利是支付给股东的，所得税是支付给政府的。

2. 企业所得税作为一项费用

主张所得税作为一项费用者认为，企业为最终拥有的净利润而发生的一切支出都是费用，所得税也是为了使企业最终获得净利润而发生的支出，应作为一项费用看待。所得税与企业交纳的房产税、印花税一样，是企业的一项费用支出，区别仅是计税依据不同。费用通常而言指企业为了取得一定收入或进行生产、经营活动而导致企业经济利益的减少，这种经济利益的减少主要表现为资产的流出或负债的增加，所得税也是企业为取得一定的收益而导致的资产流出，因此，应将其作为费用处理。国际会计准则委员会以及世界上一些主要国家均把所得税作为一项费用看待，在净利润前扣除。

（三）企业所得税的分摊（摊配）

所有暂时性差异会对所得税有影响，而这些影响应与产生这些暂时性差异的经济事项的会计报告相匹配。尽管目前世界上主要国家都采用跨期所得税分摊，但在如何分摊、分摊到何种程度上，又有不同的选择。主要有部分分摊和全部分摊两种。

1. 部分分摊

部分分摊是对非重复发生的暂时性差异才做跨期所得税分摊，而对那些重复发生的暂时性差异则不需要采用跨期所得税分摊。在重复发生暂时性差异的情况下，由于那些重复发生的暂时性差异，在原有暂时性差异转回时又发生新的暂时性差异予以抵销，而使原确认的暂时性对所得税的影响金额永远不需要支付或不可抵减，会计确认今后不能转回的暂时性差异对所得税的影响金额毫无意义。如固定资产折旧，会计报表上采用直线法，税法上按年数总和法在应税所得前予以扣除，在资产有效使用期限的前一段期间，会产生应纳税暂时性差异，而在后一段期间转回时会产生应税所得。但在转回应纳税暂时性差异时因又购置了新的固定资产，产生新的应纳税暂时性差异，抵销了原应转回的暂时性差异。因此，主张部分分摊法者认为，此种差异所产生的递延负债是一种或有负债，通常不会产生现金流出，因而不应确认由此产生的所得税影响，即不需要做跨期所得税分摊。采用部分分摊法时，只对那些预期在未来能够转回的暂时性差异对所得税的影响，予以确认、计量并递延。

2. 全部分摊

全部分摊法是在进行所得税会计处理时，无论是对重复发生的、还是对非重复发生的暂时性差异，都确认对未来所得税的影响。主张全面分摊法者认为，根据暂时性差异的定义可知，既然是暂时性的就不可能是永久性的，每个暂时性差异都可以转回，而不应受未来事项的影响。会计应以本期或过去交易或事项作为基础进行确认、计量，而不应将预测未来可能产生的交易或事项与过去交易或事项进行抵销。未来可能产生的暂时性差异对所得税的影响与已确认的暂时性差异对所得税影响的抵销，并不意味着这种暂时性差异的纳税影响不能确切计量，尽管两个经济事项的纳税影响可以互相抵销，但并不影响他们各个独立地确认和计量。部分分摊法是基于经济持续繁荣，并且不发生任何意外的假设下，在这一假设不成立时，往往导致递延所得税账户的部分或全部结算，即可能造成未来所得税的支付或所得税减少，而账簿记录是反映现存事项的经济结果，会计不能建立在有疑问的假设基础上，因此，无论是重复发生的，还是非重复发生的暂时性差异对所得税的影响，均应做跨期所得税分摊。

(四)企业所得税的跨期分摊(摊配)

由于存在暂时性差异，会计利润与应税利润可能不同，究竟是以本期应税利润计算的应付所得税作为本期所得税费用，还是以本期会计利润计算的所得税影响数作为本期所得税费用，目前仍有不同的看法。如果以每期应付所得税作为本期所得税费用，则无跨期分摊问题。如果以每期会计利润计算的所得税影响数作为所得税费用，则因会计上的收入可能在其他年度课税，其费用也可能在其他年度抵减应税利润，即产生跨期分摊问题。

三、永久性差异

永久性差异是指某一会计期间，由于会计准则和税法在计算收益、费用或损失时的口径不同、标准不同，所产生的税前会计利润与应税所得之间的差异。这种差异的特征是：它不影响其他会计报告期，也不会在其他期间得到弥补。

永久性差异有四种基本类型。

（一）可免税收入

有些项目的收入，财务会计确认为收益，但税法则不作为应纳税所得额。如企业购买国库券的利息收入，依税法免税，但财务会计同样将这种投资收益纳入利润总额。

（二）税法作为应税收益的非会计收益

有些项目，在财务会计上并非收入，但税法则作为收入征税。如企业与关联企业以不合理定价的手段减少应纳税所得额，税法规定税务机关有权合理调整增加应纳税所得额。又如企业销售时，因误开发票作废，但由于冲转发票存根未予保留，在税法上仍按销售收入确认。再如销售退回与折让，如果未取得合法凭证，税法上也不予认定，仍按销售全额征税。

（三）不可扣除的费用或损失

有些支出在财务会计上列为费用或损失，但税法上不予认定，因而使应税利润高于会计利润，计算应税利润时，应将这些项目金额加到利润总额中一并计税。这些项目主要有两种情况。

1. 范围不同

即财务会计上作为费用或损失的项目，在税法上不作为扣除项目处理。

范围不同的项目主要有：①违法经营的罚款和被没收财物的损失；②各项税收的滞纳金、罚金和罚款；③各种非救济性、非公益性捐赠和赞助支出。

这些项目金额，在财务会计上可列为营业外支出，但税法规定不得扣减应税所得，要照章计税。

2. 标准不同

即财务会计上作为费用或损失的项目，在税法上也可作为扣除项目处理，但规定了计税开支的标准限额，超限额部分在会计上仍作为费用或损失处理，但税法上却不允许抵扣应税利润。

标准不同的项目主要有：①利息支出。会计制度规定可在费用中据实列支，但税法规定向非金融机构借款的利息支出，高于按照金融机构同类、同期贷款利率计算的数额以外的部分，要作为计税利润。②工资性支出。会计制度允许企业的一切工资、奖金全部进入成本费用，但税法规定由省、自治区、直辖市人民政府制定计税工资标准，企业实发数超过计税工资标准的部分要缴纳所得税。③“三项经费”。会计制度规定企业应按职工实发工资总额计提职工工会经费、职工福利费、职工教育经费，而税法规定分别按照计税工资总额的2%、14%、1.5%计算扣除，超额部分不得扣减应税利润。④公益性、救济性捐赠。为了鼓励企业兴办社会公益事业，税法和会计制度都规定此项支出可列入营业外支出，但税法规定在年度应纳税所得额3%以内的部分准予扣除，超额部分不得扣除。⑤业务招待费(交际应酬费)。会计上列为管理费用，但税法规定超过按企业全年营业收入一定比例计算的部分，要作为应税利润处理。

(四)税法作为可扣除费用的非会计费用

财务会计未确认为费用或损失，但在计算应税所得额时，允许扣减。如我国为鼓励企业进行新产品、新技术、新工艺的技术开发，除技术开发费可以全额在税前扣除外，若当年比上年实际支出增长超过10%(含)时，可以加扣50%，加扣额就是财务会计未确认的费用，但允许在税前扣除。在发达国家，对自然资源开发企业，其“成本折耗”除可以据实在税前扣除外，政府为鼓励这类企业开发研制，允许企业加扣一定百分比的“成本折耗”。对加扣费用的会计处理，我国企业会计制度未涉及。国外一般有两种处理方法：(1)增记费用法，借记“管理费用”账户，贷记“盈余公积(××基金)”账户；(2)税前提取扣除法，借记“当年纳税调整”或“利润分配(增设专门二级账户)”账户，贷记“盈余公积”账户。

永久性差异不会在将来产生应税金额或可扣除金额，不存在跨期分摊问题。也就是说，永久性差异只影响当期的应税收益，不会影响以后各期收益，因而，永久性差异不必作账务调整处理。

【例5-2】某企业某年利润总额为10万元，该年度“财务费用”贷方列入企业购买国库券的利息收入为0.5万元；“财务费用”借方列入向非金融机构流动资金借款高于金融机构同类同期贷款利率计算的利息支出0.2万元；“管理费用”借方列入超过计税工资标准的工资0.8万元，列入超过计税工资总额基数而多提的职工工会经费0.016万元、职工福利费0.112万元、教育经费0.012万元；“营业外支出”借方中列入非公益性、救济性捐赠及赞助费1万元，列入罚款及滞纳金支出0.3万元，列入公益性捐赠支出5万元。计算该企业本年应纳税所得额如下。

(1)纳税调整前所得：年利润总额=10(万元)。

(2)公益性捐赠支出扣除限额=10×12%=1.2(万元)；

不得扣除的公益性捐赠支出=5-1.2=3.8(万元)。

(3)永久性差异额+不允许免税费用-免税收入=(0.2+0.8+0.016+0.112+0.012+1+0.3+3.8)-0.5=5.74(万元)。

(4)应纳税所得额=10+5.74=15.74(万元)。

四、暂时性差异

暂时性差异亦称暂记性差异，是指企业税前会计收益和应税收益之间在本期产生的、将在未来纳税年度转回的差异。暂时性差异可分为时间性差异及其他暂时性差异两类。前者是因收入或费用在会计上确认的期间与税法规定申报的期间不同而产生的，后者则因其他原因而使计税基础与账面价值不同而产生的差异。

(一)时间性差异

时间性差异按其对会计收益与应税收益的影响，可分为两种情况：未来会产生应税金额和未来会产生可扣除金额。

1. 未来会产生应税金额

未来应税收益大于未来税前会计收益，在以后年度会产生应税金额。其产生原因主要有以下两个方面。

(1)一些收入和利得项目包括在税前会计收益中的期间，早于包括在应税收益中的期间。如股票投资采用权益法处理，当被投资企业有盈利时，投资企业必须按持股比例确认投资收益，但报税时则等到实际收到股利时再予确认，因而在以后期间会增加应税收益。

(2)一些费用和损失项目抵减应税收益的期间，早于减少税前会计收益的期间。如固定资产的折旧，在报税时采用加速折旧法，而在财务会计上则采用直线法，在固定资产使用的前半期，报税的折旧费用要大于会计上确认的折旧费用，因而会产生应税金额。

2. 未来会产生可扣除金额

应税利润大于会计利润的时间性差异，在以后年度会产生可扣除金额。其产生原因主要有以下两个方面：

(1)一些收入和利得项目计入应税收益的期间，早于计入税前会计收益的期间。例如，提前收取的租金、利息、使用费，在收到时就计税，但财务会计要求在以后实际提供服务时才确认为收入。又如，“出售回租”利得在出售时就应纳税，但财务会计要求在租赁合同期满报告为收入。

(2)一些费用和损失项目抵减税前会计收益的期间，早于减少应税收益的期间。例如，预提产品质量保证费用，财务会计上应在销货时预提并计列为费用，而税法上则等实际发生时才作为费用扣除，因而产生可扣除金额。又如，股票投资采用权益法处理时，若被投资企业发生亏损，投资企业则按持股比例确认损失，但税法上则不予确认。

时间性差异是由于税法规定与会计准则对收入、利得和费用、损失的确认时间不一致，而使本期应税利润与会计利润产生了暂时性差异，同时会使资产或负债的计税基础与账面价值之间产生暂时性差异。这种暂时性差异的特点是：①不仅影响本期和前期的税前会计收益和应税收益两者之一，而且还影响相关未来时期所报告的税前会计收益和应税收益。②随着时间的推移和影响事项的完结，这种差异会在以后期间转回，使税前会计收益和应税收益达到总量相等。

（二）其他暂时性差异

除了上述时间性差异外，还有其他因税法规定而使资产或负债的计税基础与账面价值不同而产生暂时性差异。例如企业合并采取购买法时，被合并企业的资产或负债在会计上按公允市价入账，而税法规定报税时按原账面价值计算，致使合并后的计税基础与账面价值之间产生差异。

第六节　企业所得税的会计处理

一、会计账户的设置

由于企业选择所得税的分摊方法不同，在所得税会计中，则有应付税款法与纳税影响会计法之分，企业可选择其一。

企业在选择应付税款法时，应设置"所得税费用"和"应交税费——应交所得税"账户。

企业在选择纳税影响会计法时，应设置"所得税费用""递延所得税"和"应交税费——应交所得税"账户。

"所得税费用"账户是损益类账户，借方发生额反映企业计入本期损益的所得税额，贷方发生额反映转入"本年利润"账户的所得税额，期末结转本年利润后，"所得税费用"账户无余额。

"递延所得税"账户核算企业由于暂时性差异造成的税前会计利润与纳税所得之间的差额所产生的影响纳税的金额，以及以后各期转销的金额。贷方发生额反映企业本期税前会计利润大于纳税所得产生的暂时性差异影响纳税的金额，及本期转销已确认的暂时性差异对纳税影响的借方金额；借方发生额反映企业本期税前会计利润小于纳税所得产生的暂时性差异影响纳税的金额，以及本期转销已确认的暂时性差异对纳税影响的贷方金额；期末贷方（或借方）余额反映尚未转销的暂时性差异影响纳税的金额。采用债务法时，"递延所得税"账户的贷方或借方发生额还反映税率变动的递延所得税金额。

企业接受捐赠的非现金资产未来应交的所得税，应贷记"递延所得税"账户；企业使用、摊销或处置接受捐赠的非现金资产时，按规定应交的所得税，借记“递延所得税”账户。企业接受捐赠的非现金资产，应在弥补当年亏损后，以其余额计算缴纳所得税，一般不再递延纳税。

“递延所得税”的期末贷方(或借方)余额，反映尚未转回的暂时性差异影响所得税的金额。

“应交税费——应交所得税”账户的贷方记当期应交的所得税，借方记实际上缴的所得税，期末贷方或借方余额，反映尚未缴纳或多缴的所得税。

二、企业所得税会计处理的基本方法

(一)预缴所得税的会计处理

期末计算应预缴的所得税时：

借：所得税

　　贷：应交税费——应交所得税

预缴所得税时：

借：应交税费——应交所得税

　　贷：银行存款

(二)汇算清缴所得税的会计处理

1. 采用“应付税款法”

计提应补缴的所得税时：

借：所得税

　　贷：应交税费——应交所得税

实际上缴税款时：

借：应交税费——应交所得税

　　贷：银行存款

2. 采用“纳税影响会计法”

计提应补缴的所得税时(需减去或加上本期发生的递延所得税)：

借：所得税

　　递延所得税

　　贷：应交税费——应交所得税(或：递延所得税)

实际上缴税款时：

借：应交税费————应交所得税

　　贷：银行存款

三、应付税款法的会计处理

应付税款法是企业不确认暂时性差异对所得税的影响金额，以定期计算的应交所得税金额作为所得税费用的方法。根据应交的所得税，借记“所得税费用”账户，贷记“应交税费”账户。

在应付税款法下，本期发生的暂时性差异不单独处理，与本期发生的永久性差异同样处理。将全部税前会计利润差异调整为应税所得，再按应税所得计算应交所得税，并作为本期所得税费用，即本期所得税费用等于本期应交所得税。暂时性差异产生的影响所得税的金额，在会计报表中不反映为一项负债或一项资产，仅在会计报表附注中说明其影响。

【例5-3】某企业某年税前账面利润20万元，在“财务费用”贷方列入国库券利息收入1万元，在借方列入高于金融机构同类同期贷款利率计算的非金融机构流动资金借款利息费0.5万元；在“管理费用”借方列入超过计税工资标准的工资2万元，列入超过计税工资总额基数多提的职工工会经费0.04万元、职工福利费0.28万元、职工教育费0.03万元；在“营业外支出”借方列入非公益性、救济性捐赠及赞助费2.5万元，列入各种罚款及滞纳金支出0.5万元，列入超过当年利润额12%的公益性、救济性捐赠支出0.6万元。该企业所得税率25%。应作会计分录如下。

(1)计算应交税费时：

永久性差异+不允许免税的费用－免税的收入=(0.5+2+0.04+0.28+0.03+2.5+0.5+0.6)－1=5.45(万元)；

应纳税所得额=税前账面利润+永久性差异=20+5.45=25.45(万元)；

应纳所得税=应纳税所得额×所得税率=25.45×25%=6.3625(万元)。

借：所得税　　63 625

　　贷：应交税费——应交所得税　　63 625

(2)期末结转所得税费用时：

借：本年利润　　63 625

　贷：所得税费用　　63 625

【例5-4】某外商投资企业在中国境内设A、B两个分支机构。A机构设在经济开发区，其所得税减按15%的税率缴纳；B机构设在其他地区，其所得税税率为25%。2011年A机构发生亏损50万元，B机构盈利100万元；2012年，A机构盈利65万元，B机构盈利95万元。该企业选定B机构为合并申报缴纳所得税。根据税法有关规定，计算2011年B机构应纳所得税并作会计分录如下。

(1)应纳税所得额=100-50=50(万元)；

(2)应纳所得税额=50×25%=12.5(万元)。

(3)计提所得税时：

借：所得税　　125 000

　贷：应交税费——应交所得税　　125 000

计算2012年A机构应纳所得税并作会计分录如下：

(1)A机构应纳税额=(650 000-500 000)×15%=22 500(元)；

(2)B机构应纳税额=950 000×25%=237 500(元)；

(3)整个企业应纳税额=22 500+237 500=260 000(元)。

(4)计提所得税时：

借：所得税　　260 000

　贷：应交税费——应交所得税　　260 000

四、纳税影响会计法的会计处理

纳税影响会计法是将本期暂时性差异的所得税影响金额，递延和分配到以后各期，即将本期产生的暂时性差异对所得税的影响采取跨期分摊的办法。采用纳税影响会计法，所得税被视为企业在获得收益时发生的一种费用，应随同有关的收入和费用计入同一期间内，以达到收入和费用的配比。时间性差异影响的所得税金额包括在利润表的所得税费用项目内，以及资产负债表中的递延所得税余额里。

（一）在时间性差异影响期内，所得税税基、税率没有发生变化

在采用纳税影响会计法进行所得税会计处理时，如果预计时间性差异的影响期内所得税税基、税率不变，则本期发生的时间性差异对未来所得税的影响额，表明今后转回时间性差异时应付或可抵减的所得税额。

与应付税款法相比，纳税影响会计法有三个特点：①需要在每期确认时间性差异对未来所得税的影响金额，并作为本期所得税费用的组成部分；②虽然两种所得税会计处理方法对永久性差异的处理方法一致，但两者的核算基础不同，应付税款法是在实现制的基础上进行会计处理，纳税影响会计法是在应计制的基础上进行会计处理；③采用纳税影响会计法时，若不存在永久性差异和其他特殊情况，则本期的所得税费用等于按税前利润总额乘以所得税税率计算的所得税费用。如某企业本期税前利润总额为 10 万元，本期发生的应税时间性差异 1 万元，没有永久性差异，税率 30%，则本期应交所得税 2.7 万元（9 × 30%），本期递延所得税贷方发生额 0.3 万元（1 × 30%），本期所得税费用 3 万元（2.7 + 0.3），说明本期所得税费用反映现行所得税税率 30%（3 ÷ 10 × 100%）。

【例 5-5】 某企业某项设备按照税法规定使用十年，按照会计规定使用五年，按五年提取折旧。该项固定资产原价 1 000 万元（不考虑净残值的因素）。假设该企业每年实现税前会计利润 2 500 万元，第六年起由于该项固定资产折旧期限已满，不再提取折旧。在其他因素不变的情况下，该企业后五年每年实现税前会计利润应为 2 700 万元。该企业所得税税率为 25%。根据上述业务，企业应作如下会计处理。

（1）按十年提取折旧每年应提折旧额 = 1 000 ÷ 10 = 100（万元）；

（2）按十年提取折旧每年应提折旧额 = 1 000 ÷ 5 = 200（万元）；

（3）由于折旧年限不同每年影响利润 = 200 − 100 = 100（万元）；

（4）按照税前会计利润计算的所得税 = 2 500 × 25% = 625（万元）；

（5）按照税法规定计算的应交所得税 = （2 500 + 100） × 25% = 650（万元）；

（6）由于暂时性差异对所得税的影响 = 100 × 25% = 25（万元）。

（7）第一年账务处理如下：

借：所得税　　6 250 000

　　递延所得税　　250 000

　　贷：应交税费——应交所得税　　6 500 000

第二、第三、第四、第五年账务处理，与第一年相同。

(8)第六年账务处理如下：

按照税前会计利润计算的所得税 = 2 700 × 25% = 675(万元)；

按照税法规定计算的应交所得税 = (2 700 − 100) × 25% = 650(万元)。

借：所得税　　6 750 000

　　贷：递延所得税　　250 000

　　　　应交税费——应交所得税　　6 500 000

第七、第八、第九、第十年的账务处理，与第六年相同。

(二)在时间性差异影响期内，所得税税基、税率发生变化

1. 递延法

递延法是将本期时间性差异产生的影响所得税的金额，递延和分配到以后各期，并同时转回原已确认的时间性差异对本期所得税的影响金额。递延法的特点：一是在递延法下，资产负债表反映的递延所得税余额并不代表全部收款的权利或付款的义务。采用递延法进行会计处理时，递延所得税的账面余额是按照产生时间性差异的时期所适用的所得税税率计算确认，而不是用现行税率计算的，在税率变动时，对递延所得税的账面余额不作调整。即递延所得税账面余额不符合负债和资产的定义，不能完全反映为企业的一项负债或一项资产。二是本期发生的时间性差异影响所得税的金额，用现行税率计算，以前发生而在本期转回的各项时间性差异影响所得税的金额，一般用当初的原有税率计算。

采用递延法时，一定时期的所得税费用包括本期应交所得税与本期发生或转回的时间性差异所产生的递延所得税贷项或借项金额。本期应交所得税是按照应税所得和现行所得税税率计算的；本期发生或转回的时间性差异所产生的递延所得税贷项或借项金额是本期发生的时间性差异用现行所得税税率计算的未来应交所得税和未来可抵减的所得税金额，以及本期转回原确认

的递延所得税借项或贷项金额。按本期所得税费用的构成内容，其计算公式如下：

本期所得税费用 = 本期应交所得税 + 本期发生的时间性差异所产生的递延所得税贷项金额 − 本期发生的时间性差异所产生的递延所得税借项金额 + 本期转回的前期确认的递延所得税借项金额 − 本期转回的前期确认的递延所得税贷项金额

本期发生的时间性差异所产生的递延所得税贷项金额 = 本期发生的应纳税时间性差异 × 现行所得税税率

本期发生的时间性差异所产生的递延所得税借项金额 = 本期发生的可抵减时间性差异 × 现行所得税税率

本期转回的前期确认的递延所得税借项金额 = 本期转回的可抵减本期应税所得额的时间性差异（即前期确认本期转回的可抵减时间性差异）× 前期确认递延所得税时的所得税税率

本期转回的前期确认的递延所得税贷项金额 = 本期转回的增加本期应税所得额的时间性差异（即前期确认本期转回的应税时间性差异）× 前期确认递延所得税时的所得税税率

【例 5-6】某企业发生固定资产改良支出 12 万元，税法规定可在不短于五年期限内分期摊销。该企业决定在计算税前账面利润时，按六年摊销，每年摊销 2 万元；而在申报所得税，计算应纳税所得额时，仍按五年摊销，每年摊销 2.4 万元。假定该企业每年税前账面利润 10 万元，所得税税率为 33%，从第三年起所得税税率改为 25%，该企业采用递延法处理时间性差异。应作会计处理如下。

按五年摊销，每年摊销 2.4 万元；按六年摊销，每年摊销 2 万元。这样，每年时间性差额为 0.4 万元。

(1) 第一年：

所得税费用 = 税前利润 × 所得税率 = 10 × 33% = 3.3（万元）；

应交所得税 =（税前利润 − 时间性差异）× 所得税率 =（10 − 0.4）× 33% = 3.168（万元）；

递延所得税 = 所得税费用 - 应交所得税 = 3.3 - 3.168 = 0.132(万元);

或：每年时间性差额 × 所得税率 = 0.4 × 33% = 0.132(万元)。

借：所得税　　33 000

　贷：应交税费——应交所得税　　31 680

　　递延所得税　　1 320

(2)第二年：

会计处理同第一年。

(3)第三年：

所得税率变为25%。

所得税费用 = 10 × 25% = 2.5(万元);

应交所得税 = (10 - 0.4) × 25% = 2.4(万元);

递延所得税 = 2.5 - 2.4 = 0.1(万元)。

借：所得税　　25 000

　贷：应交税费——应交所得税　　24 000

　　递延所得税　　1 000

(4)第四年和第五年：

会计处理同第三年。

(5)第六年：

转销递延所得税余额 = 0.132 + 0.132 + 0.1 + 0.1 + 0.1 = 0.564(万元);

应交所得税 = (税前利润 + 时间性差异) × 现行税率 = (10 + 2) × 25% = 3(万元);

所得税费用 = 应交所得税 - 应转销递延所得税余额 = 3 - 0.564 = 2.436(万元)。

借：所得税　　24 360

　递延所得税　　5 640

　贷：应交税费——应交所得税　　30 000

2. 债务法

债务法亦称负债法，它又进一步分为利润表债务法与资产负债表债务法。

(1)利润表债务法。利润表债务法是将时间性差额对未来所得税的影响看作是对本期所得税费用的调整，其特点是当预期税率发生变动或税基变动时，必须对已发生的递延所得税按现行税率进行调整，这种方法下的所得税费用计算过程为：首先计算当期所得税费用，然后再计算当期应交税额，最后倒挤出本期发生的递延所得税资产(负债)，故而本期所得税费用等于本期应交所得税加(或减)本期发生的递延所得税负债(资产)，加(或减)由于税率变动或税基变动时，以前各期确认的递延所得税负债(资产)账面余额的调整数。其基本公式表示如下：

本期所得税费用 = 本期应交所得税 + 本期发生的时间性差异所产生的递延所得税负债 - 本期发生的时间性差异所产生的递延所得税资产 + 本期转回的前期确认的递延所得税资产 - 本期转回的前期确认的递延所得税负债 + 本期因所得税税率变动调减的递延所得税资产或凋增的递延所得税负债 - 本期因所得税税率变动调增的递延所得税资产或调减的递延所得税负债

本期因税率变动调增或调减递延所得税资产或递延所得税负债 = 累计应纳税时间性差异或累计可抵减时间性差异 ×(现行所得税率 - 前期确认应纳税时间性差异或可抵减时间性差异时适用的所得税税率)

或者 = 递延所得税账面余额 - 已经确认递延所得税金额的累计时间性差异 × 现行所得税率

在利润表债务法下，本期所得税费用(或利润)，通常应在同一期间的利润表净利润(或亏损)前列示。在资产负债表中，递延所得税贷项和递延所得税借项，应按其流动性与长期性分别列示。“递延所得税”账户的贷方发生额，反映企业本期税前会计利润大于应税所得产生的时间性差额影响纳税的金额，以及本期转销已确认的时间性差额对纳税影响的贷方数额；期末贷方(或借方)余额，反映尚未转销的时间性差异影响纳税的金额。采用负债法时，“递延所得税”账户的借方或贷方发生额，还反映因税率变动调整的递延所得税金额。

企业应在“递延所得税”账户下，按照时间性差异的性质、时间分类进行明细核算。此外，企业还应设置“递延所得税备查登记簿”，详细记录发生的时间性差额的原因、金额、预计转销期限、已转销数额等。

(2)资产负债表债务法。资产负债表债务法是从暂时性差额产生的本质出发，分析暂时性差额产生的原因及其对期末资产负债的影响。

资产负债表债务法是以估计转销年度的所得税税率为依据，计算递延所得税的一种所得税会计处理方法。在资产负债表债务法下，从暂时性差异产生的本质出发，分析暂时性差异产生的原因及其对期末资产、负债的影响。它确认所有的递延所得税资产和递延所得税负债，其目的在于使资产负债表上“递延所得税”项目金额更有实际意义。相对而言，利润表债务法只确认暂时性差异所引起的递延所得税借项和贷项。资产负债表债务法和利润表债务法，两者计算的结果一般是相同的，只是分析方法有所不同。

在资产负债表债务法下，应先按照本期应税所得和适用税率确认应交所得税费用（或利益）；再根据期末暂时性差异及结转以后年度的本期弥补亏损与所得税抵减，计算递延所得税负债（或资产）的期末余额，并将递延所得税负债（或资产）的期末余额与期初余额的差额，作为递延所得税费用（或利益）；最后将应交所得税费用（或利益）加上递延所得税费用（或利益），即为所得税费用（或利益），其公式表示如下：

本期所得税费用（或利益）= 本期应交所得税 +（期末递延所得税负债 - 期初递延所得税负债）-（期末递延所得税资产 - 期初递延所得税资产）

=（应税所得 - 本期弥补的亏损）× 适用税率 - 所得税抵减

递延所得税费用 =（递延所得税负债期末余额 - 递延所得税负债期初余额）+［递延所得税资产（扣除备抵）期初余额 - 递延所得税资产（扣除备抵）期末余额］

所得税费用（或利益）= 应交所得税费用（或利益）+ 递延所得税费用（或利益）

资产负债表债务法适用于对所有暂时性差异的处理，处理时应遵循以下步骤：①确定一项资产或负债的税基；②分析、计算暂时性差异；③确认由于暂时性差异造成的递延所得税负债（或资产）；④将递延所得税负债（或资产）及相应的所得税费用或收益在报表中予以列示。

（3）利润表债务法与资产负债表债务法的共同点。作为债务法的两个分支，利润表债务法与资产负债表债务法有不少共同之处，主要表现在：

①理论基础相同，都是业主权益论。资产负债表债务法与利润表债务法都认为所得税的性质是一项费用而非收益分配，两者都认为所得税是企业为最终获得净利润而发生的支出，符合费用的定义和性质，因此，应作为一项费用看待。

②符合持续经营假设和配比原则。资产负债表债务法与利润表债务法都确认时间性差异对所得税的影响，并递延和分配到以后各期。显然，它们都符合持续经营假设和配比原则。

③符合权责发生制原则。在税率发生变动时，要求调整递延所得税余额，调整为按变动后的税率计算的金额。因此，递延所得税税款均表示未来应收和应付的所得税。

④两种方法的计算结果一般都是相同的。因为利润表债务法在实务中采用与处理时间性差异一样的方法处理暂时性差异，这就决定两种方法的会计处理结果一般都是相同的。

（4）利润表债务法与资产负债表债务法的不同点。利润表债务法与资产负债表债务法也有不同之处，主要表现在：

①利润表债务法与资产负债表债务法作为债务法下的两种不同的分析方法，最主要的区别在于进行所得税会计核算时，利润表债务法注重时间性差异，资产负债表债务法则注重暂时性差异。时间性差异强调差异的形成以及差异的转回，是应税利润与会计利润间的差额，它在一个期间内形成，可在随后一个或几个期间内转回。暂时性差异是指一项资产或负债的税基和在其资产负债表中的账面金额之间的差额，它更强调差异的内容；而一项资产或负债的税基则是指在计税时，应归属该项资产或负债的金额。因而从暂时性差异的内涵来看，它比时间性差异的范围更为广泛。它不仅包括所有的时间性差异，还包括不是时间性差异的暂时性差异。比如，子公司、联营企业或合营企业尚未将其全部利润分配给母公司或投资者；资产被重估，但在计税时不作对称调整；企业并购的成本按投入的资产和负债的公允价值予以分摊，但在计税时不予调整。

②对收益的理解不同。利润表债务法侧重利润表，认为利润表是受托责任报表，因此，用“收入/费用”观定义收益，强调收益是收入与费用的配比，从而注重的是收入与费用在会计与税法中确认的差异；而资产负债表债务法

依据“资产/负债”观定义收益，从而提供了“全面收益”的概念，强调资产负债表是最可能提供决策相关的会计报表。与其对比，利润表债务法确认和计量所得税资产和负债的标准则不易把握。而且，采用资产负债表债务法可以提高企业在财务会计报表中对财务状况和未来现金流量做出恰当地评价和预测。

③对所得税费用的计算程序不同。利润表债务法以利润表中的收入和费用为着眼点，逐一确认收入和费用项目在会计和税法上的时间性差异，并将这种时间性差异对未来所得税的影响看作是对本期所得税费用的调整；而资产负债表债务法则以资产负债表中的资产和负债项目为着眼点，逐一确认资产和负债项目的账面金额及其税基之间的暂时性差异。与利润表债务法不同，资产负债表债务法下的暂时性差异所反映的是累计的差额，而非当期的差额。因此，只能将期末暂时性差异与期初暂时性差异的应纳税影响额视为对本期所得税费用的调整。

④对“递延所得税”概念的理解不同。除少数特例外，企业采用的资产负债表债务法应对全部暂时性差异确认为一项“递延所得税资产”或“递延所得税负债”，大大拓展了“递延所得税”的含义，与利润表债务法使用的“递延所得税”相比，前者更具有现实意义。利润表债务法首先将时间性差异分为在未来期间的应纳税时间性差异和可抵减时间性差异，再将应纳税时间性差异乘以适用税率得出递延所得税负债，将可抵减时间性差异乘以适用税率得出递延所得税资产。由于时间性差异反映的是收入和费用在本期发生的差额，所以，此时确认的递延所得税资产和负债应是本期的发生额；而在资产负债表债务法下，尽管也将暂时性差异分为应纳税暂时性差异和可抵减暂时性差异，并由此确认递延所得税资产和负债，但由于暂时性差异是累计的差额，因而递延所得税资产和递延所得税负债反映的是负债和资产的账面价值。

根据上述分析可知，在对暂时性差异的处理上，资产负债表债务法比利润表债务法更符合资产与负债的定义。

五、减免所得税的会计处理

纳税人申请减免税，应在年度终了后两个月内向主管税务机关提供以下书面资料。

(1)减免税申请报告。"报告"内容主要包括减免税依据、范围、年限、金额、企业的基本情况等。

(2)财务会计报表。

(3)工商营业执照和税务登记证的复印件。

(4)根据不同减免税项目，税务机关要求提供的其他材料。

(一)先计后退的会计处理

(1)计提所得税时：

借：所得税

　　贷：应交税费——应交所得税

(2)减免所得税时：

借：应交税费——应交所得税

　　贷：资本公积或盈余公积

(二)先缴后退的会计处理

(1)计提所得税时：

借：所得税

　　贷：应交税费——应交所得税

(2)上缴所得税时：

借：应交税费——应交所得税

　　贷：银行存款

(3)收到退税款时：

借：银行存款

　　贷：资本公积或所得税(股份公司)

(三)法定直接减免

不作会计处理。

六、资产捐赠的企业所得税会计处理

(一)企业对外捐赠的涉税处理

按照税法规定，企业将自产、委托加工的库存商品和外购的商品、原材料、固定资产、无形资产和有价证券等用于捐赠，应分解为按公允价值视同对外销售和捐赠两项业务进行所得税处理，即税法规定企业对外捐赠资产应视同销售计算缴纳流转税及所得税。纳税人通过指定非营利机构进行的公益救济性捐赠，按税法规定在税前全额或部分扣除。

【例5-7】甲公司8月将部分原材料通过国家指定的非盈利组织向受灾害地区捐赠，该部分捐出原材料的实际成本为100万元，在公开市场上的销售价格为120万元。假定甲公司为增值税一般纳税人，适用的增值税税率是17%。甲公司对该批捐出的原材料未提跌价准备。该公司当年按照会计制度确定的利润总额为1 000万元。会计处理如下：

应纳销项税额 =120×17% =20.4(万元)；

公司当年应纳税所得额 =1 000 +120 -100 +120.4 -1 000×12% =1 020.4(万元)；

公司当年应交所得税 =1 020.4×25% =255.1(万元)。

借：营业外支出　　1 204 000

　贷：原材料　　1 000 000

　　应交税费——应交增值税(销项税额)　　204 000

借：所得税　　2 551 000

　贷：应交税费——应交所得税　　2 551 000

(二)企业接受捐赠的涉税处理

1. 接受货币性资产捐赠的会计处理

企业接受现金资产捐赠时，应借记“银行存款”账户，贷记“待转资产价值——接受捐赠货币性资产价值”账户；期末计算应交所得税时，借记“待转资产价值——接受捐赠货币性资产价值”账户，按接受金额与适用所得税税率计算的应交所得税，贷记“应交税费——应交所得税”账户，按两者的差额，贷记“资本公积——其他资本公积”账户。

2. 接受非货币性资产捐赠的会计处理

企业接受捐赠的非货币性资产，须按接受捐赠时资产的入账价值确认捐赠收入，并入应纳税所得额，依法计算缴纳企业所得税。如接受捐赠的为存货等，捐出方代为支付的增值税额，也应包括在当期应纳税所得额中。

企业接受捐赠资产按税法规定确定的入账价值在扣除应交所得税后，计入资本公积，不确认收入、不计入接受捐赠当期的利润总额。企业接受捐赠的存货，在经营中使用或将来销售处置时，可按税法规定结转存货销售成本。

【例5-8】AD公司于2012年度取得B公司捐赠的原材料一批，根据B公司提供的有关凭证，该批接受捐赠原材料的市场价格为100万元，B公司同时为甲公司开具了增值税专用发票，注明的增值税额为17万元，甲公司并未单独支付增值税。双方均为增值税一般纳税人，适用的增值税税率为17%，AD公司将取得的商品作为原材料核算。AD公司2012年度利润总额为1 000万元。

借：原材料　　1 000 000

　　应交税费——应交增值税(进项税额)　　170 000

　　贷：营业外收入　　1 170 000

公司当期由于接受捐赠产生的纳税调整金额为117万元，包括接受捐赠取得的非货币性资产本身的价值以及捐出方代为支付的增值税进项税额。

AD公司2012年度应纳税所得额=1 000+117=1 117(万元)；

AD公司2012年度应交所得税=1 117×25%=279.25(万元)。

七、资产减值准备的企业所得税会计处理

根据会计准则、制度的规定，企业在符合条件时应计提资产减值准备(坏账准备、存货跌价准备、长期投资减值准备、固定资产减值准备、无形资产减值准备、在建工程减值准备、委托贷款减值准备)，由于现行税法只允许企业在年末应收账款余额的5%内提取的坏账准备在税前扣除，超过该比例以及其他几项减值准备一律不得在税前扣除。因此，形成了一项所得税差异，企业应正确进行会计处理。

(一)坏账准备的所得税处理

按税法规定，企业发生的坏账损失，原则上应按其实际发生额据实扣除(当然要符合税法规定的六项条件之一)。如果企业坏账损失采用直接转销法，

只要符合税法规定的坏账损失条件，其实际发生额是允许在税前扣除的，因此，若企业采用备抵法计提坏账准备，其超过税法规定比例的部分，实质上是一项时间性差异，其转回时间应是符合税法规定的确认条件时，即坏账损失实际发生时。按此理解，其会计处理如下。

(1)期末计提坏账准备时，“坏账准备”为借方余额或虽是贷方余额但小于年末应收账款余额的5‰时，应调整的递延税款为：

递延税款=[本期坏账准备应计提额+坏账准备贷方余额-坏账准备借方余额-年末应收账款余额×5‰]×所得税税率

如果“坏账准备”为贷方余额且大于应收账款余额的5‰时，应调整的递延税款为：

递延所得税借项=本期应计提额×所得税税率

借：递延所得税(递延所得税借项)

　　贷：应交税费——应交所得税

(2)期末冲回多提坏账准备时：

递延所得税贷项=本期冲回额×所得税税率

借：应交税费——应交所得税

　　贷：递延所得税(递延所得税贷项)

(3)差异转回时：

转回的递延所得税=坏账实际发生时冲销的坏账准备×所得税税率

借：应交税费——应交所得税

　　贷：递延所得税(转回的递延所得税)

(二)其他减值准备的所得税处理

1. 计提减值准备的纳税调整及其会计处理

由于企业按会计制度及相关准则规定计提的资产减值准备不符合税法的“真实发生的据实扣除原则”，因此，企业计提各项资产减值准备期间与税法规定允许在计算应税所得额时扣除的各项资产损失期间不同而产生差异额，这种差异作为可抵减时间性差异。在计算当期应税所得额时，企业应在财务会计计算的利润总额的基础上，加上按税法规定不允许从当期应税所得额中扣除的同期计提的各项资产减值准备金额，调整为当期应税所得额。

企业按当期应税所得额和适用所得税税率计算的金额即为当期的应交所得税额，但在确认同期所得税费用时，应视企业采用的所得税会计方法而有别：如果企业采用应付税款法，应按当期应交所得税额确认为同期的所得税费用，借记“所得税费用”账户，贷记“应交税费——应交所得税”账户；如果企业采用纳税影响会计法(不论递延法、还是债务法，下同)，应按当期因计提各项资产减值准备而产生的可抵减时间性差异与适用所得税税率计算的金额，借记“递延所得税”账户，按当期应交所得税，贷记“应交税费——应交所得税”帐户，按两者的差额，借记“所得税费用”账户。

2. 计提减值准备后资产的折旧或摊销差异的会计处理

对固定资产、无形资产而言，计提减值准备后，应按计提减值准备后的账面价值及尚可使用寿命或尚可使用年限(含预计净残值等的变更)重新计算每期的折旧率、折旧额或摊销额，重新计算的金额与可在应税所得额中抵扣的折旧额、摊销额的差额，应从当期利润总额中减去后，计算出企业当期的应税所得额。

企业按当期应税所得额和适用所得税税率计算的金额即为当期的应交所得税额。在确认同期所得税费用时，应视企业采用的所得税会计方法而有别：如果企业采用应付税款法，应按当期应交所得税额确认为同期的所得税费用，借记“所得税费用”账户，贷记“应交税费——应交所得税”账户；如果企业采用纳税影响会计法，按当期因计提各项资产减值准备后计入当期利润总额的折旧额、摊销额与按税法规定在计算应税所得额时可抵扣的折旧额、摊销额之间差异的时间性差异的所得税影响金额，贷记或借记“递延所得税”账户，按当期应交所得税，贷记“应交税费——应交所得税”账户，按两者的差额，借记“所得税费用”账户。

3. 已计提减值准备的资产处置的会计处理

当企业处置已计提减值准备的资产时，应按会计制度及相关准则规定确定处置资产损益，其计算公式如下：

处置资产计入利润总额的金额 = 处置收入 - [按会计规定确定的资产成本(或原价) - 按会计规定计提的累计折旧(或累计摊销额) - 处置资产已计提的减值准备余额] - 处置过程中发生的按会计规定计入损益的相关税费(不含所得税)

在前述三个环节已按税法规定进行过纳税调整的基础上，再按税法规定计算处置资产应计入应税所得额的金额，其计算公式如下：

处置资产计入应纳税所得额的金额＝处置收入－［按税法规定确定的资产成本（或原价）－按税法规定计提的累计折旧（或累计摊销额）］－处置过程中发生的按税法规定可扣除的相关税费（不含所得税）

在进行上述计算后，即可确定处置资产的纳税调整金额，计算公式如下：

因处置已计提减值准备的各项资产产生的纳税调整金额＝处置资产计入应纳税所得额的金额－处置资产计入利润总额的金额

企业所得税会计采用应付税款法时，应在利润总额的基础上，加上“因处置已计提减值准备的资产而产生的纳税调整金额”，如果处置是固定资产或无形资产，还应加上（或减去）处置当期按会计制度确定的折旧额或摊销额等影响当期利润总额的金额与按税法规定确定的折旧额或摊销额等的差额，计算出当期应税所得额，再乘以所得税税率，计算出当期应交所得税，借记“所得税费用”账户，贷记“应交税费——应交所得税”账户。

如果企业采用纳税影响会计法，应在利润总额的基础上，加上“因处置已计提减值准备的资产而产生的纳税调整金额”，如果处置的是固定资产或无形资产，还应加上（或减去）处置当期按会计制度确定的折旧额或摊销额等影响当期利润总额的金额与按税法规定确定的折旧额或摊销额等的差额，计算出当期应税所得额，再乘以所得税税率，计算出当期应交所得税。按当期应交所得税，加上（或减去）因处置有关资产而转回的递延所得税，借记“所得税费用”账户，按当期因处置的有关资产而转回的递延所得税金额，贷记或借记“递延所得税”账户，按当期应交的所得税，贷记“应交税费——应交所得税”账户。

八、长期股权投资的企业所得税会计处理

企业以经营的非货币性资产对外投资，应在投资交易发生时，将其分解为按公允价值销售有关非货币性资产和投资两项经济业务进行所得税处理，并按规定计算确认资产转让所得或损失。

企业因取得另一企业的股权支付的全部代价属于股权投资支出，不得计入投资企业的当期费用，不论长期股权投资支出大于或小于应享有被投资单

位所有者权益份额之间的差额，均不得通过折旧或摊销方式分期计入投资企业的费用或收益，即税法规定不确认任何由于长期股权投资的公允价值与按持股比例计算的占被投资单位所有者权益份额不同而产生的股权投资差额。按权益法核算的长期股权投资，其投资成本小于应享有被投资单位所有者权益份额之间的差额，也不计入应纳税所得额。

不论企业财务会计中对投资采取何种方法核算(成本法、权益法)，只有被投资企业财务会计实际做利润分配处理(包括以盈余公积和未分配利润转增资本)时，投资方企业才应确认投资所得的实现、计算缴纳企业所得税。

【例5-9】2011年1月1日，AB公司以其持有的一项土地使用权(账面价值为2 000万元，未提取任何减值准备)和一台机器设备(原取得成本为600万元，已计提累计折旧200万元，未计提任何减值准备)对M公司进行长期投资。AB公司的投资占M公司的股权比例为30%，具有重大影响，AB公司与M公司签订的投资合同中约定对投出资产及取得的长期股权投资的作价为3 100万元。假定M公司2011年1月1日所有者权益的账面金额为9 100万元。AB公司确定的股权投资差额按10年摊销。

(1)AB公司取得的长期股权投资占对方的股权比例为30%，对被投资企业具有重大影响，因此，应按权益法核算。以非货币性交易取得的长期股权投资，应以换出资产的账面价值及应缴纳的相关税费作为取得的长期股权投资的初始投资成本。

AB公司确定长期股权投资的入账价值，作会计分录如下：

借：固定资产清理	4 000 000	
累计折旧	2 000 000	
贷：固定资产		6 000 000
借：长期股权投资——成本	24 000 000	
贷：固定资产清理		4 000 000
无形资产——土地使用权		20 000 000

(2)企业对取得的长期股权投资按权益法核算时，对于长期股权投资的初始投资成本大于应享有被投资单位所有者权益份额之间的差额，应作为股

权投资差额处理，并按一定的期间摊销计入损益。对于长期股权投资的初始投资成本小于应享有被投资单位所有者权益份额的差额，在调整长期股权投资成本的同时，作为资本公积处理，不计入损益。作会计分录如下：

借：长期股权投资——其他权益变动　　3 300 000

　　贷：资本公积　　(9 100×30% －2 400)3 300 000

本例中，AB公司取得的长期股权投资在调整长期股权投资成本时，因长期股权投资的初始投资成本小于按持股比例计算的占对方所有者权益的份额已计入资本公积，无需在未来期间内摊销计入损益。如果企业在调整长期股权投资的投资成本时，计算的股权投资差额为借方金额，需要在未来期间内分期摊销计入投资收益。企业在处置该类长期股权投资时，除按上述规定计算在处置长期股权投资当期的纳税调整金额以外，在确认当期所得税费用和应交所得税时，还应相应结转因以前期间其他权益变动的摊销所产生的时间性差异的所得税影响额。

(3)2011年M公司实现净利润600万元，2012年M公司实现净利润800万元，但至2013年1月1日止尚未实际分配，AB公司在税务会计中对被投资单位M公司实现的损益仅作持有收益，双方适用的企业所得税税率均为25%。根据被投资单位实现的损益，AB公司按其所占的份额，确认投资收益，作会计分录如下：

借：长期股权投资——损益调整　　1 800 000

　　贷：投资收益——股权投资收益　　1 800 000

借：长期股权投资——损益调整　　2 400 000

　　贷：投资收益——股权投资收益　　2 400 000

(4)2013年1月1日，AB公司将上述长期股权投资对外转让，取得转让价款3 500万元。处置该项长期股权投资时的账面价值如下：

账面价值＝2 400＋330＋180＋240＝3 150(万元)。

长期股权投资转让收益如下：

转让收益＝3 500－3 150＝350(万元)。

作会计分录如下：

借：银行存款　　35 000 000

贷：长期股权投资——成本　27 300 000

——损益调整　4 200 000

投资收益——股权处置收益　3 500 000

(5)所得税的纳税调整。AB 公司取得的该项长期股权投资按税法规定确定的投资成本为 3 100 万元，其后其投资成本按税法规定未进行调整，因此，在处置该项长期股权投资时，应计入应纳税所得额如下：

应纳税所得额 = 3 500 - 3 100 = 400(万元)。

如果不考虑其他因素的影响，AB 公司在 2014 年确认应交所得税时，应在当年利润总额的基础上加或减当期的纳税调整金额，本例中的纳税调整增加额如下：

纳税调整增加额 = 400 - 350 = 50(万元)。

九、纳税调整的会计处理

企业的纳税调整一般有两种情况：一是由于有关法规规定(或要求)不同，使财务会计与税务会计计算不一；二是由于纳税人计算差错或违规、违法。由于企业采用的核算方法不同，其纳税调整的会计处理也不相同。

(一)平时使用应付税款进行的纳税调整

因为在应付税款法下，当期税前会计利润与应税所得之间的差异造成的影响纳税的金额直接计入当期损益，而不递延到以后各期，使当期的应交所得税与所得税费用金额相等。因此，对调整的差异本身无须进行会计处理。假如当期会计利润 1 000 万元，而同期有超过计税工资标准的工资额 10 万元(即企业实发工资额超过计税工资额 10 万元)，在计算应税所得时，将 10 万元计入应税所得，即按 1 010 万元计算应缴所得税，而对这 10 万元差异无需再进行会计处理。

(二)年终汇算清缴的纳税调整

对企业本年度发生的以前年度损益调整事项，应通过“以前年度损益调整”账户调整本年利润，由此影响企业缴纳所得税的，可视为当年损益，进行所得税会计调整。

企业在年终所得税申报纳税前发生的资产负债表日后事项，所涉及的应纳所得税调整，应作为会计报告年度的纳税调整；企业在年终申报纳税汇算清缴后发生的资产负债表日后事项，所涉及的应纳所得税调整，应作为本年度的纳税调整。

当调整增加的以前年度利润或调整减少的以前年度亏损，借记有关账户，贷记“以前年度损益调整”账户；调整减少的以前年度利润或调整增加的以前年度亏损，借记“以前年度损益调整”账户，贷记有关账户。

由于调整增加以前年度利润或调整减少以前年度亏损而相应增加的所得税，借记“以前年度损益调整”账户，贷记“应交税费——应交所得税”账户；由于调整减少以前年度利润或调整增加以前年度亏损而相应减少的所得税，作相反会计分录。

经上述调整后，应同时将“以前年度损益调整”账户的余额转入“利润分配——未分配利润”账户。本账户如为贷方余额，借记本账户，贷记“利润分配——未分配利润”账户；如为借方余额，作相反会计分录。结转后本账户无余额。

【例5-10】某化妆品股份有限公司，为增值税一般纳税人。消费税税率30%，所得税税率25%。税务机关对上一年纳税情况检查时，发现如下问题：

(1)用产品与小规模纳税人换取原材料，产品成本价3万元，不含税售价5万元。企业所作会计分录如下：

借：原材料　　58 500

　　贷：库存商品　　58 500

(2)用化妆品抵职工工资，不含税售价10万元，成本6万元。所作会计分录如下：

借：应付职工薪酬　　60 000

　　贷：库存商品　　60 000

(3)没收一批逾期包装物押金2.34万元。企业所作会计分录如下：

借：其他应付款　　23 400

　　贷：其他业务收入　　23 400

根据上述资料，对查出的问题作如下账务处理。

(1)用产品换取材料，应视同销售。

应纳增值税=58 500÷(1+17%)×17%=8 500(元)；

应纳消费税=58 500÷(1+17%)×30%=15 000(元)；

实现利润=58 500÷(1+17%)-30 000-15 000=5 000(元)。

根据上述资料，应作调整分录如下：

借：库存商品　28 500

　贷：应交税费——增值税检查调整　8 500

　　　　　　——应交消费税　15 000

　　以前年度损益调整　5 000

(2)用产品顶职工工资，应视同销售。

应纳增值税=100 000×17%=17 000(元)；

应纳消费税=100 000×30%=30 000(元)；

实现利润=100 000-60 000-30 000=10 000(元)。

根据上述资料，应作调整分录如下：

借：以前年度损益调整　47 000

　贷：应交税费——增值税检查调整　17 000

　　　　　　——应交消费税　30 000

(3)没收包装物押金应征税。

应纳增值税=23 400÷(1+17%)×17%=3 400(元)；

应纳消费税=23 400÷(1+17%)×30%=6 000(元)；

应调减上年利润=3 400+6 000=9 400(元)。

根据上述资料，应作调整分录如下：

借：以前年度损益调整　9 400

　贷：应交税费——增值税检查调整　3 400

　　　　　　——应交消费税　6 000

根据上述调整分录，登记“以前年度损益调整”账户，得出其借方余额如下：

9 400+47 000-5 000=51 400(元)。

因为以化妆品抵工资而产生的47 000元为永久性差异，不得在税前扣除，其计税收益应是10 000元，因此：

应补所得税 =（5 000 + 10 000 − 9 400）× 25% = 5 600 × 25% = 1 400（元）。

根据上述资料，应作会计分录如下：

借：以前年度损益调整　　1 400

　　贷：应交税费——应交所得税　　1 400

同时，将以前年度损益调整账户余额转入“利润分配——未分配利润”账户。

根据上述资料，应作会计分录如下：

借：利润分配——未分配利润　　52 800

　　贷：以前年度损益调整　　52 800

十、中期财务报告的企业所得税会计处理

中期财务报告的编制有两种做法：一是独立观，即将每一中期(短于一个完整的会计年度)视为一个独立的会计期间，采用的会计原则、方法、程序与年度财务报告一致；二是一体观(整体观)，是将每一中期视为年度会计期间的组成部分，采用的会计原则、方法、程序，必须考虑全年将要发生的情况，年度成本、费用要根据年度预测的销售量、收入额等进行估计，并适当分配给各个“中期”。两种做法各有利弊。由于我国企业所得税除基本税率外，还有两档优惠税率，因此，采用独立观与采用一体观计算的中期应交所得税额不等。目前，我国企业大都采用“一体观”，即按预计全年应税所得确定适用税率；“独立观”则是按本期应税所得额确认适用税率。

十一、预提企业所得税和代扣代缴的会计处理

外国企业在中国境内未设立机构、场所，而有取得来源于中国境内的利润(股息)、利息、租金、特许权使用费和其他所得，按规定其所得税应由支付人在每次支付的款额中扣除，并在五天内缴入国库。

扣缴时作会计分录如下：

借：其他应付款(应付利息等)

　　贷：银行存款

对外国企业在中国境内从事建筑、安装、装配、勘探等工程作业和提供咨询、管理、培训等劳务活动的所得，税务机关可以指定工程价款或劳务费的支付人为所得税扣缴义务人，税款在支付的款额中扣缴。

扣缴时作会计分录如下：

借：其他应付款(××单位)

　　贷：银行存款

十二、事业单位所得税的会计处理

按现行规定，事业单位也应缴纳企业所得税。事业单位应设置“经营结余”账户。期末，将“经营收入”账户余额转入“经营结余”账户，借记“经营收入”账户，贷记“经营结余”账户。将经营业务支出类账户余额转入“经营结余”账户，借记“经营结余”账户，贷记“经营支出”“销售税金”账户。作上述会计处理后，若“经营结余”账户为贷方余额，则为应税所得额，按25%的比例税率计算应交所得税。

计提应交所得税时作会计分录如下：

借：结余分配——应交所得税

　　贷：应交税费——应交所得税

年终，将“经营结余”账户余额全部转入“结余分配”账户，借记“经营结余”账户，贷记“结余分配”账户；如果当年发生经营亏损，则不予结转。

第六章　个人所得税会计

第一节　个人所得税概述

一、个人所得税的纳税人

个人所得税是对个人(即自然人)取得的应税所得征收的一种税。根据个人所得税法规定，在中国境内有住所，或者无住所而在境内居住满一年的个人，从中国境内和境外取得的所得，应依照税法缴纳个人所得税；在中国境内无住所又不居住，或者无住所而在境内居住不满一年的个人，从中国境内取得的所得，也应依法缴纳个人所得税。

关于纳税人的立法实际上是根据居民和非居民的原则确定的。即个人所得税的纳税人分为居民纳税人和非居民纳税人两种，居民纳税人承担无限纳税义务，应就其来源于中国境内、境外的所得纳税；非居民纳税人承担有限纳税义务，仅就其来源于中国境内的所得纳税。

对纳税人居民和非居民身份的确定，税法采用的是住所和居住时间两个标准。即凡在中国境内有住所或者无住所而在境内居住满一年的个人，就是居民纳税人；凡在中国境内无住所又不居住，或者无住所而在中国境内居住不满一年的个人，就是非居民纳税人。

二、个人所得税的纳税范围

个人所得税法规定的应税所得有11项：

(1)工资、薪金所得；

(2)个人独资企业、合伙企业、个体工商户的生产经营所得；

(3)企业、事业单位的承包经营、承租经营所得；

(4)劳务报酬所得；

(5)稿酬所得；

(6)特许权使用费所得；

(7)储蓄存款利息、股息、红利所得；

(8)财产租赁所得；

(9)财产转让所得；

(10)偶然所得；

(11)经国务院财政部门确定征税的其他所得。

三、个人所得税的税率

(1)工资、薪金所得，适用3% ~45%的超额累进税率。

(2)个体工商户的生产、经营所得和对企事业单位的承包经营、承租经营所得，适用5% ~35%的超额累进税率。

(3)稿酬所得，适用比例税率，税率为20%，并按应纳税额减征30%。

(4)劳务报酬所得，适用比例税率，税率为20%。对劳务报酬所得一次收入畸高的，可以实行加成征收，即个人取得劳务报酬收入的应纳税所得额一次超过20 000 ~50 000元的部分，按照税法规定计算应纳税额后，再按照应纳税额加征5成，超过50 000元的部分，加征10成。

(5)特许权使用费所得，储蓄存款利息、股息、红利所得，财产租赁所得，财产转让所得，偶然所得和其他所得，适用比例税率，税率为20%。

四、个人所得税的减免

根据《个人所得税法》的规定，下列各项所得免征个人所得税。

(1)省级人民政府、国务院部委和中国人民解放军军以上单位，以及外国组织、国际组织颁发的科学、教育、技术、文化、卫生、体育、环境保护等方面的奖金。

(2)国债和国家发行的金融债券利息。

(3)按照国家统一规定发给的补贴、津贴。

(4)福利费、抚恤金、救济金。

(5)保险赔款。

(6)军人的转业费、复员费。

(7)按照国家统一规定发给干部、职工的安家费、退职费(符合退职条件的)、退休工资、离休工资、离休生活补助费、院士的津贴。

(8)依照我国有关法律规定应予免税的各国驻华使馆、领事馆的外交代表、领事官员和其他人员的所得。

(9)中国政府参加的国际公约、签订的协议中规定免税的所得。

(10)股份制企业用资本公积金转增股本不属于股息、红利性质的分配,对个人取得的转增股本数额,不作为个人所得,不征收个人所得税。股份制企业用盈余公积金派发红股属于股息、红利性质的分配,对个人取得的红股数额,应作为个人所得征税。

(11)下岗职工从事社区服务、从事个体经营的,自领取税务登记证之日起;从事独立劳务服务的,自其持下岗证明在当地税务机关备案之日起,免缴个人所得税三年。在第一年免税期满后,由县以上主管税务机关就免税主体及范围按规定逐年审核,符合条件的,可继续免缴一至二年。

(12)个人与用人单位解除劳动关系而取得的一次性补偿收入,其收入在当地年职工平均工资三倍数额以内的部分免税;超过部分,按"工资、薪金"项目计税。计税时,可视为一次取得数月工薪收入,允许在一定期限内平均计算,即以个人取得的一次性经济补偿收入,除以个人在本企业的工作年限数,以其商数作为个人的月工薪收入,按税法规定计算缴纳个人所得税。个人在本企业的工作年限数按实际工作年限数计算,超过十二年的按十二年计算。支付单位在支付时一次性代扣,于次月七日内上缴。

个人领取一次性补偿收入时按国家和地方政府规定比例实际缴纳的住房公积金、医疗保险费、基本养老保险费、失业保险费,在计征其一次性补偿收入的个人所得税时,可予以扣除。

企业依法宣告破产,职工从该企业取得的一次性安置费免税。

(13)以个人所得(不含偶然所得)通过国家机关、非营利社会团体资助科研机构、高等院校研发的,可在下月或下次或当年计征个人所得税时,全额从应税所得额中扣除,不足抵扣的,不得结转抵扣。

(14)下岗失业人员从事社区服务、个体经营(建筑业、娱乐业、广告业、桑拿、按摩、网吧、氧吧除外)的,自领取税务登记证之日起,从事独立劳务服务的,自其持下岗证明在当地税务机关备案之日起,免缴营业税、城市维护建设税、教育费附加和个人所得税三年。

(15)经国务院财政部门批准免税的所得。根据《个人所得税法》的规定，有下列情况之一的，经批准可以减征个人所得税：

①残疾、孤老人员和烈属的所得；

②因严重自然灾害造成重大损失的；

③其他经国务院财政部门批准减税的。

五、个人所得税的计税依据

个人所得税的计税依据为个人取得的各项应纳税所得减去按规定标准扣除费用后的余额。个人取得的应纳税所得包括现金、实物和有价证券。所得为实物的，应按照取得的凭证上的价格计算应纳税所得额；无凭证的实物或者凭证上所注明的价格明显偏低的，由主管税务机关参照当地的市场价格核定应纳税所得额。所得为有价证券的，由主管税务机关根据票面价格和市场价格核定应纳税所得额。

个人所得的项目不同，其扣除标准也不相同。

(1)工资、薪金所得，以每月收入额减除费用3 500元后的余额，为应纳税所得额。在中国境内的外商投资企业和外国企业中工作取得工资、薪金所得的外籍人员，应聘在中国境内的企业、事业单位、社会团体、国家机关中工作取得工资、薪金所得的外籍专家，在中国境内有住所而在中国境外任职或者受雇取得工资、薪金所得的人员，在3 500元扣除额的基础上，再附加1 300元的费用扣除额，即扣除4 800元。

(2)个人独资企业、合伙企业、个体工商户的生产、经营所得，以每一纳税年度的收入总额，减除成本、费用以及损失后的余额，为应纳税所得额。

(3)对企事业单位的承包经营、承租经营所得，以某一纳税年度的收入总额，减除必要费用后的余额，为应纳税所得额。

(4)劳务报酬所得、稿酬所得、特许权使用费所得、财产租赁所得每次收入不超过4 000元的，减除费用800元；4 000元以上的，减除20%的费用，其余额为应纳税所得额。

(5)财产转让所得，以转让财产的收入额减除财产原值和合理费用后的余额，为应纳税所得额。

(6)储蓄存款利息、股息、红利所得，偶然所得和其他所得，以每次收入额为应纳税所得额。

除上述规定外，对个人将其所得通过中国境内非营利的社会团体、国家机关向教育、公益事业和遭受严重自然灾害地区、贫困地区的捐赠，捐赠额不超过应纳税所得额30%的部分，可以从其应纳税所得额中扣除。

六、个人所得税应纳税额的计算与缴纳

(一)应纳税额的计算

根据国家有关税收规定，对适用超额累进税率的工资、薪金所得，个体工商户的生产、经营所得，企事业单位的承包经营、承租经营所得，以及适用加成征收税率的劳务报酬所得，运用速算扣除数法计算其应纳税额。其计算公式如下：

应纳税额 = 应纳税所得额 × 适用税率 − 速算扣除数

对稿酬所得应纳税额，其计算公式如下：

应纳税额 = 应纳税所得额 × 适用税率 × (1 − 30%)

对特许权使用费所得，储蓄存款利息、股息、红利所得，财产租赁所得，财产转让所得，偶然所得和其他所得，其计算公式如下：

应纳税额 = 应纳税所得额 × 适用税率

1. 工资、薪金所得应纳税额的计算

工资、薪金所得的计算公式如下：

应纳税所得额 = 应税工薪额 − 扣除费用额

【例6-1】某纳税人月薪4 300元，该纳税人不适用附加减除费用的规定，计算其应纳个人所得税税额如下：

应纳税所得额 = 4 300 − 3 500 = 800(元)；

应纳税额 = 800 × 3% = 24(元)。

【例6-2】某公司员工因故被老板解聘，临走前一次性得到退职费20 000元。该员工受聘期间每月工资为4 000元。计算公司应代扣个人所得税额。

按税法的规定，个人取得的不符合规定的退职费，应该缴纳个人所得税。税额的计算办法是：个人取得的应纳税退职费收入，属于与其任职、受雇活动有关的工资、薪金性质的所得，应在取得的当月按照工资、薪金所得计算缴纳个人所得税。由于个人退职费通常是一次性付给，且数额较大，所以在计算个人所得税时，对于一次取得较多退职费收入的，可以用该项退职费收入除以每月工资、薪金收入额，将退职费收入划分为若干月份的工资薪金后，按月计算应纳税所得额及应纳税额；但按上述方法划分超过了六个月工资、薪金收入的，则应按六个月平均划分，即用退职费收入除以6，得出平均每月收入额，按工资、薪金所得计算应纳税所得额及应纳税额。

个人取得的全部退职费收入的应纳税额，应由其原雇主在未付退职费时负责代扣并于次月七日内缴纳，个人退职后六个月内又再次任职、受雇的，对个人已缴纳个人所得税的退职费收入，不再与再次任职、受雇取得的工资、薪金所得合并计算补缴个人所得税。

上述员工取得的退职费收入，不在国家规定的免税范围之内，应该计算缴纳个人所得税，计算其应纳税额如下：

划分月份＝20 000÷4 000＝5（个月）；

每月应纳税额为＝（4 000－3 500）×3%＝15（元）；

应纳税额合计＝15×5＝75（元）。

这75元个人所得税税款应由公司老板在支付员工退职费时代扣代缴，该员工税后净收入如下：

20 000－75＝19 925（元）。

2. 个体工商户的生产、经营所得应纳税额的计算

个体工商户的生产、经营所得应纳税额的计算公式如下：

应纳税所得额＝应纳税所得额×适用税率－速算扣除数或＝（全年收入总额－成本、费用以及损失）×使用税率－ 速算扣除数

【例6－3】某个体工商户3月份产品销售收入10万元，为生产应税产品耗用原材料、物料、电力等共计3.5万元，支付工人工资1.8万元，销

售费用0.6万元，销售税金0.5万元，办公费用0.2万元。计算该月应纳所得税如下。

(1)计算应税所得额：

应税所得额 = 100 000 -（35 000 + 18 000 + 6 000 + 5 000 + 2000）= 34 000(元)。

(2)确定适用税率为20%。

(3)计算当月应纳税额：

应纳税额 = 34 000 × 20% - 3 750 = 3 050(元)。

3. 劳务报酬、特许权使用费、财产租赁所得应纳税额的计算

劳务报酬、特许权使用费、财产租赁所得应纳税额的计算公式为：

(1)每次收入不足4 000元的：

应纳税额 =(每次收入额 - 800) × 20%

(2)每次收入在4 000元以上的：

应纳税额 = 每次收入额 ×(1 - 20%) × 20%

与特许权使用费、财产租赁所得不同的是：当劳务报酬每次所得超过20 000元时，实行加成征收，都是按次所得计税。计算公式为：

应纳税额 = 每次收入额 ×(1 - 20%) × 适用税率 - 速算扣除数

【例6-4】某演员8月份在A地演出2天，共获演出收入30 000元；当月为某公司拍广告，取得收入15 000元。计算其应缴个人所得税如下。

(1)A地演出收入。

应纳税所得额 = 30 000 ×(1 - 20%) = 24 000(元)；

应纳所得税额 = 24 000 × 30% - 2 000 = 5 200(元)。

(2)广告收入。

应纳税所得额 = 15 000 ×(1 - 20%) = 12 000(元)；

应纳所得税额 = 12 000 × 20% = 2 400(元)。

以上合计应交所得税如下：

应纳税额 = 5 200 + 2 400 = 7 600(元)。

【例6-5】某人将其劳务报酬所得5 000元，通过民政部门全部捐赠给贫困地区，计算应缴纳的个人所得税。

法定应纳税所得额=5 000-5 000×20%=4 000(元)；

可以扣除的捐赠额=4 000×30%=1 200(元)；

实际应纳税所得额=4 000-1 200=2 800(元)；

实际应纳税额=2 800×20%=560(元)。

4. 稿酬所得应纳税额的计算

稿酬所得应纳税额的计算公式如下：

(1)每次收入不足4 000元的：

应纳税额=应纳税所得额×适用税率×(1-30%)

=(每次收入额-800)×20%×(1-30%)

(2)每次收入在4 000元以上的：

应纳税额=应纳税所得额×适用税率×(1-30%)

=每次收入额×(1-20%)×20%×(1-30%)

【例6-6】某作家取得一书稿酬收入20 000元，计算其应纳个人所得税税额如下：

应纳税额=应纳税所得额×适用税率×(1-30%)=20 000×(1-20%)×20%×(1-30%)=2 240(元)。

5. 储蓄存款利息、股息、红利所得，财产转让所得，偶然所得和其他所得应纳税额的计算

储蓄存款利息、股息、红利所得、偶然所得和其他所得应纳税额的计算公式如下：

应纳税额=每次收入额×20%

财产转让所得的应纳税额的计算公式如下：

应纳税额=(每次收入额-财产原值-合理费用)×20%

【例6-7】李某出售一栋房屋获得10万元，而原值为5万元，有关交易费用和税金5 000元，计算其应纳税额如下：

应纳税所得额 $=100\ 000-50\ 000-5\ 000=45\ 000$(元);

应纳所得税额 $=45\ 000\times 20\%=9\ 000$(元)。

(二)个人所得税的税款缴纳

1. 个人所得税的计征办法

个人所得税实行源泉分项扣缴和纳税人自行申报两种计征办法。其中以支付所得的单位或者个人为扣缴义务人。在两处以上取得工资、薪金所得和没有扣缴义务人的,纳税人应当自行申报纳税。自行申报纳税人,应该在取得所得的所在地税务机关申报纳税。纳税人从中国境外取得所得的,应该在户籍所在地税务机关或指定税务机关申报纳税。在两处以上取得的所得,按照税法的规定,需合并计算纳税的,由纳税人申请、税务机关批准,可在其中一处税务机关申报纳税。纳税人要求变更纳税申报地点的,应经原主管税务机关批准。

2. 个人所得税的纳税期限

扣缴义务人、自行申报纳税人每月应纳的税款,都应当在次月七日内缴入国库,并向税务机关报送纳税申报表。

(1)工资、薪金所得应纳的税款,按月计征,由扣缴义务人或者纳税人在次月七日内缴入国库,并向税务机关报送纳税申报表。特定行业的工资、薪金所得应纳税款,可以实行按年计算,分月预缴的方式计征,即工资、薪金所得应纳的税款,按月预缴,年度终了后三十日内,合计其全年工资、薪金所得,然后按十二个月平均并计算实际应纳税款,多退少补。

(2)个人独资企业、合伙企业、个体工商户的生产经营所得应纳的税款,按年计算,分月预缴,由纳税人在次月七日内预缴,年度终了后三个月内汇算清缴,多退少补。

(3)企事业单位的承包经营、承租经营所得应纳的税款,按年计算,由纳税义务人在年度终了后三十日内缴入国库。纳税人在一年内分次取得承包经营、承租经营所得的,应当在每次取得所得后的七日内预缴,年度终了后三个月内汇算清缴,多退少补。

(4)从中国境外取得所得的纳税人,应当在年度终了后三十日内,将应纳税款缴入国库，并向税务机关报送纳税申报表。扣缴义务人和自行申报纳税人，应当按照税法规定期限报送个人所得税报告表或纳税申报表。如遇特殊原因，不能按照规定期限报送时，应当在报送期内提出申请，经主管税务机关批准，可以适当延期。

(三)对外投资分利

个人独资企业、合伙企业的个人投资者以企业资金为本人、家庭成员及相关人员支付与企业生产经营无关的消费性支出及购买汽车、住房等财产性支出，视为企业对个人投资者的利润分配，并入生产经营所得，并按此项目计缴个人所得税。其他企业的个人投资者，以企业资金为本人、家庭成员及相关人员支付与企业生产经营无关的消费性支出及购买汽车、住房等财产性支出，视为企业对个人投资者的红利分配，依照“利息、股息、红利所得”应税项目计缴个人所得税。企业的上述支出不得在所得税前扣除。

纳税年度内个人投资者从其投资企业(个人独资企业、合伙企业除外)借款，在该纳税年度终了后，既未归还、又未用于企业生产经营的，其未归还的借款，视为企业对个人投资者的红利分配，依照“利息、股息、红利所得”应税项目计缴个人所得税。

七、外籍居民纳税义务的确认

(一)外籍居民纳税人取得境外所得的征税

依据个人所得税法的规定，在中国境内无住所的个人只要在一个纳税年度内在中国境内居住满 365 日，其来源于中国境内、外的所得都应依法在中国缴纳个人所得税。考虑到税法修订前后的政策衔接，个人所得税法实施条例对外籍居民纳税人取得的境外所得征税问题作了如下规定：在中国境内无住所，但是居住一年以上五年以下的个人，其来源于中国境外的所得，经主管税务机关批准，可只就由中国境内公司、企业以及其他经济组织或者个人支付的部分缴纳个人所得税；居住超过五年的个人，从第六年起，应当就其来源于中国境内外的全部所得缴纳个人所得税。依据此条规定，外籍居民纳税人，因在华受雇或提供劳务而在我国境内居住一年以上五年以下，其所取得的境外所得大部分都免予申报缴纳个人所得税。

(二)外籍纳税人的境内所得的纳税

依据个人所得税法的规定，外籍纳税人在一个纳税年度中在华连续或累计居住不超过九十日的，其在中国境内期间从事工作而取得的所得，属于来源于中国境内的所得，不论该报酬是从中国境内雇主处取得，还是从中国境外雇主处取得，都应依法申报缴纳个人所得税。然而，考虑到有些外籍人员在华提供劳务时间较短，且其报酬又是由境外雇主支付并负担的，参考一些国家的通常做法，个人所得税法实施条例对此给予了适当优惠，即外籍纳税人在一个纳税年度内在中国境内连续或累计居住不超过九十日的，其来源于中国境内的所得，凡是由境外雇主支付并且不由该雇主设在中国境内机构、场所负担的部分，免予缴纳个人所得税。

【例6-8】意大利公民达利先生受其所供职的银行委派，前来中国担任该银行驻华首席代表，任期五年，五年内他一直在中国境内居住。在其任期内，他将在意大利拥有的一栋房屋出租给邻居使用，从而获得一笔财产租赁所得。该笔所得应否在中国纳税?

达利先生在中国境内任职并连续居住满五年，已构成了我国个人所得税的居民纳税人，按照我国个人所得税法的规定，其来源于中国境内、外的所得都应在中国缴纳个人所得税。但是，依据个人所得税法实施条例的优惠规定，达利先生所取得的这笔财产租赁所得，因属于来源于境外的所得，且不是由中国境内的公司、企业以及其他经济组织或者个人支付的，故可免予在中国缴纳个人所得税。

【例6-9】韩国公民金先生受其供职的某机械公司委派，来华从事一项大型机器设备的安装调试工作，共停留六十天，其间的工资由韩国公司支付。该笔工资所得应否在中国纳税?

金先生在华工作期间所取得的工资属于来源于中国境内的所得，依照我国个人所得税法的规定，应在中国纳税。但是，考虑到金先生在华停留时间不超过90天，且其工资是由境外韩国公司支付并负担，依据个人所得税法实施条例的优惠规定，金先生所取得的这笔工资所得，可免予在中国缴纳个人所得税。

八、居民纳税人境外所得的申报

（一）境外所得的认定

下列所得，不论支付地点是否在中国境外，均为来源于中国境外的所得：

（1）因任职、受雇、履约等而在中国境外提供劳务取得的所得；

（2）将财产出租给承租人在中国境外使用而取得的所得；

（3）转让中国境外的建筑物、土地使用权等财产或者在中国境外转让其他财产取得的所得；

（4）许可各种特许权在中国境外使用而取得的所得；

（5）从中国境外的公司、企业以及其他经济组织或者个人取得的利息、股息、红利所得；

（6）纳税人的境外所得，包括现金、实物和有价证券；

（7）纳税人的境外所得按照有关规定交付给派出单位的部分，凡能提供有效合同或有关凭证的，经主管税务机关审核后，允许从其境外所得中扣除。

（二）派出单位的税务责任

（1）纳税人受雇于中国境内的公司、企业和其他经济组织以及政府部门并派往境外工作，其所得由境内派出单位支付或负担的，境内派出单位为个人所得税扣缴义务人，税款由境内派出单位负责代扣代缴。其所得由境外任职、受雇的中方机构支付、负担的，可委托其境内派出（投资）机构代征税款。

（2）中国境内的公司、企业和其他经济组织以及政府部门，凡有外派人员的，应在每一公历年度（以下简称年度）终了后三十日内向主管税务机关报送外派人员情况。内容主要包括：外派人员的姓名、身份证或护照号码、职务、派住国家和地区、境外工作单位名称和地址、合同期限、境内外收入状况、境内住所及缴纳税收情况等。

（3）扣缴义务人、代征人所扣（征）的税款，应当在次月七日内缴入国库，并向主管税务机关报送扣（征）缴个人所得税报告表以及税务机关要求报送的其他资料。

（三）境外所得的外币折算

纳税人取得的境外所得为美元、日元和港币的，按照填开完税凭证的上一月最后一日中国人民银行公布的人民币对上述三种货币的基准汇价，折合成人民币计算缴纳税款。

纳税人取得的境外所得为上述三种货币以外的其他货币的，应根据填开完税凭证的上一月最后一日美元对人民币的基准汇价和国家外汇管理局提供的同日纽约外汇市场美元对主要外币的汇价进行套算，按套算后的汇价作为折合汇率计算缴纳税款。

九、境外所得的税额扣除

在对纳税人的境外所得征税时，存在其境外所得已在来源国家或者地区缴税的实际情况。基于国家之间对同一所得应避免双重征税的原则，我国在对纳税人的境外所得行使税收管辖权时，对该所得在境外已纳税额采取了分不同情况从应征税额中予以扣除的做法。

按税法的规定，纳税义务人从中国境外取得的所得，准予其在应纳税额中扣除已在境外缴纳的个人所得税税额。但扣除额不得超过该纳税义务人境外所得依照我国税法规定计算的应纳税额。

已在境外缴纳的个人所得税额，是指个人从中国境外取得所得并在境外实际缴纳的税额，不包括纳税后又得到补偿或由他人代为承担的税额。

按照个人所得税法规定计算的应纳税额，是指纳税人从中国境外取得的所得，依照税法规定适用税率计算的应纳税额。该应纳税额即为扣除限额，应当分国(地区)、分项计算。

个人从中国境外取得的所得在境外实际缴纳的个人所得税税额，低于依照前款规定计算出的扣除限额的，应当在中国补缴差额部分的税款；超过扣除限额的，其超过部分不得作为税额扣除，但可以在以后年度扣除限额的余额内补扣，补扣期限最长不得超过五年。

【例6-10】某纳税人在同一纳税年度，从A、B两国取得应税收入。其中：在A国一公司任职，取得工资、薪金收入60 000元(平均每月5 000元)，因提供一项专利技术使用权，一次取得特许权使用费收入30 000元，该两项收入在A国缴纳个人所得税5 200元；因在B国出版著作，获得稿酬收入(版税)15 000元，并在B国缴纳该项收入的个人所得税1 720元。其抵扣计算方法如下：

(1)A 国所纳个人所得税的抵减。

按照我国税法规定的费用减除标准和税率，计算该纳税义务人从 A 国取得的应税所得应纳税额，该应纳税额即为抵减限额。

①工资、薪金所得。该纳税义务人从 A 国取得的工资、薪金收入，应每月减除费用 3 500 元，余额按 7 级超额累进税率表的适用税率计算应纳税额。

每月应纳税额 =(5 000 - 3 500) ×3% =45(元)；

全年应纳税额 =45 ×12 =540(元)。

②特许权使用费所得。该纳税义务人从 A 国取得的特许权使用费收入，应减除 20% 的费用，余额按 20% 的比例税率计算应纳税额。

应纳税额 =30 000 ×(1 -20%) ×20% =4 800(元)。

根据计算结果，该纳税义务人从 A 国取得应税所得在 A 国缴纳的个人所得税额的抵减限额为 5 700 元(900 +4 800)。其在 A 国实际缴纳个人所得税 5 200 元，低于抵减限额，可以全额抵扣，并应在中国补缴差额部分的税款如下：

补缴税款 =5 700 -5 200 =500(元)。

(2)B 国所纳个人所得税的抵减。

按照我国税法的规定，该纳税义务人从 B 国取得的稿酬收入，应减除 20% 的费用，就其余额按 20% 的税率计算应纳税额并减征 30%。

应纳税额 =[15 000 ×(1 -20%) ×20%] ×(1 -30%) =1 680(元)。

即抵扣限额为 1 680 元。该纳税义务人的稿酬所得在 B 国实际缴纳个人所得税 1 720 元，超出抵减限额 40 元，不能在本年度扣除，但可在以后五个纳税年度的该国减除限额的余额中补减。综合上述计算结果，该纳税义务人在本纳税年度中的境外所得，应在中国补缴个人所得税 500 元。其在 B 国缴纳的个人所得税未抵减完的 40 元，可按我国税法规定补减。

十、代扣代缴个人所得税

代扣代缴是指按照税法规定负有扣缴税款义务的单位或者个人，在向个人支付应纳税所得时，应计算应纳税额，从其所得中扣除并缴入国库，同时向税务机关报送扣缴个人所得税报告表。这种方法有利于控制税源、防止漏税和逃税。

(一)扣缴义务人和代扣代缴的范围

1. 扣缴义务人

凡支付个人应纳税所得的企业(公司)、事业单位、机关、社团组织、军队、驻华机构、个体户等单位或者个人，为个人所得税的扣缴义务人。驻华机构不包括外国驻华使领馆和联合国及其他依法享有外交特权和豁免的国际组织驻华机构。

2. 代扣代缴的范围

扣缴义务人向个人支付下列所得，应代扣代缴个人所得税：

(1)工资、薪金所得；

(2)对企事业单位的承包经营、承租经营所得；

(3)劳务报酬所得；

(4)稿酬所得；

(5)特许权使用费所得；

(6)储蓄存款利息、股息、红利所得；

(7)财产租赁所得；

(8)财产转让所得；

(9)偶然所得；

(10)股票期权的购进(行权)、转让；

(11)经国务院财政部门确定征税的其他所得。

扣缴义务人向个人支付应纳税所得(包括现金、实物和有价证券)时，不论纳税人是否属于本单位人员，均应代扣代缴其应纳的个人所得税税款。

(二)扣缴义务人的义务及应承担的责任

(1)扣缴义务人应指定财务会计部门或其他有关部门的人员为办税人员，由办税人员具体办理个人所得税的代扣代缴工作。代扣代缴义务人的有关领导要对代扣代缴工作提供便利，支持办税人员履行义务；确定办税人员或办税人员发生变动时，应将名单及时报告主管税务机关。

(2)扣缴义务人的法人代表(或单位主要负责人)、财会部门的负责人及具体办理代扣代缴税款的有关人员，共同对依法履行代扣代缴义务负法律责任。

(3)同一扣缴义务人的不同部门支付应纳税所得时，应报办税人员汇总。

(4)扣缴义务人在代扣税款时，必须向纳税人开具税务机关统一印制的代扣代收税款凭证，并详细注明纳税人姓名、工作单位、家庭地址和居民身份证或护照号码(无上述证件的，可用其他能有效证明身份的证件)等个人情况。对工资、奖金所得和利息、股息、红利所得等，因纳税人数众多，不便一一开具代扣代收税款凭证的，经主管税务机关同意，可不开具代扣代收税款凭证，但应通过一定的形式告知纳税人已扣缴税款。纳税人为持有完税依据而向扣缴义务人索取代扣代收税款凭证的，扣缴义务人不得拒绝。扣缴义务人应主动向税务机关申领代扣代收税款凭证，据以向纳税人扣税。

(5)扣缴义务人依法履行代扣代缴税款义务时，纳税人不得拒绝。纳税人拒绝的，扣缴义务人应及时报告税务机关处理，并暂时停止支付其应纳税所得。否则，纳税人应缴纳的税款由扣缴义务人负担。扣缴义务人应扣未扣、应收未收税款的，由扣缴义务人缴纳应扣未扣、应收未收税款以及相应的滞纳金或罚款。若扣缴义务人已将纳税人拒绝代扣代缴的情况及时报告税务机关的除外。

(6)扣缴义务人应在扣缴义务发生之日起十日内建立代扣代缴税款账簿，正确反映个人所得税的扣缴情况，并如实填写《扣缴个人所得税报告表》及其他有关资料。

(三)代扣代缴期限

扣缴义务人每月所扣的税款，应当在次月七日内缴入国库，并向主管税务机关报送《扣缴个人所得税报告表》、代扣代收税款凭证和包括每一纳税人姓名、单位、职务、收入、税款等内容的支付个人收入明细表以及税务机关要求报送的其他有关资料。

扣缴义务人违反上述规定不报送或者报送虚假纳税资料的，一经查实，其未在“支付个人收入明细表”中反映的向个人支付的款项，在计算扣缴义务人应纳税所得额时不得作为成本费用扣除。

扣缴义务人因有特殊困难不能按期报送《扣缴个人所得税报告表》及其他有关资料的，经县级税务机关批准，可以延期申报。

(四)年终奖金、年薪和绩效工资个人所得税的代扣代缴

从2005年1月1日起，对个人取得的全年一次性奖金(指行政机关、企事业单位等扣缴义务人根据其全年经济效益和对雇员全年工作业绩的综合考核情况，向雇员发放的一次性奖金，还包括年终加薪、实行年薪制和绩效工资办法的单位根据考核情况兑现的处薪和绩效工资)，单独作为一个月工资、薪金所得计算纳税，并按以下计税办法，由扣缴义务人发放时代扣代缴。

(1)先将雇员当月内取得的全年一次性奖金，除以12个月，按其商数确定适用税率和速算扣除数。

如果在发放年终一次性资金的当月，雇员当月工资薪金所得低于税法规定的费用扣除，应将全年一次性奖金减除“雇员当月工资薪金所得与费用扣除额的差额”后的余额，按上述办法确定全年一次性奖金的适用税率和速算扣除数。

(2)将雇员个人当月内取得的全年一次性奖金，按以上确定的适用税率和速算扣除数计算征税，计算公式如下。

①如果雇员当月工资薪金所得高于(或等于)税法规定的费用扣除额的，适用公式如下：

应纳税额=雇员当月取得全年一次性奖金×适用税率-速算扣除数

②如果雇员当月工资薪金所得低于税法规定的费用扣除额的，适用公式如下：

应纳税额=(雇员当月取得全年一次性奖金-雇员当月工资薪金所得与费用扣除额的差额)×适用税率-速算扣除数

在一个纳税年度内，对每一个纳税人，该计税办法只允许采用一次。雇员取得除全年一次性奖金以外的其他各种名目奖金，如半年奖、季度奖、加班奖、先进奖、考勤奖等，一律与当月工资、薪金收入合并，按税法规定缴纳个人所得税。

十一、扣缴个人所得税的申报

为了简化纳税申报手续，方便纳税人和扣缴义务人申报纳税，国家税务总局根据个人所得税法实施条例的授权，分门别类制定了不同的纳税申报表及有关报表的样式。纳税人和扣缴义务人在申报纳税和申报缴纳已扣税款时，

应当根据实际情况正确选择所应采用的报表。

扣缴义务人扣缴个人所得税时，应填报《扣缴个人所得税报告表》、《支付个人收入明细表》，申报期限为次月七日前。

第二节　个人所得税的会计处理

个人所得税的会计处理包括代扣代缴单位的会计处理和个体工商户的会计处理两个方面。

一、代扣代缴单位的会计处理

（一）支付工资、薪金代扣代缴所得税

企业作为个人所得税的扣缴义务人，应按规定扣缴职工应缴纳的个人所得税。代扣个人所得税时，借记"应付职工薪酬"账户，贷记"应交税费——代扣代缴个人所得税"账户。

企业为职工代扣代缴个人所得税有两种情况：第一，职工自己承担个人所得税，企业只负有扣缴义务；第二，企业既承担税款，又负有扣缴义务。

【例 6-11】某企业为张某、李某每月各发工资 3 800 元。但合同约定，张某自己承担个人所得税；李某个人所得税由该企业承担，即李某收入 3 800 元为税后所得。月末发工资时，企业会计处理如下。

(1)为张某扣缴个人所得税时。

张某应纳个人所得税 = (3 800 - 3 500) × 3% = 9(元)。

发放工资时，作会计分录如下：

借：应付职工薪酬	3 800
贷：库存现金	3 791
应交税费——代扣代缴个人所得税	9

(2)为李某承担税款时。由于李某工资为税后所得，则需要换算为税前所得，再计算个人所得税。其计算公式如下：

应纳个人所得税 = 应纳税所得额 × 适用税率 - 速算扣除数

企业应为李某承担的税款 =(3 800 - 3 500) ÷ (1 - 3%) × 3% = 9.28(元)。

计提个人所得税时，作会计分录如下：

借：管理费用等　　9.28

　　贷：应付职工薪酬　　9.28

发放工资时，作会计分录如下：

借：应付职工薪酬　　3 809.28

　　贷：库存现金　　3 800.00

　　　　应交税费——代扣代缴个人所得税　　9.28

（二）承包、承租经营所得应缴所得税

承包、承租经营有两种情况，个人所得税也分别涉及两个项目。

(1)承包、承租人对企业经营成果不拥有所有权，仅是按合同(协议)规定取得一定所得的，其所得按工资、薪金所得项目征税，适用5% ~45%的七级超额累进税率。

(2)承包、承租人按合同(协议)的规定只向发包、出租方交付一定费用后，企业经营成果归其所有的，承包、承租人取得的所得，按对企事业单位的承包经营、承租经营所得项目，适用5% ~35%的五级超额累进税率征税。

第一种情况的会计处理方法同工薪所得的扣缴所得税会计处理；第二种情况，应由承包、承租人自行申报缴纳个人所得税，发包、出租方不作扣缴所得税的会计处理。

【例6-12】2012年1月1日李某与事业单位签订承包合同经营招待所，合同规定承包期为一年，李某全年上交费用20 000元，年终招待所实现利润97 400元。李某应纳个人所得税如下。

应纳税所得额 = 承包经营利润 - 上交费用 - 每月费用扣减合计 = 97 400 - 20 000 - 3 500 × 12 = 35 400(元)；

应纳税额 = 全年应纳税所得额 × 适用税率 - 速算扣除数 = 35 400 × 20% - 3 750 = 3 330(元)。

发包、出租方在收到李某缴来承包(租)费时，作会计分录如下：

借：银行存款　　20 000

　　贷：其他业务收入　　20 000

（三）支付劳务报酬、特许权使用费、稿费、财产租赁费代扣代缴所得税

企业支付给个人的劳务报酬、特许权使用费、稿费、财产租赁费，一般由支付单位作为扣缴义务人向纳税人扣留税款，并计入该企业的有关期间费用账户。即企业在支付上述费用时，借记“无形资产”“管理费用”“财务费用”“销售费用”等账户，贷记“应交税费——代扣代缴个人所得税”“库存现金”等账户；实际缴纳时，借记“应交税费——代扣代缴个人所得税”账户，贷记“银行存款”账户。

【例6－13】王工程师向一家公司提供两项专利使用权，一次取得收入50 000元，王某应缴纳的个人所得税如下。

应纳税额＝50 000×（1－20%）×20%＝8 000（元）。

该公司计提扣缴个人所得税时，作会计分录如下：

借：无形资产　　50 000

　　贷：应交税费——代扣代缴个人所得税　　8 000

　　　　库存现金　　42 000

该公司实际上交扣缴的所得税时，作会计分录如下：

借：应交税费——代扣代缴个人所得税　　8 000

　　贷：银行存款　　8 000

（四）向个人购买财产（财产转让）代扣代缴所得税

一般情况下，企业向个人购买财产属于购建企业的固定资产项目，支付的税金应作为企业购建固定资产的价值组成部分。

购置固定资产时，作会计分录如下：

借：固定资产

　　贷：银行存款

　　　　应交税费——应交个人所得税

　　　　累计折旧

实际上缴个人所得税时，作会计分录如下：

借：应交税费——应交个人所得税

　　贷：银行存款

(五)代扣代缴储蓄存款利息所得个人所得税

1999 年 8 月 30 日，第九届全国人大常委会第十一次会议通过了对储蓄存款利息所得征收个人所得税的决定，并从 1999 年 11 月 1 日起孳生的利息开始计税，按孳生利息全额的 20% 计算，银行等金融机构承担代扣代缴义务。

【例 6-14】 某储户 1999 年 2 月 1 日存入银行一年期存款 40 000 元，年利息为 3.78%，到期日(2000 年 2 月 1 日)全部取出；该储户又于 1999 年 7 月 11 日存入定期一年的存款 20 000 元，于 2000 年 7 月 11 日全部取出。银行应代扣该储户利息税计算如下。

(1)第一笔存款：

应付利息 = 40 000 × 3.78% = 1 512(元)；

应计税利息 = 1 512 ÷ 12 × 3 = 378(元)；

应扣利息税 = 378 × 20% = 75.6(元)。

银行向储户支付存款本息并代扣利息税，作会计分录如下：

借：应付存款	40 000.00	
应付利息	1 512.00	
贷：银行存款		41 436.40
应交税费——代扣个人所得税		75.60

(2)第二笔存款：

应付利息 = 20 000 × 3.78% = 756(元)；

应计税利息 = (756 ÷ 360) × (8 × 30 + 10) = 525(元)；

应扣利息税 = 525 × 20% = 105(元)。

银行向储户支付存款本息并代扣利息税，作会计分录如下：

借：应付存款	20 000	
应付利息	756	
贷：银行存款		20 651
应交税费——代扣个人所得税		105

(六)向股东支付股利代扣代缴所得税

股份制企业向法人股东支付股票股利、现金股利时，因法人股东不缴个人所得税，无所得税代扣代缴问题。若以资本公积转增股本，不属于股息、红利性质的分配，不征个人所得税，亦无代扣代缴个人所得税的问题。

企业向个人支付现金股利时，应代扣代缴个人所得税。公司按应支付给个人的现金股利金额，借记“利润分配”账户，贷记“应付股利”账户；当实际支付现金时，借记“应付股利”账户，贷记“库存现金”(或“银行存款”)“应交税费——代扣代缴个人所得税”账户。

企业以盈余公积对股东个人转增资本或派发股票股利时，应代扣代缴个人所得税，但为了不因征收个人所得税而改变股本权益结构，可由企业按增股金额计算的个人所得税，向个人收取现金以备代缴。有关会计处理如下。

(1)以盈余公积转增资本或派发股票股利时：

借：盈余公积、应付利润、未分配利润

　　贷：实收资本、股本

(2)扣缴所得税时：

借：其他应收款

　　贷：应交税费——应交个人所得税

(3)收到个人股本交来税款时：

借：银行存款

　　贷：其他应收款

(4)解缴税款时：

借：应交税费——应交个人所得税

　　贷：银行存款

二、个体工商户、个人独资及合伙企业的会计处理

(一)会计账户设置

企业应设置“本年应税所得”账户，本账户下设“本年经营所得”和“应弥补的亏损”两个明细账户。

“本年经营所得”明细账户核算个体户、个人独资及合伙企业本年生产经

营活动取得的收入扣除成本费用后的余额。如果收入总额大于应扣除的成本费用总额，即为本年经营所得，在不存在可税前弥补的亏损情况下，即为本年应税所得，应由“本年应税所得——本年经营所得”账户转入“留存利润”账户；如果计算出的结果为经营亏损，则应将本年发生的经营亏损由“本年经营所得”明细账户转入“应弥补的亏损”明细账户。

“应弥补的亏损”明细账户，核算个体户、个人独资及合伙企业发生的可由生产经营活动所得税前弥补的亏损。发生亏损时，由“本年经营所得”明细账户转入本明细账户。个体户、个人独资及合伙企业生产经营过程中发生的亏损，可以由以后年度的生产经营所得在税前弥补，但延续弥补期不得超过五年。超过弥补期的亏损，不能再以生产经营所得税前弥补，应从“本年应税所得——应弥补的亏损”账户转入“留存利润”账户，减少个体户、个人独资及合伙企业的留存利润。

（二）本年应税所得的核算

年末，个体户、个人独资及合伙企业计算本年经营所得，应将“营业收入”账户的余额转入“本年应税所得——本年经营所得”账户的贷方；将“营业成本”“营业税金”“销售费用”账户余额转入“本年应税所得——本年经营所得”账户的借方。“营业外收支”账户如为借方余额，转入“本年应税所得——本年经营所得”账户的借方；如为贷方余额，转入“本年应税所得——本年经营所得”账户的贷方。

【例6－15】2012年12月31日，某个体户结转全年收入、成本和费用，计算确定本年经营所得。有关账户的余额如下：“营业收入”贷方余额500 000元；“营业税金”借方余额20 000元；“营业成本”借方余额200 000元；“销售费用”借方余额100 000元；“营业外收支”为借方余额30 000元。没有在税前弥补的亏损。年末，应作结转分录如下。

借：营业收入　　500 000

　　贷：本年应税所得——本年经营所得　　500 000

借：本年应税所得——本年经营所得　　320 000

　　贷：营业税金　　20000

　　　　营业成本　　200 000

销售费用　　100 000

借：本年应税所得——本年经营所得　　30 000

　贷：营业外收支　　30 000

本年经营所得＝营业收入－营业税金－营业成本－销售费用－营业外收支

或＝"本年经营所得"明细帐户贷方金额－"本年经营所得"明细帐户借方金额＝500 000－20 000－200 000－100 000－30 000＝150 000(元)；

本年应税所得＝本年经营所得－本年税前弥补的以前年度亏损＝150 000－0＝150 000(元)。

借：本年应税所得——本年经营所得　　150 000

　贷：留存利润　　150 000

本年应税所得为150 000元，按照个人所得税法的规定，相应的税率应为35%，速算扣除数为6 750元。

本年生产经营应交纳的所得税＝本年应税所得×35%－14 750＝150 000×35%－14 750＝37 750(元)。

(三)应弥补亏损的核算

个体户、个人独资及合伙企业生产经营活动中发生的经营亏损，应由"本年经营所得"明细账户转入"应弥补的亏损"明细账户。弥补亏损时，由"应弥补的亏损"明细账户转入"本年经营所得"明细账户；超过弥补期的亏损，由"应弥补的亏损"明细账户转入到"留存利润"账户。

【例6－16】2012年，某个体户生产经营活动结果如下：营业收入500 000元，营业成本400 000元，销售费用200 000元，没有其他项目。

结转本年的收入和成本费用时，作会计分录如下：

借：营业收入　　500 000

　贷：本年应税所得——本年经营所得　　500 000

借：本年应税所得——本年经营所得　　600 000

　贷：营业成本　　400 000

　　　销售费用　　200 000

该个体户本年经营亏损＝500 000－400 000－200 000＝－100 000(元)。

2012 年，该个体户、个人独资及合伙企业经营亏损 100 000 元，应转入“应弥补的亏损”明细账户，作会计分录如下：

借：本年应税所得——应弥补的亏损　　100 000

　　贷：本年应税所得——本年经营所得　　100 000

（四）留存利润的核算

个体户、个人独资及合伙企业应设置“留存利润”账户核算个体户、个人独资及合伙企业的留存利润。年度终了，计算出的结果如为本年经营所得，应将本年经营所得扣除可在税前弥补的以前年度亏损后的余额转入该账户的贷方；同时，计算确定本年应交个人所得税，记入该账户的借方，然后将税后列支费用及超过弥补期的经营亏损转入该账户的借方。该账户贷方金额减去借方金额后的余额，为留存利润金额。

【例 6－17】某个体户的经营所得是 150 000 元，应缴纳的个人所得税为 45 750 元，税后列支费用为 30 000 元，超过弥补期而转入留存利润账户的以前年度亏损为 20 000 元，以前年度留存利润为零。

（1）转入经营所得时，作会计分录如下：

借：本年应税所得——本年经营所得　　150 000

　　贷：留存利润　　150 000

（2）计提应交个人所得税时，作会计分录如下：

借：留存利润　　45 750

　　贷：应交税费——应交个人所得税　　45 750

（3）转入税后列支费用时，作会计分录如下：

借：留存利润　　30 000

　　贷：税后列支费用　　30 000

（4）转入超过弥补期亏损时，作会计分录如下：

借：留存利润　　20 000

　　贷：本年应税所得——应弥补的亏损　　20 000

留存利润＝150 000－45 750－30 000－20 000＝54 250（元）。

（五）缴纳个人所得税的核算

个体户、个人独资及合伙企业的生产经营所得应缴纳的个人所得税，应按年计算、分月预缴、年度终了后汇算清缴。

1. 缴纳个人所得税的核算

个体户、个人独资及合伙企业应在“应交税费”账户下设置“应交个人所得税”明细账户，核算个体户、独资及合伙企业预缴和应缴的个人所得税，以及年终汇算清缴后个人所得税的补交和退回情况。个体户、个人独资及合伙企业按月预交个人所得税时，借记“应交税费——应交个人所得税”账户，贷记“库存现金”等账户；年度终了，计算出全年实际应交的个人所得税，借记“留存利润”账户，贷记“应交税费——应交个人所得税”账户。“应交个人所得税”明细账户的借方金额大于贷方金额的差额，为预缴数大于应交数的金额；贷方金额大于借方金额的差额，为预缴数小于应交数的差额。

补缴个人所得税时，记入“应交个人所得税”明细账户的借方；收到退回的多缴个人所得税时，记入“应交个人所得税”明细账户的贷方。如果多交的所得税不退回，而是用来抵顶以后期间的个人所得税，多缴的个人所得税金额就作为下一年度的预缴个人所得税金额。

【例6－18】某个体户经过主管税务机关核定，按照上年度实际应交个人所得税金额，确定本年各月的预缴个人所得税金额。上年的应交个人所得税金额为60 000元。

本年各月的个人所得税预缴金额＝60 000÷12＝5 000（元）。

各月预缴个人所得税时，作会计分录如下：

借：应交税费——应交个人所得税	5 000	
贷：库存现金		5 000

年度终了，确定本年度生产经营活动应交的个人所得税为80 000元。

汇算清缴全年的个人所得税时，作会计分录如下：

借：留存利润	80 000	
贷：应交税费——应交个人所得税		80 000

全年1～12月已经预缴个人所得税60 000元（5 000×12），记入“应交

个人所得税”明细账户的借方，借方与贷方的差额 20 000 元(80 000 - 60 000)为应补缴的个人所得税。补缴个人所得税时，作会计分录如下：

借：应交税费——应交个人所得税　　20 000

　　贷：库存现金　　20 000

如果年度终了确定全年应交个人所得税为 50 000 元，汇算清缴全年的个人所得税时，作会计分录如下：

借：留存利润　　50 000

　　贷：应交税费——应交个人所得税　　50 000

已预缴个人所得税金额为 60 000 元，应交数为 50000 元，应交数小于已预缴数 10 000 元，由主管税务机关按规定退回。

收到退税时，作会计分录如下：

借：库存现金　　10 000

　　贷：应交税费——应交个人所得税　　10 000

如果主管税务机关确定将个体户多交的 10 000 元，抵顶下年的个人所得税，只需将该余额转入下一年度即可。

2. 代扣代交个人所得税的核算

如果个体户代扣代交从业人员的个人所得税，应在“应交税费”账户下单独设置“代扣个人所得税”明细账户进行核算。代扣时，将代扣额记入该账户的贷方；实际上缴时，按上缴额记入该账户的借方。

【例 6 - 19】某个体户代扣代缴从业人员工资收入的个人所得税。按税法的规定，3 月份应代扣个人所得税 4 500 元。计提应交代扣个人所得税时，作会计分录如下：

借：应付职工薪酬　　4 500

　　贷：应交税费——代扣个人所得税　　4 500

实际上缴代扣个人所得税时，作会计分录如下：

借：应交税费——代扣个人所得税　　4 500

　　贷：银行存款或库存现金　　4 500

第七章　土地增值税会计

第一节　土地增值税概述

土地增值税是对纳税人转让房地产所取得的增值额征收的一种税。它是一种收益税，是1994年税制改革中新开征的一个税种。

一、土地增值税的纳税人

凡是有偿转让我国国有土地使用权、地上建筑物及其附着物(以下简称转让房地产)产权，并且取得收入的单位和个人，为土地增值税的纳税义务人。

具体包括：国有企业、集体企业、私营企业、外商投资企业和外国企业；机关、团体、部队、事业单位、个体工商户及其他单位和个人；外国机构、华侨、港澳台同胞及外国公民。

二、土地增值税的纳税范围

土地增值税的纳税范围是：转让国有土地使用权；地上的建筑物及其附着物连同国有土地使用权一并转让。

所谓“转让”，是指以出售或其他方式的有偿转让；不包括以继承、赠与方式的无偿转让。出租房地产行为、受托代建工程，由于产权没有转移，不属于纳税范围。

三、土地增值税纳税范围的具体界定

(一)以出售方式转让国有土地使用权、地上建筑物及附着物

具体分以下三种情况。

(1)出售国有土地使用权，是指土地使用者通过出让方式，向政府交纳土

地出让金、有偿受让土地使用权后，仅对土地进行通水、通电、通路和平整地面等土地开发，不进行房产开发，然后直接将空地出售。

(2)取得国有土地使用权后进行房屋开发建造，然后予以出售，即通常所说的房地产开发。

(3)存量房地产的买卖，是指已经建成并已投入使用的房地产，其房屋产权和土地使用权一并转让给其他单位和个人。

以上三种情况均应计算缴纳土地增值税。

(二)以继承、赠与方式转让房地产

因其只发生房地产产权的转让，没有取得相应的收入，属于无偿转让房地产的行为，不缴纳收土地增值税。

(三)房地产出租

出租人虽取得了收入，但没有发生房产产权、土地使用权的转让，不缴纳土地增值税。

(四)房地产抵押

房地产在抵押期间未发生权属的变更，不征收土地增值税，抵押期满后，发生房地产权属转让的，缴纳土地增值税。

(五)房地产交换

房地产的交换即发生了房产产权、土地使用权的转移，交换双方又取得了实物形态的收入，应缴纳土地增值税。

(六)以房地产投资入股进行合资或联营

因其收入以股息、红利等形式体现，是否缴纳土地增值税由财政部门、国家税务总局另行规定。

(七)房地产的联建

这是以转让部分土地使用权来换取新建成房屋部分产权的行为，是否缴纳土地增值税，由财政部门、国家税务总局另行规定。

(八)房地产的代建房行为

因其未发生房地产权属的转移，不缴纳土地增值税。

（九）房地产的重新评估

对房地产重新评估后升值的，因未发生房地产权属的转移房产产权，土地使用人也未取得收入，不缴纳土地增值税。

四、土地增值税的税率

土地增值税实行的是四级超率累进税率，即以纳税对象数额的相对率为累进依据，按超累方式计算应纳税额的税率。采用超率累进税率，需要确定几项因素：一是纳税对象数额的相对率，转让房地产所取得的增值额与扣除项目金额的比即为相对率。二是把纳税对象的相对率从低到高划分为若干个级次。土地增值税按增值额与扣除项目金额的比率从低到高划分为四个级次，即：增值额未超过扣除项目金额 50% 的部分；增值额超过扣除项目金额 50%、未超过 100% 的部分；增值额超过扣除项目金额 100%、未超过 200% 的部分；增值额超过扣除项目金额 200% 的部分。三是按各级次分别规定不同的税率。土地增值税的税率是 30%、40%、50%、60%。

五、土地增值税的减免

（1）纳税人建造普通标准住宅出售，增值额未超过扣除项目金额 20% 的，免征土地增值税。

（2）因国家建设需要依法征用、收回的房地产，免征土地增值税。

（3）个人因工作调动或改善居住条件而转让原自用住房，经向税务机关申报核准，凡居住满五年或五年以上的，免予缴纳土地增值税。居住满三年未满五年的，减半缴纳土地增值税。居住未满三年的按规定缴纳土地增值税。从 1999 年 8 月 1 日起，个人拥有的普通住宅，转让时暂免计税。

（4）以房地产进行投资、联营的，投资、联营的一方以土地（房地产）作价入股进行投资作为联营条件，将房地产转让到所投资、联营的企业时，可免予缴纳土地增值税；一方出地、一方出资金，双方合作建房，建成后按比例分房自用的，可免予缴纳土地增值税。

六、土地增值税的纳税期限和纳税地点

土地增值税的纳税人应于转让房地产合同签订之日起七日内到房地产所

在地的税务机关办理纳税申报，并向税务机关提交房屋及建筑物产权、土地使用权证书、土地转让和房地产买卖合同、房地产评估报告以及其他与转让房地产有关的资料。

纳税人因经常发生房地产转让而难以在每次转让后申报的，经税务机关审核同意后，可以定期进行纳税申报，具体期限由税务机关根据情况确定。

房地产所在地是指房地产的坐落地。纳税人转让房地产坐落在两个或两个以上地区的，应按房地产所在地分别纳税。

纳税人应按照税务机关核定的税额及规定的期限缴纳土地增值税。

纳税人没有依法缴纳土地增值税，土地管理部门、房产管理部门可以拒办权属变更手续。

第二节　土地增值税的计算

土地增值税是以纳税人转让房地产所取得的增值额为计税依据。土地增值额是纳税人转让房地产所取得的收入减去规定的扣除项目金额后的余额。土地增值税实行超率累进税率，其计算公式如下：

土地增值额 = 转让房地产的总收入 − 扣除项目金额

应纳税额 = 土地增值额 × 适用税率

若土地增值额超过扣除项目金额 50% 以上，同时适用两档或两档以上税率，就需分档计算。

一、房地产转让收入的确定

转让房地产的收入是指房产的产权所有人、土地的使用人将房屋的产权、土地使用权转移给他人而取得的货币形态、实物形态、其他形态等全部价款及有关的经济收益。转让房地产收入的类型有以下几种。

(一) 货币收入

货币收入是指纳税人转让国有土地使用权、地上建筑物及其附着物产权而取得的现金、银行存款、支票、银行本票、汇票等各种信用票据和国库券、金融债券、企业债券、股票等有价证券。

(二)实物收入

实物收入是指纳税人转让国有土地使用权、地上建筑物及其附着物产权而取得的各种实物形态的收入，如钢材、建材、房屋、土地等不动产。

(三)其他收入

其他收入是指纳税人转让国有土地使用权、地上建筑物及其附着物产权而取得的无形资产收入或具有财产价值的权利，如专利权、商标权等。

纳税人隐瞒、虚报房地产成交价格的，转让房地产的成交价格低于房地产评估价格又无正当理由的，应由评估机构参照同类房地产的市场交易价格进行评估，税务机关根据或参照评估价格确定纳税人转让房地产的收入。

二、扣除项目金额的确定

(一)新建房地产扣除项目金额

1. 取得土地使用权所支付的金额

纳税人为取得土地使用权所支付的地价款或出让金，以及按国家统一规定缴纳的有关费用。

2. 开发土地和新建房及配套设施的成本

纳税人房地产开发项目实际发生的成本(房地产开发成本)，包括：土地征用及拆迁补偿费、前期工程费、建筑安装工程费、基础设施费、公共配套设施费、开发间接费。其中：土地征用及拆迁补偿费包括土地征用费、耕地占用税、劳动力安置费及有关地上、地下附着物拆迁补偿的净支出、安置动迁用房支出等；开发间接费用是指直接组织、管理开发项目发生的费用，包括工资、福利费、折旧费、修理费、办公费、水电费、劳动保护费、周转房摊销等。

3. 开发土地和新建房及配套设施的费用

此项费用亦称房地产开发费用，是指与房地产开发项目有关的销售费用、管理费用、财务费用。其中：财务费用中的利息支出，在最高不超过按商业银行同类同期贷款利率计算的金额的前提下，允许据实扣除；管理费用、销售费用，则按上述1、2项计算的金额之和的5%以内计算扣除(具体比例由省级政府规定）。凡不能按转让房地产项目计算分摊利息支出以及不能提供金融机构证明的房地产开发费用，按上述1、2项计算的金额之和的10%以内计算扣除（具体比例由省级政府规定）。

4. 与转让房地产有关的税金

在转让房地产时缴纳的营业税、城市维护建设税、印花税以及教育费附加。

5. 财政部规定的其他扣除项目

根据财政部的现行规定，对从事房地产开发的企业，可按上述1、2项规定计算的金额之和，加计20%的扣除。主要是考虑投资的合理回报和通货膨胀等因素。房地产是高风险、高收益的产业，凡开征土地增值税的国家和地区，一般在计征时，按官方公布的通货膨胀率给予扣除（或折扣），以对投资增值给予照顾，鼓励投资进行房地产开发的积极性，保护开发者的正当权益。我国由于没有官方公布的通货膨胀率，为了便于计算和操作，在计算扣除项目金额时，规定加计20%的扣除额。

（二）旧房及建筑物扣除项目金额

旧房及建筑物扣除项目金额一般用评估价格，即在转让已使用的房屋及建筑物时，由政府批准设立的房地产评估机构评定的重置成本乘以成新度折扣率后的价格。评估价格应经税务机关确认。

三、土地增值额的计算

转让房地产所取得的收入额减去按规定计算的扣除项目金额后的余额，即为计算土地增值税的增值额。

四、应纳土地增值税的计算

土地增值税是采用超率累进税率计算的。只有先计算出增值率，即增值额占扣除项目的比例后，才能确定适用税率，并计算应纳税额。其计算公式如下：

$$增值率=增值额/扣除项目金额\times100\%$$

$$应纳税额=\sum(每级距的土地增值额\times适用税率)$$

这种计算方法比较繁琐，要分段计算，汇总合计。因此，在实际工作中，一般采用速算扣除法计算。

应纳税额 = 土地增值额 × 适用税率 − 扣除项目金额 × 速算扣除系数

土地增值税四级超率累进税率见表 7 − 1。

表 7 − 1　土地增值税四级超率累进税率

档次	级距	税率	速算扣除系数	税额计算公式
1	增值额未超过扣除项目金额 50% 的部分	30%	0	增值额 × 30%
2	增值额超过扣除项目金额 50%，未超过 100% 的部分	40%	5%	增值额 × 40% − 扣除项目金额 × 5%
3	增值额超过扣除项目金额 100%，未超过 200% 的部分	50%	15%	增值额 × 50% − 扣除项目金额 × 15%
4	增值额超过扣除项目金额 200% 的部分	60%	35%	增值额 × 60% − 扣除项目金额 × 35%

【例 7 − 1】某房地产开发公司转让一块已开发的土地使用权，取得转让收入 1 400 万元，为取得土地使用权所支付金额 320 万元，开发土地成本 65 万元，开发土地的费用 21 万元，应纳有关税费 77.7 万元。计算应纳土地增值税如下：

开发费用 21 万元，未超过前两项成本之和的 10%，可据实扣除。

扣除项目金额 = (320 + 65) × (1 + 20%) + 21 + 77.7 = 560.7(万元)；

增值额 = 1 400 − 560.7 = 839.3(万元)；

增值额占扣除项目比例 = 839.3 ÷ 560.7 × 100% = 149.69%；

应纳税额 = 839.3 × 50% − 560.7 × 15% = 335.54(万元)。

【例 7 − 2】某房地产开发公司转让高级公寓一栋，获得货币收入 7 500 万元，获得购买方原准备盖楼的钢材 2 100 吨(每吨 2 500 元)。公司为取得土地使用权支付 1 450 万元，开发土地、建房及配套设施等支出 2 110 万元，支付开发费用 480 万元(其中：利息支出 295 万元，未超过承认标准)，支付转让房地产有关的税金 47 万元。计算应纳税额如下：

收入额＝7 500＋2 100×0.25＝8 025（万元）；

其他开发费用实际支出比例＝（480－295）÷（1 450＋2 110）×100%＝185÷3 560×100%＝5.2%；

超过5%的限额，按5%计算：（1 450＋2 110）×5%＝178（万元）；

扣除项目金额＝（1 450＋2 110）×（1＋20%）＋295＋178＋47＝4 792（万元）；

增值额＝8 025－4 792＝3 233（万元）；

适用级次＝3 233÷4 792×100%＝67.5%；

应纳税额＝3 233×40%－4 792×5%＝1 053.6（万元）。

五、土地增值税的纳税申报

土地增值税的纳税申报分为从事房地产开发（专营与兼营）的纳税人（即房地产开发公司）和其他纳税人。两类纳税人的纳税申报要求有所不同。

第三节　土地增值税的会计处理

一、预缴土地增值税的会计处理

纳税人在项目全部竣工前转让房地产取得的收入，由于涉及成本计算及其他原因，而无法据以计算土地增值税，可以预缴土地增值税。待项目全部竣工、办理结算后，再进行清算，多退少补。预缴土地增值税计算时，其扣除项目金额的计算方法，由省、自治区、直辖市地方税务局根据当地情况制定。

预缴土地增值税的会计处理与企业上缴土地增值税相同，借记“应交税费——应交土地增值税”账户，贷记“银行存款”账户。

待房地产营业收入实现时，再按应交的土地增值税，借记“营业税金及附加”账户，贷记“应交税费——应交土地增值税”账户。

这样进行会计处理，在企业未实现营业收入（未进行结算）前，使“应交税费——应交土地增值税”账户出现借方余额，本是先预缴的土地增值税，但可能会使财务会计报表的阅读者误认为企业是“多缴了税款”。为此，企业可以增设“递延所得税”账户（不仅所得税会计可用此账户，土地增值税等也可以用此账户）将预缴的土地增值税记入“递延所得税”账户。

【例7－3】某房地产开发公司在某项目竣工前，预先售出部分房地产而取得收入200万元，假设应预缴土地增值税20万元；项目竣工后，工程全部收入500万元。按税法的规定，该项目应交土地增值税80万元。作会计分录如下。

（1）收到预收款时：

借：银行存款　　2 000 000

　　贷：预收账款——××买主　　2 000 000

（2）按税务机关核定比例，预提应交土地增值税时：

借：递延所得税——土地增值税　　200 000

　　贷：应交税费——应交土地增值税　　200 000

（3）预缴土地增值税时：

借：应交税费——应交土地增值税　　200 000

　　贷：银行存款　　200 000

（4）实现收入、办理结算时：

借：预收账款——××买主　　2 000 000

　　银行存款　　3 000 000

　　贷：主营业务收入　　5 000 000

（5）按土地增值税的规定，计算整个工程项目收入应交土地增值税时：

借：营业税金及附加　　800 000

　　贷：应交税费——应交土地增值税　　600 000

　　　　递延所得税——土地增值税　　200 000

（6）缴清应交土地增值税时：

借：应交税费——应交土地增值税　　600 000

　　贷：银行存款　　600 000

二、扣除项目金额的会计处理

计算土地增值税税额，关键是正确计算和确定扣除项目金额。由于转让房地产的情况千差万别，其计算方法也有所不同。

（一）房地产开发企业

房地产开发企业应按照企业会计制度的要求，正确确定成本核算对象，正确归集分配费用，正确计算产品成本（总成本、单位成本）。此外，应设置“备查簿”，详细登记与计算土地增值税有关的各项资料，如取得土地使用权所付的金额、开发土地和建新房及配套设施的成本、费用等。

（二）非房地产开发企业

非房地产开发企业，包括外商投资房地产企业、从事房地产业务的股份制试点企业、对外经济合作企业以及兼营房地产业务的各类企业和单位。

（三）转让的房地产

凡转让的房地产，原来是在企业“固定资产”账户进行核算和反映的，这说明是旧的或使用过的。对其扣除的项目金额，不能以账面价值或其净值计算扣除，应以政府批准设立的房地产评估机构评定的重置成本乘以成新度折扣率后的价格计算扣除。

三、主营房地产业务的企业土地增值税的会计处理

主营房地产业务的企业，是指在企业的经营业务中，房地产业务是企业的主要经营业务，其经营收入在企业的经营收入中占有较大比重，并且直接影响企业的经济效益。主营房地产业务的企业，既有房地产开发企业，也有对外经济合作企业、股份制试点企业和外商投资房地产企业等。

由于土地增值税是在转让房地产的流转环节纳税，并且是为了取得当期营业收入而支付的费用，因此，土地增值税应同营业税的会计处理相同，借记“营业税金及附加”等账户，贷记“应交税费——应交土地增值税”账户。实际缴纳土地增值税时，借记“应交税费——应交土地增值税”账户，贷记“银行存款”账户等。

(一)现货房地产销售

在现货房地产销售情况下，采用一次性收款、房地产移交使用、发票账单提交买主、钱货两清的，应于房地产已经移交和发票结算账单提交买主时作为销售实现，借记“银行存款”等账户，贷记“主营业务收入”等账户。同时，计算应由实现的营业收入负担的土地增值税，借记“营业税金及附加”等账户，贷记“应交税费——应交土地增值税”账户。

在现货房地产销售情况下，采用赊销、分期收款方式销售房地产的，应以合同规定的收款时间作为销售实现，分次结转收入。销售实现时，借记“银行存款”或“应收账款”账户，贷记“主营业务收入”等账户；同时，计算应由实现的营业收入负担的土地增值税，借记“营业税金及附加”等账户，贷记“应交税费——应交土地增值税”账户。

【例7-4】 以 **【例7-2】** 资料为例，作会计分录如下。

(1)收入实现时：

借：银行存款	75 000 000	
贷：主营业务收入		75 000 000
借：原材料	5 250 000	
贷：主营业务收入		5 250 000

(2)计提土地增值税时：

借：营业税金及附加	10 536 000	
贷：应交税费——应交土地增值税		10 536 000

(二)商品房预售

按照《中华人民共和国城市房地产管理法》的规定，商品房可以预售，但应符合下列条件：已交付全部土地使用权出让金，取得土地使用权证书；持有建设工程规划许可证；按提供预售的商品房计算，投入开发建设的资金达到总投资的25%以上，并已经确定工程进度和竣工交付日期；向县级以上人民政府房产管理部门办理预售登记，取得商品房预售许可证明。

商品房预售人应当按照国家有关规定，将预售合同报县级以上人民政府房产管理部门和土地管理部门登记备案。

在商品房预售的情况下，商品房交付使用前采取一次性收款或分次收款的，收到购房款时，借记“银行存款”账户，贷记“预收账款”账户；按规定预缴土地增值税时，借记“应交税费——应交土地增值税”账户，贷记“银行存款”等账户；待该商品房交付使用后，开出发票结算账单交给买主时，作为收入实现，借记“应收账款”账户，贷记“主营业务收入”账户；同时，将“预收账款”转入“应收账款”，并计算由实现的营业收入负担的土地增值税，借记“营业税金及附加”等账户，贷记“应交税费——应交土地增值税”账户。按照税法的规定，该项目全部竣工、办理决算后进行清算，企业收到退回多交的土地增值税时，借记“银行存款”等账户，贷记“应交税费——应交土地增值税”账户。补缴土地增值税时，则作相反的会计分录。

【例7-5】主营房地产业务的某房地产开发公司，投资开发一居住小区，因小区位置比较偏僻，开工时地价便宜，但当小区住宅建成销售时，附近新建地铁站，使该地区地价上涨，小区住宅商品房由原来的2 000元/平方米上升到4 000元/平方米。这时，该房地产开发公司销售10 000平方米住宅，按4 000元/平方米计算，共计收入售房款40 000 000元。该住宅实际成本1 800元/平方米，共计成本18 000 000元。对于财务费用中的利息支出，由于该公司能够按转让房地产项目计算分摊，并能够提供金融机构证明(利率没有超过银行同类同期贷款利率计算的金额)，按规定允许据实扣除利息支出，企业实际发生利息支出170 000元。其他房地产开发费用按规定可扣除900 000元(18 000 000×5%)，营业税2 000 000元，城市维护建设税140 000元，教育费附加60 000元。计算土地增值税并作会计分录如下：

(1)计算土地增值税税额。

扣除项目金额=18 000 000+170 000+900 000+2 000 000+140 000+60 000+18 000 000×20%=24 870 000(元)；

增值额=房地产转让收入-扣除项目金额=40 000 000-24 870 000=15 130 000(元)；

增值额占扣除项目的比例=15 130 000÷24 870 000×100%≈61%；

土地增值税税额=15 130 000×40%-24 870 000×5%=6 052 000-1 243 500=4 808 500(元)。

(2)土地增值税的会计处理。

计提土地增值税时：

借：营业税金及附加　　4 808 500

　　贷：应交税费——应交土地增值税　　4 808 500

实际缴纳土地增值税时：

借：应交税费——应交土地增值税　　4 808 500

　　贷：银行存款　　4 808 500

四、兼营房地产业务的企业土地增值税的会计处理

兼营房地产业务的企业，是指虽然经营房地产业务，但不是以此为主，而是兼营或附带经营房地产业务的企业。

兼营房地产业务的企业，转让房地产取得的收入，计算应由当期营业收入负担的土地增值税时，应同营业税一样，记入“其他业务成本”账户。企业按规定计算出应交土地增值税时，借记“其他业务成本”账户，贷记“应交税费——应交土地增值税”账户。兼营房地产业务的企业如果没有设置“其他业务成本”账户，计算转让房地产应交土地增值税时，应同企业缴纳营业税的会计处理一样，记入相关账户，如金融企业记入“其他营业支出”、外商投资银行记入“其他营业税金”等账户。

企业实际缴纳土地增值税时，借记“应交税费——应交土地增值税”账户，贷记“银行存款”等账户。

【例7－6】兼营房地产业务的某金融公司，按5 000元/平方米的价格购入一栋两层楼房，共计2 000平方米，支付价款10 000 000元。后来，该公司没有经过任何开发，以9 000元/平方米的价格出售，取得转让收入18 000 000元，缴纳营业税等流转税990 000元。该公司既不能按转让房地产项目计算分摊利息支出，也不能提供金融机构证明。

(1)计算土地增值税税额。

扣除项目金额＝10 000 000＋10 000 000×10%＋990 000＝11 990 000(元)；

增值额＝18 000 000－11 990 000＝6 010 000(元)；

增值额占扣除项目的比例 = 6 010 000 ÷ 11 990 000 × 100% = 50.125%

土地增值税税额 = 6 010 000 × 40% − 11 990 000 × 5% = 2 404 000 − 599 500 = 1 804 500(元)。

(2)土地增值税的会计处理。

计提土地增值税时：

借：其他业务成本	1 804 500	
贷：应交税费——应交土地增值税		1 804 500

实际缴纳土地增值税时：

借：应交税费——应交土地增值税	1 804 500	
贷：银行存款		1 804 500

五、转让房地产的会计处理

企业转让国有土地使用权连同地上建筑物及其附着物，通过“固定资产清理”账户核算。其转让房地产取得的收入，记入“固定资产清理”账户的贷方，应交土地增值税，借记“固定资产清理”账户，贷记“应交税费——应交土地增值税”账户。

企业实际缴纳土地增值税时，借记“应交税费——应交土地增值税”账户，贷记“银行存款”等账户。

【例7-7】某非主营房地产的企业买进土地及建筑物，价值4 200 000元。三年后，该企业将土地使用权和地上建筑物一并转让给A企业，取得转让收入5 500 000元，应交流转税300 000元，转让时建筑物累计折旧400 000元。作会计分录如下。

(1)购建时：

借：固定资产	4 200 000	
贷：银行存款		4 200 000

(2)转让时：

借：固定资产清理	3 800 000	
累计折旧	400 000	

贷：固定资产 4 200 000

(3)收到A企业的转让收入时：

借：银行存款 5 500 000

贷：固定资产清理 5 500 000

(4)应交营业税等流转税时：

借：固定资产清理 300 000

贷：应交税费——应交营业税等 300 000

(5)计算应纳土地增值税如下：

增值额＝5 500 000－4 200 000－300 000＝1 000 000(元)；

增值额占扣除项目比例＝1 000 000÷4 500 000×100%＝22.22%；

应纳税额＝1 000 000×30%＝300 000(元)。

(6)计提土地增值税时：

借：固定资产清理 300 000

贷：应交税费——应交土地增值税 300 000

上缴税金时：

借：应交税费——应交土地增值税 300 000

——应交营业税等 300 000

贷：银行存款 600 000

转让以行政划拨方式取得的国有土地使用权，如仅转让国有土地使用权，转让时应交土地增值税，借记“其他业务成本”等账户，贷记“应交税费——应交土地增值税”账户；如国有土地使用权连同地上建筑物及其他附着物一并转让，计提应纳土地增值税时，借记“固定资产清理”账户，贷记“应交税费——应交土地增值税”账户。

【例7－8】某非主营房地产业务的企业转让以行政划拨方式取得的土地使用权，转让土地应补缴的土地出让金50 000元，取得土地使用权转让收入200 000元，应支付有关税金10 000元。计算应纳土地增值税并作会计分录如下。

(1)补缴出让金，计入无形资产时：

借：无形资产 50 000

贷：银行存款　　50 000

(2)取得转让收入时：

借：银行存款　　200 000

　贷：其他业务收入　　200 000

(3)应交有关税金时：

借：其他业务成本　　10 000

　贷：应交税费——应交营业税等　　10 000

计算应纳土地增值税如下：

增值额 = 200 000 − 50 000 − 10 000 = 140 000(元)；

增值率 = 140 000 ÷ 60 000 × 100% = 233%；

应纳税额 = 140 000 × 60% − 60 000 × 35% = 84 000 − 21 000 = 63 000 (元)。

(5)计提土地增值税时：

借：其他业务成本　　63 000

　贷：应交税费——应交土地增值税　　63 000

(6)结转无形资产成本时：

借：其他业务成本　　50 000

　贷：无形资产　　50 000

(7)上交土地增值税及有关税金时：

借：应交税费——应交土地增值　　63 000

　　　　——应交营业税等　　10 000

　贷：银行存款　　73 000

(8)结转成本时：

借：其他业务收入　　123 000

　贷：其他业务成本　　123 000

(9)结转利润时：

借：其他业务收入　　77 000

　贷：本年利润　　77 000

第八章　其他税会计

第一节　城市维护建设税会计

一、城市维护建设税概述

城市维护建设税的计税依据是纳税人实际缴纳的增值税、消费税、营业税税额，1985 年 1 月开征本税。以增值税、消费税、营业税税额为计税依据，仅指对增值税、消费税、营业税的征税，不包括税务机关对纳税人加收的滞纳金和罚款等非税款项。

城市维护建设税的纳税环节确定在纳税人缴纳增值税、消费税、营业税的环节上。商品从生产到消费流转过程中，只要发生增值税、消费税、营业税的纳税行为，就要在缴纳增值税、消费税、营业税的同一环节上分别计算缴纳城市维护建设税。

税率按纳税人所在地，分别规定为：市区 7%，县城和镇 5%，不在市区、县城或者镇的 1%。

城市维护建设税的适用税率，应当按纳税人所在地的规定税率执行。但是，对下列两种情况，可按缴纳增值税、消费税、营业税所在地的规定税率就地缴纳城市维护建设税：一是由受托方代征代扣增值税、消费税、营业税的单位和个人，其代征代扣的城市维护建设税按受托方所在地适用的税率；二是流动经营及无固定纳税地点的单位和个人，在经营地缴纳增值税、消费税、营业税的，其城市维护建设税的缴纳按经营地适用税率。

纳税人违反增值税、消费税、营业税税法而加收的滞纳金和罚款，不能作为城市维护建设税的计税依据，但纳税人在查补增值税、消费税、营业税和被处以罚款时，应同时对其偷逃的城市维护建设税进行补税和罚款。

对出口货物按规定应退还增值税、消费税的，不能退还已缴纳的城市维护建设税。同时，对进口货物海关代征的增值税、消费税的，也不代征城市维护建设税。

因减免增值税、消费税、营业税而发生退税，也要同时免征或减征城市维护建设税。

外商投资企业和外国企业暂免缴纳城市维护建设税。

二、城市维护建设税的会计处理

企业核算应缴纳城市维护建设税时，应设置“应交税费——应交城市维护建设税”账户。

【例8-1】某汽车厂所在地为省会，当月实际已纳增值税275万元，消费税400万元，营业税25万元。则应纳城市维护建设税并作会计分录如下。

(1)应交城市维护建设税=(275+400+25)×7%=49(万元)。

(2)计提税金时：

借：营业税金及附加　　490 000

　　贷：应交税费——应交城市维护建设税　　490 000

(3)缴纳税款时：

借：应交税费——应交城市维护建设税　　490 000

　　贷：银行存款　　490 000

教育费附加的计算方法，与城市维护建设税基本相同。

【例8-2】仍以**【例8-1】**，教育费附加计征率为3%，计算应交教育费附加并作会计分录如下。

(1)应交教育费附加=(275+400+25)×3%=21(万元)。

(2)计提教育费附加时：

借：营业税金及附加　　210 000

　　贷：应交税费——应交教育费附加　　210 000

(3)缴纳教育费附加时：

借：应交税费——应交教育费附加　　210 000

　　贷：银行存款　　210 000

教育费附加是地方教育经费的一项来源，由教育部门统筹安排，专门用于改善中小学教学设施和办学条件。

第二节　印花税会计

一、印花税的性质和意义

印花税是对经济活动和经济交往中书立、领受的凭证征收的一种税。它属于行为课税。因其采用在凭证上粘贴印花税票的方法征税，故名印花税。

解放前，我国就有此税种。1950 年政务院公布了《印花税暂行条例》，1958 年税制改革时，将印花税并入工商统一税。随着改革开放日益扩大，商品经济迅速发展，在经济活动中依法书立各种凭证已成为客观需要。因此，国务院于 1988 年 8 月正式颁布了《中华人民共和国印花税暂行条例》，决定从 1988 年 10 月 1 日起恢复征收印花税。

在我国现阶段征收印花税具有多方面的意义，具体如图 8－1 所示。

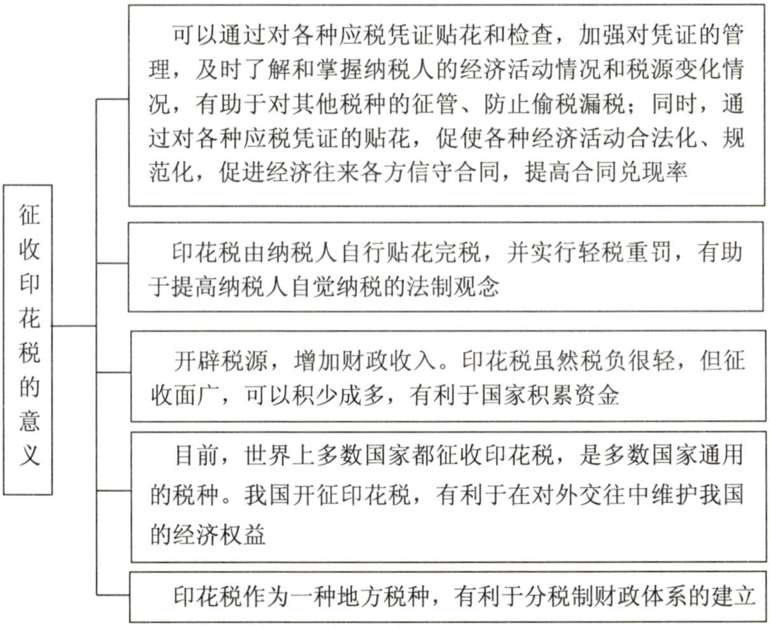

图 8－1　征收印花税的意义

二、印花税的纳税范围和纳税人

凡是在中华人民共和国境内书立、领受和在中国境外书立，但在中国境内具有法律效力、受中国法律保护的下列凭证，均属于印花税纳税的范围。具体包括：购销、加工承揽、建筑工程承包、财产租赁、货物运输、仓储保管、借款、财产保险、技术等合同或者具有合同性质的凭证；产权转让书据，包括财产所有权、版权、商标专用权、专利权、专有技术使用权等转移书据；营业账簿，包括单位和个人从事生产经营活动所设立的各种账册；专利、许可证照，包括房屋产权证、工商营业执照、商标注册证、专利证、土地使用证；经财政部确定征收的其他凭证。

凡是在中华人民共和国境内书立、领受上述税法列举凭证的单位和个人，都是印花税的纳税人。

根据书立、领受应纳税凭证的不同，纳税人可分别称为立合同人、立账簿人、立据人和领受人。对合同、书据等由两方或两方以上当事人共同书立的凭证，其当事人各方都是纳税人，各自就所持凭证的金额纳税。对政府部门发给的权利许可证照，领受人为纳税人。对某些应税凭证由当事人的代理人代为书立，则代理人有代为纳税的义务。

三、印花税的税目、税率

(一)税目

《印花税暂行条例》对印花税的税目分为五类。即：合同或具有合同性质的凭证；产权转移书据；营业账簿；权利许可证照；经财政部确定征税的其他凭证。

(二)税率

印花税采用比例税率和定额税率两种税率。

1. 比例税率

印花税的比例税率共有四个档次，即：1‰、0.5‰、0.3‰、0.05‰。按比例税率征税的有：各类经济合同及合同性质的凭证，记载有金额的账簿，产权转移书据等。这些凭证一般都记有金额，按比例纳税，金额多的多缴纳，金额少的少缴纳，既能保证财政收入，又能体现合理负担的征税原则。

2. 定额税率

印花税的定额税率是按件定额贴花，每件5元。它主要适用于其他账簿、权利许可证照等。因为这些凭证不属于资金账或没有金额记载，规定按件定额纳税，可以方便纳税和简化征管。

因证券交易税暂未开征，现行股权转让，以股票交易成交金额为计税依据，A股基本税率为1‰。且单向征收，基金和债券不征收印花税。企业改制、合并或分立后，其新起用的资金账簿记载的资金，凡原已贴花的部分，不再贴花，未贴花的部分和新增部分，按规定贴花。

四、印花税应纳税额的计算

（一）按比例税率计算

先确定计税金额。各种凭证的计税依据在《印花税税目税率表》中都有明确规定。例如，购销合同的计税依据是购销金额，加工承揽合同的计税依据是加工或承揽收入。如果凭证只记载数量，没有记载金额，应按物价部门规定的价格计算确定计税金额；如果物价部门没有确定价格的，应按凭证书立时的市场价格计算确定计税金额。按比例税率计算税额的计算公式如下：

$$应纳税额 = 凭证所载应税金额 \times 适用税率$$

印花税税目税率表见表8－1。

表8－1　印花税税目税率表

	税目	范围	税率	纳税人	说明
1	购销合同	包括供应、预购、采购、购销、结合及协作、调剂、补偿、易货等合同	按购销金额0.3‰贴花	立合同人	
2	加工承揽合同	包括加工、定作、修缮、修理、印刷广告、测绘、测试等合同	按加工或承揽收入0.5‰贴花	立合同人	

（续表）

	税目	范围	税率	纳税人	说明
3	建设工程勘察设计合同	包括勘察、设计合同	按收取费用0.5‰贴花	立合同人	
4	建筑安装工程承包合同	包括建筑、安装工程承包合同	按承包金额0.3‰贴花	立合同人	
5	财产租赁合同	包括租赁房屋、船舶、飞机、机动车辆、机械、器具、设备等合同	按租赁金额1‰贴花。税额不足1元的，按1元贴花	立合同人	
6	货物运输合同	包括民用航空运输、铁路运输、海上运输、内河运输、公路运输和联运合同	按运输费用0.5‰贴花	立合同人	单据作为合同使用的，按合同贴花
7	仓储保管合同	包括仓储、保管合同	按仓储保管费用1‰贴花	立合同人	仓单或栈单作为合同使用的，按合同贴花
8	借款合同	银行及其他金融组织和借款人（不包括银行同业拆借）所签订的借款合同	按借款金额0.05‰贴花	立合同人	单据作为合同使用的，按合同贴花
9	财产保险合同	包括财产、责任、保证、信用等保险合同	按保险费收入1‰贴花	立合同人	单据作为合同使用的，按合同贴花
10	技术合同	包括技术开发、转让、咨询、服务等合同	按所载金额0.3‰贴花	立合同人	
11	产权转移书据	包括财产所有权和版权、商标专用权、专利权、专有技术使用权等转移书据、土地使用权出让合同、土地使用权转让合同、商品房销售合同	按所载金额0.5‰贴花	立据人	

（续表）

	税目	范围	税率	纳税人	说明
12	营业账簿	生产、经营用账册	记载资金的账簿，按实收资本和资本公积的合计金额0.5‰贴花。其他账簿按件贴花5元	立账簿人	
13	权利、许可证照	包括政府部门发给的房屋产权证、工商营业执照、商标注册证、专利证、土地使用证	按件贴花5元	领受人	

印花税最低税额为0.10元。按适用税率计算出的应纳税额不足0.10元的凭证，免贴印花税。应纳税额在0.10元以上的，按四舍五入规则，其尾数不满0.05元的不计，满0.05元的按0.10元计算。财产租赁合同最低纳税起点为1元，即税额超过0.10元，但不足1元的，按1元纳税。

（二）按定额税率计算

应纳税额＝应税凭证件数×适用单位税额

【例8－3】甲企业向乙企业购买钢材，双方签订购销合同，总价值为300 000元，合同书一式两份，计算应纳印花税。

因甲企业和乙企业都是签订合同的当事人，故均为纳税人。购销合同的税率为0.3‰，双方各应纳税额＝300 000×0.3‰＝90（元）。

甲、乙两企业各自应购买印花税票90元，贴在各自留存的合同上，并在每枚税票骑缝处盖戳注销或划销。

【例8－4】某企业于1月1日新启用“实收资本”和“资本公积”账簿，期初余额分别为2 400 000元和800 000元。计算该企业“实收资本”和“资本公积”账簿应纳的印花税额。

应纳税额＝（2 400 000＋800 000）×0.5‰＝1 600（元）。

五、贴花和免税规定

(一)纳税人贴花必须遵守的规定

(1)纳税人在应纳税凭证书立或领受时即行贴花完税，不得延至凭证生效日期贴花。

(2)印花税票应贴在应纳税凭证上，并由纳税人在每枚税票的骑缝处盖戳注销或划销，严禁揭下重用。

(3)已贴花的凭证，凡修改后所载金额增加的部分，应补贴印花。

(4)对已粘花的各类应纳税凭证，纳税人应按规定期限保管，不得私自销毁，以备纳税检查。

(5)合同在签订时无法确定计税金额时，采取两次纳税方法。签订合同时，先按每件合同定额贴花5元；结算时，再按实际金额和适用税率计税，补贴印花。

(6)不论合同是否兑现或是否按期兑现，已贴印花不得撕下重用，已缴纳的印花税款不得退税。

(7)未贴或少贴印花税票，除补贴印花税票外，应处以应补印花税票金额50%以上5倍以下的罚款；已粘贴的印花税票，未注销或未划销的，税务机关可处以未注销、未划销印花税票金额50%以上5倍以下的罚款；已贴用的印花税票揭下重用的，税务机关可处以重用印花税票金额50%以上5倍以下的罚款。

(二)免纳印花税的凭证

(1)已缴纳印花税的凭证的副本或抄本。

(2)财产所有人将财产赠给政府、社会福利单位、学校所立的书据。

(3)经财政部批准的其他凭证。包括：

①由国家指定的收购部门与村民委员会、农民个人书立的农副产品收购合同；

②无息、贴息贷款合同；

③外国政府或者国际金融组织向我国政府及国家金融机构提供优惠贷款所书立的合同等。

六、印花税的会计处理

企业缴纳的印花税，一般是自行计算、购买、贴花、注销，不会形成税款债务，为了简化会计处理，可以不通过“应交税费”账户核算，在缴纳时直接贷记“银行存款”账户。由于印花税的适用范围较广，其应记入账户应视业务的具体情况予以确定：若是固定资产、无形资产购销、转让、租赁，作为购买方或承受方、承租方，其支付的印花税应借记“固定资产”“无形资产”“管理费用”等账户；作为销售方或转让方、出租方，其支付的印花税应借记“固定资产清理”“其他业务成本”等账户。在其他情况下，企业支付的印花税，则应借记“销售费用”“管理费用”（如果一次购买印花税和缴纳税额较大时，需分期摊入费用，可通过“待摊费用”账户）账户。企业在债务重组时，债务人应缴的印花税，应借记“管理费用”账户，贷记“银行存款”账户；债权人则应借记“长期股权投资”账户，贷记“银行存款”账户。

【例 8－5】 某建筑安装公司 2013 年 1 月承包某工厂建筑工程一项，工程造价为 6 000 万元，按照经济合同法，双方签订建筑承包工程合同。订立建筑安装承包合同，应按合同金额 0.3‰贴花。计算应纳印花税并作会计分录。

(1) 应纳税额 = 60 000 000 × 0.3‰ = 18 000(元)。

(2) 缴纳印花税时：

借：管理费用　　18 000

　　贷：银行存款　　18 000

按规定，各种合同应于合同正式签订时贴花。建筑公司应在自己的合同正本上贴花 18 000 元，由于该份合同应纳税额超过 500 元，所以该公司应向税务机关申请填写缴款书或完税凭证，将其中一联粘贴在合同上或由税务机关在合同上加注完税标记。

【例 8－6】 某公司于 2013 年 3 月份开业，领受房产证、工商营业执照、商标注册证、土地使用证各一件。公司营业账簿中，生产经营账册中实收资本 300 万元、资本公积 80 万元，其他账簿 8 本。计算应纳印花税并作会计分录。

(1) 领取权利、许可证照，应按件贴花 5 元。公司的生产经营账簿应按所载资本总额的 0.5‰贴花，其他账簿应按件贴花 5 元。

(2)应纳税额 =(3 000 000 +800 000) ×0.5‰ +(8 ×5) +(4 ×5) = 1 900 +40 +20 =1 960(元)。

(3)缴纳印花税时:

借:管理费用 1 960

  贷:银行存款 1 960

【例8 -7】某厂经营情况良好,2013 年初,只就 5 份委托加工合同(合同总标的 150 万元)按每份 5 元粘贴了印花税票。经税务机关稽查,委托加工合同不能按件贴印花税票。该企业在此期间还与其他企业签订购销合同 20 份,合同总标的 800 万元。税务机关作出补缴印花税并对偷税行为作出应补缴印花税票款 4 倍的罚款。计算补缴印花税并作会计分录。

(1)补缴购销合同应补印花税额 =8 000 000 ×0.3‰ =2 400(元)。

(2)委托加工合同应补印花税额 =1 500 000 ×0.5‰ -25 =725(元)。

(3)补缴税款时:

借:管理费用 3 125

  贷:银行存款 3 125

(4)上缴罚款时:

借:营业外支出——税务罚款 12 500

  贷:银行存款 12 500

第三节 耕地占用税会计

一、耕地占用税的特点及其征收意义

耕地占用税是国家向占用耕地建房或从事其他非农业生产建设的单位和个人征收的一种税。

(一)耕地占用税的特点

耕地占用税是 1987 年 4 月 1 日开征的,是农村税收的一部分。耕地占用税的主要特点是:首先,税收负担的一次性,耕地占用税是以单位和个人实

际占用的耕地面积计税，按照规定的税额标准一次性征收；其次，征收对象有特定性，耕地占用税是对特定的行为征税，即只对占用耕地建房或从事其他非农业生产建设的单位和个人征税；再次，税收用途的补偿性，国家将征收的耕地占用税设立土地开发基金，全部用于开发农用耕地资源上，而不得用于其他方面，也不存在参与预算平衡并对资金再分配的问题；最后，征收标准有很大的灵活性，国家只规定每平方米的最高和最低限额，各地可根据本地人均占地面积和经济发展水平，确定当地的具体适用税额标准。不过，在减免权上实行高度集中，除中央有明文规定的范围外，地方无权减免。

（二）征收耕地占用税的意义

国家征收耕地占用税的作用和意义是：

第一，增强人们保护耕地的意识。我国是一个人多地少的国家，人均占用耕地仅有1.5亩左右，比加拿大（人均20.8亩）、美国（人均14.6亩）、原苏联（人均13.6亩）要少得多，位于世界百位之后，因而，耕地是我们的宝贵资源。

第二，运用行政和经济手段，加强土地管理，防止乱占滥用耕地，鼓励各种建设尽量不占用耕地或少占用耕地，起到保护耕地的作用。

第三，筹集资金，为大规模的农业综合开发提供必要的资金来源。

二、耕地占用税的纳税人

凡是占用耕地建房或从事其他非农业生产建设的单位和个人，都是耕地占用税的纳税人。具体包括：国家机关、国有企业、事业单位；城乡集体企业、事业和行政单位；城乡居民个人和其他公民。

三、耕地占用税的纳税范围和纳税对象

（1）耕地占用税的纳税范围是：种植粮食作物、经济作物和油料作物的土地，包括粮田、棉田、烟田、蔗田等；菜地，包括种植各种蔬菜的土地；园地，包括苗圃、花圃、茶园、桑园、果园和其他种植经济林木的土地；鱼塘；其他农用土地，指已经开发从事种植、养殖的滩涂、草场、水面和林地等。

（2）耕地占用税的纳税对象，是指建房或者从事其他非农业生产建设所占用的耕地。

四、耕地占用税的计税依据和税率

耕地占用税的计税依据是实际占用耕地的面积数量。以平方米为单位，采用定额税率，一次征收，并以县为单位，根据人均占用耕地的多少，规定有幅度的税率。一般说，人口稠密、人均耕地较少、经济比较发达、非农业占地问题比较突出、土地质量较好的地方，税率就高些；反之，税率就低些。农民新建自用住宅，则从轻征税。具体规定如下：

(1)以县为单位，人均耕地在1亩以下(含1亩)的地区，10～50元/平方米；

(2)人均耕地在1～2亩(含2亩)的地区，8～40元/平方米；人均耕地在2～3亩(含3亩)的地区，6～30元/平方米；人均耕地在3亩以上的地区，5～25元/平方米；农村居民占用耕地新建住宅，按上述规定税额减半征收；经济特区、经济技术开发区和经济发达、人均耕地特别少的地区，适用税额可以适当提高，但是最高不得超过上述规定税额的50%。

为协调税收政策，避免毗邻地区税额悬殊，以利于组织开展征收管理工作，保证耕地占用税的顺利实施，财政部对各省、自治区、直辖市统一核定的每平方米平均税额为：上海市45元，北京市40元，天津市35元，浙江、福建、江苏、广东省各为30元，湖北、湖南、辽宁省各为25元，河北、山东、江西、安徽、河南、四川省为22.5元，广西、陕西、贵州、云南省为20元，山西、黑龙江、吉林为17.5元，甘肃、宁夏、青海、新疆省为12.5元。

各省、自治区、直辖市对所属县(市)的适用税额，可根据不同情况有差别地核定，但全省平均数不得低于上述核定的平均税额。

五、耕地占用税的减免

(一)优惠减免规定

(1)外国投资者在我国境内举办的中外合资经营企业、中外合作经营企业、外商独资企业占用耕地，给予免税。

(2)农村居民(指农业户口居民，包括渔民和牧民)占用耕地建设自用的住宅，按规定税额减半征收。

(3)直接为农业生产服务的农田水利设施占用耕地，可给予免税。

(二)政策性减免规定

(1)部队军事设施占用耕地给予免税；

(2)铁路线路占用耕地给予免税(指国家和地方修建的铁路线路以及按规定两侧留地和沿线的车站、装卸用货场、仓库等占用耕地)；

(3)民用机场占用耕地免税(指飞机跑道、停机坪、机场内必要的空地，以及候机楼、指挥塔、雷达设施占用的耕地)；

(4)炸药库占用耕地免税(指国家物资储备部门炸药专用库房，以及为保证安全所必须占用的耕地)。

(三)社会性减免规定

(1)学校占用耕地可免税(指全日制的大、中、小学校以及部门、企业办的学校的教学用房、实验室、操场、图书馆、办公室及师生员工食堂、宿舍用地)；

(2)医院占用耕地可免税(包括部队、部门、企业职工医院、卫生院、医疗站、诊所占用的耕地)；

(3)幼儿园、敬老院、殡仪馆、火葬场占用耕地，给予免税；

(4)水库移民、灾民、难民建住宅占用耕地，给予免税；

(5)农村革命烈士家属、革命残废军人，鳏寡孤独以及革命老根据地、少数民族聚居地区和边远贫困山区生活困难的农户，在规定的用地标准内新建住宅纳税确有困难的，给予减税或免税；

(6)公路建设占用耕地的耕地占用税，可在条例规定税额范围内，按最低税额征收。

六、耕地占用税的纳税环节和纳税期限

(一)纳税环节

耕地占用税的纳税环节，按占用耕地的时间，分为用地前纳税和用地后纳税。用地前纳税，又可分为用地批准前纳税和批准后、划拨用地前纳税。

(二)纳税期限

纳税人必须在土地管理部门批准占用耕地之日起三十日内缴纳耕地占用

税。但由于纳税的环节不同，纳税期限也有不同：实行用地批准前纳税的，只要求在申请用地至报批前纳税；实行用地批准后，划拨用地前纳税的，应以用地单位接到土地管理部门的批准用地通知或财政部门下达纳税通知书之日算起三十日内缴纳耕地占用税；实行用地后纳税的，要求纳税人从占用耕地之日算起三十日内向征收机关申报纳税。

七、耕地占用税的计算

耕地占用税的计税依据是实际占用耕地的数量。

耕地占用税实行的是定额税制，采取差别税率，即按各地区人均耕地面积的数量，确定每平方米适用的税额。

耕地占用税的税额，是以县为单位，按人均占用耕地的多少，并参考经济发展情况而确定。

（一）一般纳税人应纳税额的计算

【例8－8】江西省某县一食品加工厂征用一块面积为15 000平方米的菜地进行食品加工生产，江西省规定耕地占用税的单位税额执行国家核定的标准，即4.5元/平方米。占用耕地满一年后，则按2元/平方米缴纳土地使用税。计算应纳耕田占用税和土地使用税。

(1)应纳耕地占用税税额＝15 000×4.5＝67 500(元)。

(2)应纳土地使用税税额＝15 000×2＝30 000(元)。

【例8－9】某民用机场征用耕地2 000万平方米。其中修建飞机跑道、停机坪、候机楼、指挥塔、雷达设施占用耕地为1 958万平方米，修建飞行员及职工地勤人员宿舍楼用地2万平方米，修建俱乐部用地20万平方米，修建饮食服务部用地15万平方米，修建影剧院用地5万平方米。因该机场所在地区是人均耕地1亩以下的地区，政府规定缴纳耕地占用税应使用幅度税额的上限，即10元/平方米。计算该机场应纳耕田占用税。

按照规定，民用机场占用耕地中，飞机跑道、停机坪、候机楼、指挥塔、雷达设施等占用部分免税。其余占用耕地应纳耕地占用税如下：

应纳税额＝(20 000＋200 000＋150 000＋50 000)×10＝4 200 000(元)。

(二)农村居民占用耕地的计算

农村居民，指农业户口的居民，包括渔民、牧民在内。他们占用耕地建设自用的住宅，可按规定税额减半征收。其计算公式如下：

应纳税额 = 实际占用耕地面积 × 单位税额 × 50%

【例 8-10】 陕西省某农民经批准占用 100 平方米耕地建住宅自用，国家核定的陕西省耕地占用税单位税额是 4 元/平方米，而农民占用耕地建住宅自用，按规定税额减半征收。计算该农民应纳耕地占用税如下：

应纳税额 = 100 × 4 × 50% = 200(元)。

(三)公路建设占用耕地的计算

公路建设耕田占用缴税的计算公式如下：

应纳税额 = 实际占用耕地面积 × 规定税额

【例 8-11】 新疆为修建公路征用某县 300 万平方米耕地，该县人均耕地为 1.3 亩。财政部核定平均税额每平方米不足 5 元的地区，公路建设占用耕地按每平方米 1.5 元缴纳耕地占用税。新疆核定的税额为 2.5 元，不足 5 元，故按每平方米 1.5 元缴纳耕地占用税。计算应纳耕地占用税如下：

应纳税额 = 3 000 000 × 1.5 = 4 500 000(元)。

八、耕地占用税的会计处理

由于耕地占用税是在实际占用耕地之前一次性交纳的，不存在与征税机关清算和结算的问题，因此，企业按规定交纳的耕地占用税，可以不通过“应交税金”科目核算。企业为购建固定资产而交纳的耕地占用税，作为固定资产价值的组成部分，记入“在建工程”科目。

企业征用耕地获得批准后，按规定交清耕地占用税，应借记“在建工程”科目，贷记“银行存款”科目。如因结算差错等原因，需补交耕地占用税，分为以下两种情况进行会计处理：

(1)工程尚未完工，或已完工尚未投入生产经营的，应借记“在建工程”

科目，贷记“银行存款”科目。

(2)工程已完工并投入生产经营的，应借记“在建工程”科目，贷记“银行存款”科目，同时，由于工程完工并投入生产经营，在建工程成本已形成固定资产的价值，因此，还应转入“固定资产”科目，借记“固定资产”科目，贷记“在建工程”科目。

【例 7-12】某工厂2013年1月份经批准征用耕地3 000平方米用于建设厂房，当地政府规定的耕地占用税税额为5元/平方米，则实际向征收机关申报缴纳耕地占用税时，作如下会计分录。

借：在建工程　　15 000

　贷：银行存款　　15 000

第四节　城镇土地使用税会计

土地使用税是对城市、县城、建制镇和工矿区范围内使用土地的单位和个人，按实际占用土地面积征收的一种地方税。

土地是国家的宝贵资源，是人类赖以生存和从事生产的必不可少的物质条件。我国人多地少，珍惜土地、节约用地是一项基本国策。

新中国成立后，中央人民政府政务院于1951年8月颁布了《城市房地产税暂行条例》，规定在城市中合并征收房产税和地产税，称为城市房地产税。1973年简化税制时，把对国内企业征收的房地产税合并到工商税中。1984年10月第二步“利改税”和改革工商税制时，确立为一个单独的新税种，定名为城镇土地使用税。1988年9月27日，国务院发布了《中华人民共和国城镇土地使用税暂行条例》，正式开始征收土地使用税。按照我国税制改革的总体规划，在原城镇土地使用税的基础上，扩大纳税范围，提高税率，下放管理权限。

开征土地使用税有利于合理使用城镇土地，用经济手段加强对土地的控制和管理，变土地的无偿使用为有偿使用；调节不同地区、不同地段之间的土地级差收入，着重调节由于交通地理位置不同而形成的土地级差收入，使各纳税人的收入水平大体均衡；促进节约使用土地，提高土地的使用效益；同时，土地使用税的征收，也有利于企业加强经济核算；有利于理顺国家与土地使用者之间的分配关系，增加财政收入，促进税制改革及地方税收体系的建立。

一、城镇土地使用税的纳税人

土地使用税的纳税人是在我国境内使用土地的单位和个人。

拥有土地使用权的纳税人不在土地所在地的，该土地的代管人或实际使用人承担纳税义务；土地使用权未确定或权属纠纷未解决的，由实际使用人纳税；土地使用权为多方共有的，由共有各方分别纳税。

二、城镇土地使用税的纳税范围和计税依据

土地使用税在城市、县城、建制镇、工矿区开征，凡是在纳税范围内的土地(农业用地除外)，不论国家或集体，不论单位或个人，只要是非农业用地，都应照章缴纳土地使用税。目前，尚未对农村非农业用地计征。因此，该税全称为城镇土地使用税。

城市是指经国务院批准设立的市，其纳税范围为市区和郊区。郊区是指设立街道办事处和居民委员会的地区，不包括农村。

县城是指县人民政府所在地，其纳税范围是县政府所在地的城镇。

建制镇是指经省、自治区、直辖市人民政府批准设立的建制镇，其纳税范围是镇政府所在地，不包括所辖的其他村。

工矿区是指工商业比较发达，人口比较集中，符合国务院规定的建制镇标准，但尚未设立建制镇的大中型工矿企业所在地。工矿区必须经省、自治区、直辖市人民政府批准。

土地使用税以纳税人实际占用的土地面积为计税依据。土地占用面积的组织测量工作，由省、自治区、直辖市人民政府根据实际情况确定。税务机关根据纳税人实际使用的土地面积，按照规定的税额计算应纳税额。

由于土地测量工作技术性强，工作量大，凡纳税人持有政府部门核发的“土地使用证书”，以证书确认的土地使用面积为准；尚未核发土地使用证书的，由纳税人据实申报土地面积，待土地面积测定后，按测定面积进行调整。

三、城镇土地使用税的税率

城镇土地使用税采用定额税率。土地使用税定额是根据我国经济发展状况，参考城市主要经济指标，结合不同地区收取土地占用费的金额标准测算确定。

大、中、小城市以公安部门登记在册的非农业正式户口人数为依据，按照国务院颁布的《城市规划条例》中规定的标准划分。人数在50万以上者为大城市，人数介于20万~50万之间者为中等城市，人数在20万以下者为小城市。

各省、自治区和直辖市人民政府可根据市政建设情况和经济繁荣程度在规定税额幅度内，确定所辖地区的适用税额幅度。

我国现行的城镇土地使用税率：大城市1.5~30元；中等城市1.2~24元；小城市0.9~18元；县城、建制镇、工矿区0.6~12元。

四、城镇土地使用税的免税

(1)国家机关、人民团体、军队自用的土地(仅指这些单位的办公用地和公务用地)。

(2)由国家财政部门拨付事业经费的单位自用的土地。

(3)宗教寺庙、公园、名胜古迹自用的土地(公园、名胜古迹中附设的营业单位、影剧院、饮食部、茶社、照相馆等均应按规定缴纳土地使用税)。

(4)市政街道、广场、绿化地带等公用土地。

(5)直接用于农、林、牧、渔业的生产用地。

(6)经批准开山填海整治的土地和改造的废弃土地，从使用月份起免缴土地使用税5~10年。

(7)火电厂厂区围墙外的灰场、输灰管、输油(气)管、铁路专用线占地；水电站的除发电厂房、生产、生活、办公用地外的其他用地；供电部门的输电线路用地，变电站用地；水利设施及其管护用地；生产核系列产品的厂矿(生活区、办公室用地除外)；开航机场的机场飞行区用地，场内外通讯导航设施用地、飞行区四周排水防洪设施用地和机场场外道路用地。

(8)企业办的学校、医院、托儿所、幼儿园的自用土地。

(9)由财政部、国家税务局另行规定的能源、交通、水利设施用地及其他用地。

(10)农民自用住宅地。

五、城镇土地使用税的纳税期限

土地使用税按年计算，分期缴纳。缴纳期限由省、自治区、直辖市人民政府确定。

新征用的土地，如属于耕地，自批准征用之日起满一年时开始缴纳土地使用税；如属于非耕地，则自批准征用次月起缴纳土地使用税。

六、城镇土地使用税的计算

土地使用税以纳税人实际使用的土地面积为依据，依照规定的税额，按年计算，分期缴纳。土地使用税的计算公式如下：

应纳税额 = 应税土地的实际使用面积 × 适用单位税额

【例 8－13】某厂实际占用土地 40 000 平方米，其中企业自己办的托儿所用地 200 平方米，企业自己办的医院占地 2 000 平方米。该厂位于中等城市，当地人民政府核定该企业的土地使用税单位税额为 9 元/平方米。计算该厂年度应纳土地使用税税额。

按照规定，企业自办的托儿所、医院占用的土地，可以免征土地使用税，因而该厂年度应纳土地使用税如下：

应纳税额 =(40 000 － 200 － 2 000) × 9 = 340 200(元)。

【例 8－14】某西服厂和光明招待所共同使用一块面积为 130 000 平方米的土地。其中，西服厂使用 78 000 平方米，光明招待所用地面积为 52 000 平方米，西服厂和光明招待所位于 30 万人的城市，当地政府核定的单位税额为该级幅度税额的最高额。西服厂和光明招待所各自缴纳多少土地使用税税额。

按照规定，土地使用权共有的，应按土地使用权共有的各方实际使用的土地面积，分别计算土地使用税。西服厂占用的土地面积是总土地面积的 60%，光明招待所占用的土地面积是总土地面积的 40%。因而，西服厂、光明招待所应分别承担土地使用税的60%和40%。按照规定人口在30万人的城市是中等城市，中等城市的单位税额最高额为24元/平方米。则上述两单位应承担的土地使用税如下：

西服厂应纳税额 = 130 000 × 24 × 60% = 1 872 000(元)；

光明招待所应纳税额 = 130 000 × 24 × 40% = 1 248 000(元)。

七、城镇土地使用税的会计处理

缴纳土地使用税的单位，应于会计年度终了时预计应交税费的数额，记入当期的"管理费用""销售费用""长期待摊费用"等账户；年度终了后，再与税务机关结算。

计提税金时：

借：管理费用、销售费用、长期待摊费用等

　　贷：应交税费——应交土地使用税

结算并上交时：

借；应交税费——应交土地使用税

　　贷：银行存款

【例8-15】某工业企业占用土地4 000平方米，该企业位于中等城市，当地人民政府核定该企业的土地使用税单位税额为9元/平方米。计算该企业应纳的土地使用税并作会计分录。

(1)应纳税额 = 4 000 × 9 = 36 000(元)。

(2)计提税金时：

借：管理费用　　36 000

　　贷：应交税费——应交土地使用税　　36 000

(3)上缴时：

借：应交税费——应交土地使用税　　36 000

　　贷：银行存款　　36 000

【例 8-16】某商业企业占用土地 10 000 平方米，其中，企业办的学校自用地为 3 000 平方米，当地政府核定的土地使用税税额为 2 元/平方米。计算该企业应纳土地使用税并作会计分录。

(1) 应纳税额 =(10 000 - 3 000) ×2 =14 000(元)。

(2) 计提税金时：

借：销售费用　　14 000

　　贷：应交税费——应交土地使用税　　14 000

(3) 上缴时：

借：应交税费——应交土地使用税　　14 000

　　贷：银行存款　　14 000

第五节　房产税会计

房产税是指以房产为征税对象，按照房产的评估值征收的一种税。

房产税是在 1950 年开征的，1951 年与地产税合并，统称为"城市房地产税"。中共十一届三中全会后，为了发挥税收的杠杆作用，搞好城镇建设，促进合理建房，适当调节各种经济成分的收入，国务院于 1986 年9 月 15 日发布了《中华人民共和国房产税暂行条例》，并从 1986 年 10 月 1 日起执行。当时规定房产税只对企业和中国公民征收，而对涉外企业和外籍人员仍实行原城市房地产税。经过多年实践，由于内外两种房产税并存，企业税负不平等的矛盾日益突出，因此，自 2009 年 1 月 1 日起，外商投资企业、外国企业和组织以及外籍个人开始缴纳房产税。

一、房产税的纳税人

凡在中华人民共和国境内拥有房屋产权的单位和个人均为房产税的纳税义务人。其中，产权属于全民所有的，其经营管理的单位和个人为纳税义务人；产权出典的，承典人为纳税义务人；产权所有人、承典人不在房产所在地，或者产权未确定或租典纠纷未解决的，房产代管人或者使用人为纳税义务人。

二、房产税的纳税范围和计税依据

房产税的纳税对象是我国境内的房屋(房产)。房产税的纳税范围为城市、县城、工矿区、建制镇。

房产税以房产评估值(现仍按原值)为计税依据。房产评估值是指房产在评估时的市场价值。房产评估值由省、自治区、直辖市人民政府认定的专门资产评估机构进行评估。房产评估值由评估机构每3～5年评估一次，具体时间由省、自治区、直辖市人民政府确定。

三、房产税的税率

自用房产的，税率为1.2%；出租房产的，税率为12%。

四、房产税的减免

按房产税条例的规定，下列房产免征房产税：国家机关、人民团体、军队的房产；由国家财政部门拨付事业经费的单位的房产；宗教寺庙、公园、名胜古迹的房产；个人的房产。上述单位和个人用于生产经营的房产除外。房地产开发企业建造的商品房，在售出前，免缴房产税；但在售出前本企业已使用或出租、出借的商品房，应按规定缴纳房产税。

五、房产税应纳税额的计算和缴纳

实际操作时，可按以下两种方法计算：

第一种方法，按房产原值一次减除10%～30%后的余值计算。其计算公式如下：

$$年应纳税额=房产账面原值\times(1-10\%\sim30\%)\times1.2\%$$

第二种方法，按租金收入计算，其计算公式如下：

$$年应纳税额=年租金收入\times适用税率(12\%)$$

房产税按年计算，分期(月、季、半年)缴纳。购置新建商品房、存量房，出租、出借房产，房地产开发企业自用、出租、出借自建商品房，自交付使用或办理权属转移之次月起，计缴房产税和城镇土地使用税。具体缴纳期限，由省、自治区、直辖市人民政府规定。

六、房产税的会计处理

企业按规定缴纳的房产税，应在“管理费用”等账户中按实列支。

预提税金时：

借：管理费用等

　　贷：应交税费——应交房产税

缴纳税金时：

借：应交税费——应交房产税

　　贷：银行存款

【例 8-17】 某企业 2013 年 1 月 1 日拥有房产原值 660 万元，其中，有一部分房产为企业办幼儿园使用，原值 100 万元。当地政府规定，按原值一次减除 20% 后的余值纳税。按年计算，分月缴纳。税率为 1.2%，计算该企业应纳的房产税并作会计分录。

(1) 年应纳税额 $=(660-100)\times(1-20\%)\times1.2\%=5.376$（万元）。

(2) 月应纳税额 $=53\ 760\div12=4\ 480$（元）。

(3) 每月预提税金时：

借：管理费用　　4 480

　　贷：应交税费——应交房产税　　4 480

每月缴纳税金时：

借：应交税费——应交房产税　　4 480

　　贷：银行存款　　4 480

【例 8-18】 某公司 2012 年 12 月 31 日“固定资产”明细账中房屋原值 240 万元，2013 年 2 月份公司将房产原值中的 80 万元房产租给其他单位使用，每年收取租金 9.6 万元。当地政府规定，对自用房屋，按房产原值扣除 25% 后作为房产余值，以 1.2% 的税率缴纳房产税；对出租房屋，按其租金收入的 12% 的年税率缴纳房产税。房产税按年计算、分季缴纳。计算该公司 1~3 月份应纳房产税并作会计分录。

(1)按房产余值计算年、月应纳的房产税：

年应纳税额＝240×(1－25%)×1.2%＝2.16(万元)；

月应纳税额＝21 600÷12＝1 800(元)(1 月份)。

(2)2 月份应纳房产税如下。

按房产余值计算：

年应纳税额＝(240－80)×(1－25%)×1.2%＝1.44(万元)；

月应纳税额＝14 400÷12＝1 200(元)；

按租金收入计算：

年应纳税额＝96 000×12%＝11 520(元)；

月应纳税额＝11 520÷12＝960(元)。

(3)3 月份应纳房产税与 2 月份相同：

月应纳税额＝1 200＋960＝2 160(元)。

(4)1 月份预提税金时：

借：管理费用　　1 800

　　贷：应交税费——应交房产税　　1 800

(5)2、3 月份预提税金时：

借：管理费用　　2 160

　　贷：应交税费——应交房产税　　2 160

(6)4 月初缴纳第一季度房产税时：

借：应交税费——应交房产税　　6 120

　　贷：银行存款　　6 120

第六节　车船税会计

车船税是指对在中华人民共和国境内拥有车船的单位和个人征收的一种税。

一、车船税的纳税人

车船税的纳税人是指在中华人民共和国境内拥有车船的单位和个人。

所谓“拥有”，是指拥有车船的产权。只要拥有车船的所有权，不论其是否使用，均需照章纳税。如有租赁关系，所有权人与使用人不一致时，应由租赁双方协商确定纳税人，租赁双方未商定的，使用人为纳税人。

二、车船税的纳税范围和计税依据

车船税的纳税对象是税法规定的车辆和船舶。纳税范围包括机动车、非机动车和船舶。机动车包括乘人车、载货车、二轮摩托车、三轮摩托车；非机动车包括畜力车、人力车、自行车等；船舶包括机动船、非机动船。

车船税对各类车船分别以辆、净吨位和载重吨位为计税依据。除载货车以外的各种车辆，不论是机动车还是非机动车，均按辆计征；载货车和机动船按净吨位计征；非机动船按载重吨位计征。

三、车船税的税率

车船税的船舶税额表和车辆税额表见表 8－2 所示。

表 8－2　车船税的税率

税目		计税单位	年基准税额	备注
乘用车按发动机汽缸容量（排气量分档）	1.0 升（含）以下的	每辆	60～360 元	核定载客人数 9 人（含）以下
	1.0 升以上至 1.6 升（含）的		60～660 元	
	1.6 升以上至 2.0 升（含）的		660～960 元	
	2.0 升以上至 2.5 升（含）的		960～1620 元	
	2.5 升以上至 3.0 升（含）的		1 620～2 460 元	
	3.0 升以上至 4.0 升（含）的		2 460～3 600 元	
	4.0 升以上的		3 600～5 400 元	

（续表）

税目		计税单位	年基准税额	备注
商用车	客车	每辆	480～1440元	核定载客人数9人以上20人以下，包括电车
	货车	整备质量每吨	16～120元	包括半挂牵引车、三轮汽车和低速载货汽车等
其他车辆	专用作业车	整备质量每吨	16～120元	不包括拖拉机
	轮式专用机械车		16～120元	
摩托车		每辆	36～180元	
船舶	机动船舶	净吨位每吨	3～6元	拖船、非机动驳船分别按照机动船舶税额的50%计算；游艇的税额另行规定
	游艇	艇身长度每米	600～2 000元	

四、车船税的免税

根据车船税条例规定，下列车船免征车船税：国家机关、人民团体、军队的车船(用于生活、经营的除外)；由国家财政部门拨付事业经费的单位的车船(用于生活、经营的除外)；载重量不超过一吨的渔船；专供上下客货及存货用的趸船、浮桥用船；各地消防车船、洒水车、囚车、警用车船、防疫车船、救护车船、垃圾车船、港作车船、工程船；按有关规定缴纳船舶吨税的船。

此外，个人自有自用的自行车和其他非营业用的非机动车船，征收或免征车船税，由省、自治区、直辖市人民政府确定。

五、车船税应纳税额的计算和缴纳

车船税应纳税额的计算公式如下：

应纳税额 = 计税标准 × 年税额

各类不同车船的具体计算公式如下：

$$机动车(不包括载货车)和非机动车应纳税额=车辆数\times适用单位税额$$

$$机动船和载货车应纳税额=净吨位数\times适用单位税额$$

$$非机动船应纳税额=载重吨位数\times适用单位税额$$

车船税实行按年征收、分期缴纳，纳税期限由省、自治区、直辖市人民政府确定。

六、车船税的会计处理

企业按规定缴纳的车船税，应在“管理费用”账户中列支，并作会计分录如下：

预提月份税金时：

借：管理费用

　　贷：应交税费——应交车船税

缴纳税金时：

借：应交税费——应交车船税

　　贷：银行存款

【例8－19】某公司拥有乘用车2辆，年税额400元；货车120吨位，年每吨税额60元。按季预缴车船税。计算应纳车船税并作会计分录。

(1)年应纳税额 $=2\times400+120\times60=8\,000$(元)。

(2)季应缴税额 $=8\,000\div4=2\,000$(元)。

(3)每季预提税金时：

借：管理费用　　2 000

　　贷：应交税费——应交车船税　　2 000

(4)每季缴纳税金时：

借：应交税费——应交车船税　　2 000

　　贷：银行存款　　2 000

第七节　契税会计

契税是因房屋买卖、典当、赠与或交换而发生产权转移时，依据当事人双方订立的契约，由承受人缴纳的一种税。契税是一种行为税，在我国有悠久的历史，它起源于1600年前东晋的“估税”，北宋时期，契税逐渐趋于完备，元、明、清等都征收契税，直至今日。1950年4月3日，由政务院颁布《契税暂行条例》，在全国城市和已完成土改的乡村征收契税。后来，国家规定土地不准自由买卖，许多城市对私房进行了社会主义改造，契税的征收范围缩小了。但是，只要发生房屋买卖、典当、赠与、交换等产权转移，仍应按规定征收契税。近年来，随着改革开放和国民经济的发展，国家与企业投资兴建了大量商品房，并鼓励城乡私人建房、买房、原有私房陆续退还原房主，这样，房屋买卖等产权转移情况增多，契税税源也随之不断扩大。改革开放后，我国从1990年恢复征收契税。1997年7月7日，国务院发布了《中华人民共和国契税暂行条例》，并从当年10月1日起实施。在我国现有24个税种中，契税是近年增长最快的税种，在地方固定税收收入中，排名第二，仅次于城建税，年收入接近500亿元。

一、契税的纳税人

契税的纳税人为房屋的产权承受人，包括购买人、承典人、赠与承受人。以房屋抵债的买卖行为，债权人为纳税人；承典人转典房，新的承典人为纳税人。具体包括：城镇、乡村的居民个人；私营组织和个体工商户；港、澳台同胞及华侨；外资企业、外国人。

转移土地、房屋权属是指下列行为：

(1)国有土地使用权出让。

(2)土地使用权转让，包括出售、赠与和交换；不包括农村集体土地承包经营权的转移。

(3)房屋买卖。

(4)房屋赠与。

(5)房屋交换。

二、契税的计税依据

契税的计税依据如下：

(1)国有土地使用权出让、土地使用权出售、房屋买卖，为成交价格。

(2)土地使用权赠与、房屋赠与，由征收机关参照土地使用权出售、房屋买卖的市场价格核定。

(3)土地使用权交换、房屋交换，为所交换的土地使用权、房屋的价格的差额。

成交价格明显低于市场价格并且无正当理由的，或者所交换的土地使用权、房屋的价格的差额明显不合理并且无正当理由的，由征收机关参照市场价格核定。

三、契税的税率

契税实行幅度比例税率，契税税率为3%～5%。

契税的适用税率，由省、自治区、直辖市人民政府在前款规定的幅度内按照本地区的实际情况确定，并报财政部和国家税务总局备案。

四、契税的减免

有下列情形之一的，减征或者免征契税：

(1)国家机关、事业单位、社会团体、军事单位承受土地、房屋用于办公、教学、医疗、科研和军事设施的，免征契税。

(2)城镇职工按规定第一次购买公有住房的，免征契税。

(3)因不可抗力灭失住房而重新购买住房的，酌情准予减征或者免征契税。

(4)土地、房屋被县级以上人民政府征用、占用后，重新承受土地、房屋权属的，是否减征或者免征契税，由省、自治区、直辖市人民政府确定。

(5)纳税人承受荒山、荒沟、荒丘、荒滩土地使用权，用于农、林、牧、渔业生产的，免征契税。

(6)依照我国有关法律规定以及我国缔结或参加的双边和多边条约或协定的规定应当予以免税的外国驻华使馆、领事馆、联合国驻华机构及其外交代表、领事官员和其他外交人员承受土地、房屋权属的，经外交部确认，可以免征契税。

经批准减征、免征契税的纳税人，改变有关土地、房屋的用途的，就不再属于减征、免征契税的范围，并且应当补缴已经减征、免征的税款。

五、契税的缴纳办法

契税的纳税义务发生时间，为纳税人签订土地、房屋权属转移合同的当天，或者纳税人取得其他具有土地、房屋权属转移合同性质凭证的当天。

纳税人应当自纳税义务发生之日起十日内，向土地、房屋所在地的契税征收机关办理纳税申报，并在契税征收机关核定的期限内缴纳税款。

纳税人办理纳税事宜后，契税征收机关应当向纳税人开具契税完税凭证。

纳税人应当持契税完税凭证和其他规定的文件材料，依法向土地管理部门、房产管理部门办理有关土地、房屋的权属变更登记手续。

纳税人未出具契税完税凭证的，土地管理部门、房产管理部门不予办理有关土地、房屋的权属变更登记手续。

六、契税的计算

契税应纳税额的计算公式如下：

应纳税额 = 计税依据 × 税率

应纳税额以人民币计算。转移土地、房屋权属以外汇结算的，按照纳税义务发生之日中国人民银行公布的人民币市场汇率中间价折合成人民币计算。

七、契税的会计处理

（一）企业的会计处理

企业取得房屋、土地使用权后，计算应交契税时：

借：固定资产、无形资产

　　贷：应交税费——应交契税

企业缴纳税金时：

借：应交税费——应交契税

　　贷：银行存款

企业也可以不通过“应交税费——应交契税”账户。当实际缴纳契税时，借记“固定资产”“无形资产”账户，贷记“银行存款”账户。

【例8-20】某企业以980万元购得一块土地的使用权，当地规定契税税率为3%，计算应纳契税并作会计分录。

应纳税额＝980×3%＝29.4(万元)。

借：无形资产——土地使用权　　294 000

　　贷：银行存款　　294 000

【例8-20】A企业以一栋房屋换取B公司一栋房屋，房屋交换契约写明：A企业房屋价值5 000万元，B公司房屋价值3 600万元。经税务机关核实，认为A、B双方房屋价值与契约写明价值基本相符。此项房屋交换，B公司应是房屋产权的承受人，是多得的一方，应为契税的纳税人；假设B公司所在地契税税率为5%。计算B公司应纳契税并作会计分录如下。

(1)应交契税＝(5 000－3 600)×5%＝70(万元)。

(2)计提税金时：

借：固定资产　　14 700 000

　　贷：应付账款——A企业　　14 000 000

　　　　应交税费——应交契税　　700 000

(3)上交契税时：

借：应交税费——应交契税　　700 000

　　贷：银行存款　　700 000

(二)事业单位的会计处理

取得土地使用权时：

借：无形资产——土地使用权

　　贷：银行存款

取得房屋产权时：

借：固定资产

　　贷：固定基金

借：专用基金——修购基金

　　事业支出

　　贷：银行存款

第八节　车辆购置税会计

根据发展社会主义市场经济的要求，为进一步规范政府行为，深化财税体制改革，正确处理税费关系，遏制各种乱收费，我国以税收为主体筹集交通基础设施维护和建设资金，国务院于2000年10月22日颁布《中华人民共和国车辆购置税暂行条例》，于2001年1月1日起实施并取代车辆购置费。

一、车辆购置税的纳税人

在我国境内购置应税车辆的单位和个人为车辆购置税的纳税人。“单位”指各类企业和事业单位、社会团体、国家机关、部队等，“个人”指个体工商户及其他个人。“购置”包括购买、进口、自产、受赠、获奖或以其他方式取得并自用应税车辆的行为。

二、车辆购置税的纳税范围和计税依据

纳税范围包括各类汽车、各类摩托车、电车(有轨、无轨)、挂车(全挂、半挂)、农用运输车(三轮、四轮)。

根据不同情况确认车辆购置税的计税依据：

(1)纳税人购买自用的应税车辆的计税依据，为购买应税车辆而支付给销售者的全部价款和价外费用，不包括增值税税款。

(2)纳税人进口自用的应税车辆的计税依据按下式计算：

$$组成计税价格 = 关税完税价格 + 关税 + 消费税$$

(3)纳税人自产、受赠、获奖或以其他方式取得并自用的应税车辆的计税依据，由主管税务机关按国家税务总局规定的不同类型应税车辆的最低计税价格(市场平均交易价格)确认。纳税人购买自用或进口自用应税车辆，若申报的计税价格低于同类型应税车辆的最低计税价格，又无正当理由的，按最低计税价格计缴车辆购置税。

三、车辆购置税的税率和应纳税额的计算

车辆购置税实行从价定率计算方法，税率为10%。

$$应纳税额 = 计税价格 \times 10\%$$

【例8－22】某公司2013年1月份以97 000元(含税)购买夏利2000型汽车一辆，该车型最低计税价格为119 980元；4月份又以同样价格购买同样车型汽车一辆，这时的最低计税价格为97 000元。应交车购税计算如下。

1月份：119 980÷(1＋17%)×10%＝10 255(元)；

4月份：97 000÷(1＋17%)×10%＝8 291(元)。

四、车辆购置税的免税

免税对象：①外国驻华使馆、领事馆和国际组织驻华机构及外交人员的车辆；②军队的车辆；③设有固定装置的非运输车辆；④国务院规定的其他减免税车辆。

减免税车辆因转让、改变用途等原因不再属于减免税车辆时，应在办理过户手续前或办理变更注册登记手续前缴纳车辆购置税，其最低计税价格按下式计算：

最低计税价格＝同类型新车最低计税价格×[1－(已使用年限÷规定使用年限)]×100%

规定使用年限为：国产车辆按10年计算，进口车辆按15年计算，超过规定使用年限的车辆不再缴税。

五、车辆购置税的缴纳

纳税人购置应税车辆，应向车辆登记注册地的主管税务机关申报纳税；购置不需要办理车辆登记注册手续的车辆，应向纳税人所在地的主管税务机关申报纳税。

纳税人应自购买日、进口日、受赠、获奖等取得日起，60天内进行纳税申报。

车辆购置税为一次征收制，纳税人应一次缴清。纳税人应在向公安机关车辆管理机构办理车辆登记注册前，缴纳车辆购置税。缴税后，主管税务机关应给纳税人开具"车辆购置税完税证明"，纳税人需持"车辆购置税完税证明"，到公安机关办理车辆登记注册手续；"完税证明"每车一证，随车携带，以备检查。

六、车辆购置税的会计处理

企业购买、进口、自产、受赠、获奖以及以其他方式取得并自用的应税车辆应交车辆购置税，或者当初购置的属于减免税的车辆在转让或改变用途后，按规定应补交车辆购置税，在按规定期限缴纳车辆购置税后，会计根据有关凭证，借记"固定资产"等账户，贷记"银行存款"账户（也可以通过"应交税费"账户）。

【例 8－23】 某公司 6 月份购进一辆小汽车，增值税专用发票所列价款 22 万元，增值税额 3.74 万元，7 月份到主管税务机关缴纳车辆购置税。

(1)6 月份作会计分录如下：

应交车辆购置税＝220 000×10%＝22 000(元)。

借：固定资产——车辆　　279 400

　　贷：银行存款、应付账款等　　220 000

　　　　应交税费——应交增值税(进项税额)　　37 400

　　　　应交税费——应交车辆购置税　　22 000

(2)7 月份作会计分录如下：

借：应交税费——应交车辆购置税　　22 000

　　贷：银行存款　　22 000